Evidências

Coleção
ANTROPOLOGIA SOCIAL
fundada por Gilberto Velho | dirigida por Karina Kuschnir

Howard S. Becker

Evidências

Sobre o bom uso de dados em ciências sociais

Tradução:
Maria Luiza X. de A. Borges

Copyright © 2017 by The University of Chicago Press

Grafia atualizada segundo o Acordo Ortográfico da Língua Portuguesa de 1990, que entrou em vigor no Brasil em 2009.

Título original
Evidence

Capa
Celso Longo + Daniel Trench

Preparação
Angela Ramalho Vianna

Revisão técnica
Karina Kuschnir

Revisão
Tatiana Custódio
Marise Leal

Dados Internacionais de Catalogação na Publicação (CIP)
(Câmara Brasileira do Livro, SP, Brasil)

Becker, Howard S.
    Evidências : Sobre o bom uso de dados em ciências sociais / Howard S. Becker ; tradução Maria Luiza X. de A. Borges. — 1ª ed. — Rio de Janeiro : Zahar, 2022.

    Título original: Evidence.
    Bibliografia
    ISBN 978-65-5979-056-2

    1. Ciências sociais – Estudo e ensino 2. Ciências sociais – Filosofia 3. Ciências sociais – Metodologia 4. Ciências sociais – Pesquisa I. Título.

21-95586   CDD: 300.7

Índice para catálogo sistemático:
1. Ciências sociais : Estudo e ensino   300.7

Maria Alice Ferreira – Bibliotecária – CRB-8/7964

[2022]
Todos os direitos desta edição reservados à
EDITORA SCHWARCZ S.A.
Praça Floriano, 19, sala 3001 — Cinelândia
20031-050 — Rio de Janeiro — RJ
Telefone: (21) 3993-7510
www.companhiadasletras.com.br
www.blogdacompanhia.com.br
facebook.com/editorazahar
instagram.com/editorazahar
twitter.com/editorazahar

*Em memória de Donald Campbell,
com quem ensinei e aprendi.*

"Filho", disse o velho, "não importa quão longe vás ou quão esperto te tornes, nunca te esqueças: algum dia, em algum lugar, um camarada te alcançará e te mostrará um belo baralho novo em folha cujo lacre nunca foi rompido, e esse camarada se oferecerá para apostar contigo que o Valete de Espadas vai saltar das cartas e esguichar sidra em tua orelha. Mas, filho, não apostes com ele, pois assim que o fizeres terás uma orelha cheia de sidra".

Damon Runyon

Sumário

PARTE I **Do que se trata: dados, evidências e ideias** 11

1. Modelos de investigação: alguns antecedentes históricos   43
2. Ideias, opiniões e evidências   72
3. Como fazem os cientistas da natureza   106

PARTE II **Quem coleta os dados e como faz isso?** 127

4. Censos   141
5. Dados reunidos por funcionários do governo para documentar seu trabalho   198
6. "Coletores de dados contratados" e não cientistas   255
7. Coordenadores de pesquisa e seus assistentes   295
8. Imprecisões em pesquisa qualitativa   338

Epílogo: Reflexões finais   371

Agradecimentos   379
Notas   380
Referências bibliográficas   391
Índice remissivo   399

PARTE I

Do que se trata: dados, evidências e ideias

Um problema de pesquisa

Estudo da posição de classe social de crianças

No início dos anos 1960, Paul Wallin e Leslie C. Waldo, dois sociólogos de Stanford, queriam apurar como a classe social afetava o desempenho escolar das crianças (questão que ainda preocupa os cientistas sociais). Eles aplicaram um questionário a 2002 meninos e meninas do oitavo ano. Para aferir a classe social, pediram às crianças que respondessem a uma pergunta do então muito conhecido e frequentemente usado Índice de Posição Social de August Hollingshead (a versão de Hollingshead dava a posição de classe da família com base nas respostas a essa questão e a outra similar sobre educação):

> [Descreva] seu verdadeiro pai, se você vive com ele. Se você não estiver vivendo com seu verdadeiro pai, responda [...] sobre o homem com quem vive e que supostamente assume o lugar de seu pai. Pode ser um padrasto, pai adotivo, tio ou alguma outra pessoa.
> Na maior parte do tempo ele trabalha para si mesmo ou para outra pessoa?

☐ Ele trabalha para si mesmo ou tem seu próprio negócio.
☐ Ele trabalha para outra pessoa.
☐ Eu não sei o que ele faz.
Qual é o trabalho ou emprego dele na maior parte do tempo?
Ele _____.[1]

Os dois sociólogos complementaram as respostas por vezes incompletas com duas fontes de informação adicionais: registros escolares e registros mantidos por cuidadores das escolas.

Wallin e Waldo não descrevem o conteúdo de sua pesquisa ou os usos que pretendiam fazer desses dados. Tampouco discutem os problemas de significado que em breve irei sugerir. Mas eles provavelmente pensavam que a ocupação do pai serviria como uma pista substancial (se não uma medida definitiva) da classe social, uma combinação das realidades econômicas e sociais do modo de vida dos pais e da vida que seus filhos poderiam ter. Julgavam que o relato do trabalho que o pai exerce, esse único fato, lhes daria uma maneira indireta de estimar a renda e a riqueza da família, e assim uma medida inexata, talvez não explicitamente formulada, mas ainda assim não desprovida de significado, da esperança dos pais na educação de seus filhos. E, além disso, o modo de vida e (por que não?) a cultura familiar que iria enviar os filhos para o mundo adulto com o que hoje chamamos de capital cultural, bem como o capital econômico, abrindo-lhes algumas possibilidades e fechando outras — tudo isso relacionado ao nível que o pai alcançou na escala de Hollingshead. Todo cientista social que insere questões semelhantes num questionário tem alguma versão desses usos em mente.

Conhecer a posição social da família iria quase certamente sugerir imagens mais específicas que os leitores poderiam usar para dar corpo às implicações da posição de classe. Pesquisadores frequentemente invocam tais imagens quando escrevem sobre as "implicações teóricas" dos resultados de um projeto. O primeiro volume da *Yankee City Series*, de W. Lloyd Warner — na época da pesquisa de Wallin e Waldo um conhecido estudo de anos de duração, em estilo antropológico, de uma pequena comunidade da Nova Inglaterra — continha uma série de longos e detalhados retratos consolidados (construídos a partir de detalhes extraídos de material coletado entre várias famílias um tanto similares) de vida familiar em diferentes níveis de classe, de "baixa-baixa" a "alta-alta". E os estudos de James Bossard sobre conversas de família à mesa,[2] baseados em relatos literais do que os pesquisadores ouviram famílias reais dizerem durante as refeições, forneceram exemplos dos mecanismos em ação na vida cotidiana que poderiam criar um elo observável entre o trabalho que o pai exercia e o tipo de oportunidade e de vida que ele abria para os filhos — tudo isso sendo o que a ideia (você poderia dizer, como muitas pessoas dizem com frequência, "o conceito") de "classe social" poderia evocar num cientista social estimulado por respostas a tal item de questionário. Diz Bossard:

> Grande parte do sentido de valor econômico da família, e do treinamento da criança nesses valores, é indicada nas seguintes frases que aparecem repetidamente no material dos casos em que este estudo se baseia. "Vá devagar com a manteiga, está cara." "Os ovos estão por sessenta centavos a dúzia agora." "Os sapatos de Bill estão precisando de sola." "Como, de novo? Ora, acabei de pagar dois dólares por solas três semanas atrás." "Acho que você deveria ter vergonha de desperdiçar pão quando milhares de

crianças chinesas passam fome." "Mãe, Mary manchou o vestido novo." "Bem, ela deveria cuidar bem dele. Não podemos comprar outro até depois do Natal." É a absorção de valores desse tipo, bem constante na vida familiar normal, que constitui uma lacuna tão grande no treinamento da criança que vive numa instituição.[3]

Os dados de Wallin e Waldo sustentavam conclusões desse tipo?

Na realidade, não. Seu artigo se concentrava, em vez disso, num problema simples que surgia antes que eles pudessem começar a fazer extrapolações como essas: a possibilidade de que, por uma indeterminação que eles tinham descoberto, os dados que haviam coletado tão cuidadosamente com as crianças não servissem como evidências adequadas para nenhuma conclusão sobre coisa alguma. Eles descreveram seu problema desta maneira:

> As posições foram classificadas como indeterminadas no presente estudo se havia alguma questão ou incerteza sobre elas, fosse por causa de limitações dos dados, fosse pela escala ocupacional. Posições foram atribuídas a 2002 meninos e meninas, e 17% das posições foram julgadas indeterminadas. Outros 111 informantes não puderam receber nenhuma posição por causa da completa falta de informação em qualquer de nossas três fontes, ou pela insuficiência de informação que teria tornado a classificação uma mera adivinhação [em suma, mais de 22% dos informantes não puderam ser classificados].[4]

Como 17% das respostas foram "indeterminadas"? Um número considerável de crianças deu respostas vagas como: "[Meu pai] trabalha para a Ford", ou "Para a companhia telefônica", ou "Ele está na Marinha"; ou respostas não específicas como: "Ele vende", ou "É empreiteiro". Quando elas respondiam à questão dessa maneira, os pesquisadores não podiam distinguir em qual das sete classes na escala de Hollingshead a ocupação assim descrita se encaixava. Tampouco conseguiam classificar respostas vagas como "pastor", que podia se referir ao egresso de um seminário numa universidade agora pregando para uma congregação episcopal num subúrbio abastado, mas também ao pastor autodesignado, autodidata, de uma igreja instalada num galpão de um bairro pobre. Tampouco podiam classificar os pais cujos filhos descreviam seu trabalho com termos específicos que os pesquisadores não localizavam nos compêndios usuais de ocupações, como "assistente social presidente", "especialista em carregamento de cargueiro", "queimador numa oficina metalúrgica", "engenheiro naval", "agente de relações de trabalho". Era possível conjecturar o que essas palavras representavam, mas não se podia convencer um cético de que elas proporcionavam uma medida confiável de coisa alguma.

Em outras palavras, nada menos que 17% dos dados não conseguiam dar uma medida suficientemente classificável do que eles diziam medir para tornar a classificação possível. Além disso, outros 111 informantes (5,5%) não responderam à questão. Ao todo, os pesquisadores não puderam classificar quase um quarto dos entrevistados, que assim tiveram de ser deixados de fora das tabelas destinadas a sustentar as conclusões a que o estudo esperava chegar. É uma parcela da população pesquisada grande o suficiente para que erros de classificação mudem substancialmente a direção de qualquer associação estatística encontrada nas tabelas que resumem os dados. Isso sugere que não podemos confiar em dados fornecidos pelas pessoas sobre seu próprio comportamento sem alguma corroboração independente.

O problema de Wallin e Waldo não foi apenas a má sorte, e certamente não incompetência. O incidente tem um interesse mais geral, uma aplicação mais ampla.

Dados, evidências e ideias

Os cientistas sociais combinam três componentes — dados, evidências e ideias (às vezes chamadas de "teorias" ou "conceitos") — para convencer a si mesmos, a seus colegas e talvez até a um público mais amplo de que encontraram algo verdadeiro, algo mais que uma coincidência ou um acidente.

As coisas que os cientistas sociais observam, como quer que as observem, e então registram de maneira mais permanente em textos, imagens ou gravações sonoras — o material com que eles trabalham — consistem em objetos físicos observáveis: marcas produzidas por máquinas, como os traçados que uma máquina de eletrocardiograma usa para registrar a atividade elétrica de um coração pulsante; marcas produzidas pelas pessoas que ticam um quadrado num questionário ou escrevem algo que o sociólogo ou historiador poderia encontrar e usar; marcas que cientistas sociais fazem quando registram seu próprio comportamento como parte do trabalho que fazem (assim como os policiais registram o nome das pessoas que

Do que se trata: dados, evidências e ideias

prendem e o delito de que as acusam); marcas produzidas por empregados ou voluntários que colaboram com os cientistas sociais para registrar o que as pessoas sobre as quais querem aprender lhes dizem ou fazem em sua presença. Esses registros servem como *dados*, a matéria-prima com a qual os pesquisadores fazem ciência. Os dados de Wallin e Waldo eram o que os estudantes escreveram nos questionários em resposta às perguntas que lhes faziam.

Esses dados, esses registros preservados de informação coletada, tornam-se *evidências* quando os cientistas os usam para sustentar um argumento; e boas evidências quando o público os aceita como afirmações válidas sobre o que aconteceu quando alguém coletou os dados originais. Baseamos uma afirmação sobre a idade de alguém na prova fornecida por uma resposta registrada a uma pergunta que alguém lhe faz, por escrito ou pessoalmente, ou numa informação que alguém copia de um registro oficial de nascimento preservado num arquivo de certidões de nascimento — todos esses tipos de dados geralmente atestam a confiabilidade e verdade da resposta de modo bom o bastante para que as pessoas aceitem o argumento em apoio ao qual nós a oferecemos. "Sim, ela realmente tem 22 anos"; sua certidão de nascimento comprova-o tão bem quanto qualquer pessoa sensata poderia exigir. E isso se transforma em evidência, dados que sustentam uma afirmação que vai além do que pode ser visto no papel para se tornar realidade, *um fato aceito*. O papel serve como evidência observável para o fato da idade. A palavra "aceito", na expressão *fato aceito*, nos lembra de que a evidência tem de convencer alguém de sua validade, seu peso, para se tornar evidência.

Os "dados transformados em evidências" sustentam a afirmação sobre um exemplo particular de alguma *ideia* geral em que queremos que outras pessoas (colegas de nossa tribo científica, de outros campos, políticos, o público em geral) acreditem ou pelo menos aceitem por enquanto. Para os cientistas, a ideia na maior parte das vezes pertence a um sistema mais geral de ideias ou conceitos que chamamos de "teoria". O apoio que os dados dão a uma ideia transforma-a em evidência.

Dados, evidências e ideias formam um círculo de interdependências. Os dados nos interessam porque nos ajudam a construir um argumento sobre algo no mundo para o qual eles seriam relevantes. Esperando que os outros possam não aceitar nosso argumento, coletamos informação que, esperamos, vá convencê-los de que ninguém poderia ter registrado a realidade dessa forma se nosso argumento não fosse correto. E a ideia que queremos propor nos leva a buscar tipos de dados, coisas que podemos observar e registrar, que farão esse trabalho de convencer os outros. Ninguém aceitará nossa ideia se os dados que oferecemos como evidências não forem convincentes, se nosso argumento sobre o que os dados mostram, aquilo de que eles são evidências, não convencer as pessoas de que eles sustentam nossa ideia tal como dizemos que o fazem.

Como isso se aplica a Wallin e Waldo? Eles queriam oferecer seus dados — as respostas que estudantes registraram em seus questionários — como evidências do trabalho que os pais realmente exercem, apresentar o testemunho dos estudantes sobre o emprego dos pais como uma realidade com que poderíamos contar em apoio a ideias que eles tinham sobre a realidade complexa, mais ampla, a que as palavras "classe social" aludem, ideias que eles queriam que seus leitores aceitassem.

Do que se trata: dados, evidências e ideias

Polya e a plausibilidade como um objetivo adequado para a ciência empírica

Quando falo de dados sustentando uma ideia tenho em mente a versão desse argumento evocada para os cientistas empíricos pelo matemático George Polya em sua análise do raciocínio plausível. Cito-a extensamente porque é a abordagem fundamental que segui neste livro:

> Estritamente falando, todo o nosso conhecimento fora da matemática e da lógica formal (que é, de fato, um ramo da matemática) consiste em conjecturas. Há, claro, conjecturas e conjecturas. Há conjecturas extremamente respeitáveis e confiáveis, como aquelas expressas em certas leis gerais da ciência física. Há conjecturas nem respeitáveis nem confiáveis, algumas das quais nos deixam irritados quando as lemos no jornal. E entre umas e outras há toda sorte de conjecturas, palpites e suposições.
>
> Obtemos nosso conhecimento matemático por *raciocínio demonstrativo*, mas sustentamos nossas conjecturas por *raciocínio plausível*. Uma prova matemática é raciocínio demonstrativo, mas a evidência indutiva do físico, a evidência circunstancial do advogado, a evidência documental do historiador e a evidência estatística do economista pertencem ao raciocínio plausível.
>
> A diferença entre os dois tipos de raciocínio é grande e múltipla. O raciocínio demonstrativo é seguro, incontroverso e final. O raciocínio plausível é arriscado, controverso e provisório. O raciocínio demonstrativo penetra nas ciências tanto quanto a matemática, mas é em si mesmo (como a matemática é em si mesma) incapaz de produzir conhecimento essencialmente novo sobre o mundo à nossa volta. Qualquer coisa nova que aprendemos

sobre o mundo envolve raciocínio plausível, que é o único tipo de raciocínio que nos importa em assuntos cotidianos. O raciocínio demonstrativo tem padrões rígidos, codificados e elucidados pela lógica (lógica formal ou demonstrativa), que é a teoria do raciocínio demonstrativo. Os padrões do raciocínio plausível são fluidos, e não há nenhuma teoria desse raciocínio que pudesse ser comparada com a lógica demonstrativa em termos de clareza ou que merecesse consenso comparável.[5]

O restante do presente livro, tudo que se segue, consiste em suposições que me parecem plausíveis, e espero que também para você, com base nas evidências que forneci. Espero dos relatos de ciências sociais que consistam em afirmações sustentadas por argumentos sensatos e dados que sugerem conclusões plausíveis, críveis. Mas também, como cientista em atividade, que a maior parte do que julgamos verdadeiro um dia irá se revelar nem tão verdadeiro assim, estará sujeito a todo tipo de variação que nossas formulações e nossos dados atuais não podem explicar. Espero que eles expliquem uma parte do quebra-cabeças, mas deixem muito trabalho ainda para ser feito.

De volta a Wallin e Waldo

Wallin e Waldo compreenderam que seus dados não podiam plausivelmente sustentar tudo o que esperavam dizer sobre classe social, culturas de classe, educação e aspectos da socialização infantil. As evidências que tinham pretendido apresentar eram fatalmente falhas pelo fato indiscutível de que 22% das crianças não lhes tinham dado a informação de que precisavam para tornar esses argumentos plausíveis — porque, quando não sabemos como classificar quase um quarto das pessoas que fornecem os dados, quando não sabemos em que grupo as incluir, não é possível confiar em quaisquer diferenças em todas as outras coisas que nossas ideias sugeriam estar relacionadas a classe social. E se aqueles "pastores" que você acabou tratando como clérigos "realmente" credenciados de sólidas igrejas de classe média não tivessem de fato outra credencial para serem pastores além de sua própria crença de que foram chamados para essa linha de trabalho, como você teria aprendido se tivesse visitado as igrejas e conversado com eles? E se o pai cujo filho disse que ele "trabalhava para a companhia telefônica", e que você classificara como executivo, fosse na verdade um zelador que limpava os escritórios dos executivos à noite, ou um técnico que escalava postes telefônicos o dia todo reparando fios partidos? Ou o contrário? Wallin e Waldo viram que não podiam ter evidências plausíveis para os argumentos detalhados que esperavam ser capazes de construir sobre classe, cultura e todo o resto.

Foi por isso que ficaram perturbados. Mas nos deram ainda mais razão para nos preocuparmos porque, em toda a literatura sociológica, dos muitos pesquisadores que tinham estudado problemas similares com métodos similares, encontraram somente um artigo mencionando uma dificuldade desse gênero.

Nossa pesquisa teve três fontes potenciais a partir das quais os dados ocupacionais necessários podiam ser obtidos. É portanto altamente provável que tenhamos tido uma base para a classificação ocupacional das famílias mais firme do que estudos com alunos que se restringiram aos dados informados pelos respondentes. Na medida em que essa suposição é justificada, pode-se presumir que a incidência de posições de classe indeterminadas nesses estudos foi substancialmente maior que no nosso.

Classificações indeterminadas são erros de medição que deveriam ser relatados como limitadores das descobertas de qualquer pesquisa. Além disso, a consciência, por parte do pesquisador, do número e da magnitude de suas classificações indeterminadas pode lhe indicar que é mais desejável utilizar uma classificação de ocupações menos refinada do que originalmente planejado.[6]

É preciso desenterrar em suas suspeitas circunspectamente formuladas o que eles de fato queriam dizer, mas parece que, exceto por uma outra equipe baseada em Stanford, nenhum outro pesquisador tinha experimentado ou relatado problema semelhante. Prudentemente, Wallin e Waldo não declararam a conclusão evidente. Declaro-a eu. Outras pessoas tinham tido problema semelhante (como isso não seria verdade?), mas o tinham resolvido de algum modo sem relatar o problema nem a solução. Quando consideramos a frequência com que pesquisadores usaram (e ainda usam) escalas desse tipo para medir a classe social, temos de reconhecer que estudos de classe social baseados em dados semelhantes devem conter grande quantidade de erros não relatados, não mensurados. Mas o uso dessas escalas supõe que os pesquisadores conseguiram medir as variáveis relevantes para todos os casos. O que explicaria as persistentes anomalias e contradições relatadas nessas áreas de pesquisa.

O problema de Wallin e Waldo, e seus muitos análogos, surge de uma forma ou de outra em toda parte. Esses problemas aparecem em todas as variedades de pesquisa em ciências sociais, usando todo tipo de método para coletar todo tipo de dado. Devemos considerá-los problemas normais de nosso trabalho, e devemos alargar nossa compreensão do que fazemos de modo que "ciência normal", para nós, inclua rotineiramente tratar essas dificuldades com o objetivo de nos livrarmos delas como sabotadoras de nossos dados. Mas devemos também pensar em usá-las, mais positivamente, como maneiras de abrir novas áreas de pesquisa. Como o disse anos atrás o eminente pesquisador Howard Schuman, "os problemas que ocorrem nos levantamentos de dados são oportunidades para compreender, se os levarmos a sério como fatos da vida".[7] Isso sugere que ele achava que nossos colegas nas ciências sociais não estavam levando esses problemas tão a sério quanto deveriam.

Outro problema, outra ideia, uma possível solução

Suponha que seus dados de pesquisa não mostrem a indeterminação que criou problemas para Wallin e Waldo. Você faz uma pergunta e todo mundo lhe dá respostas claras, fáceis de interpretar. Talvez você tenha lhes pedido para escolher entre alternativas específicas, bem definidas, como quando alguém nos pergunta nossa idade e nos dá uma lista de faixas a partir das quais escolher: 18-25, 26-45 e assim por diante, até 80+. Sem confusão sobre o que as respostas significam, sem problemas quanto à categoria em que classificar os entrevistados. Grande parte da informação que os cientistas sociais coletam parece ser assim.

Por exemplo, os questionários muitas vezes perguntam com que frequência o entrevistado faz alguma coisa — visita os parentes, comete atos ilegais, quase qualquer coisa pela qual um pesquisador possa se interessar — e pedem que as respostas sejam um número inteiro. Algumas pesquisas bem conhecidas de participação pública na área cultural basearam-se em respostas a perguntas assim: "Com que frequência você assistiu a uma ópera no último ano?". E perguntas similares sobre ir ao teatro, a museus de arte, a um show de rock. Sociólogos interessados na relação entre posição de classe social e gosto artístico, bem como pessoas interessadas em questões mais práticas sobre o sucesso de determinadas organizações, acham interessantes e úteis as tabelas resultantes de tais pesquisas. Muitos sociólogos se alvoroçaram encontrando as diferenças que esperavam na participação das classes sociais em atividades culturais, sobretudo a participação mais intensa das classes alta e média em atividades intelectualizadas como ópera, museus de arte e teatro. Mas os mesmos dados forneceram as evidências que Richard Peterson[8] usou para refutá-los, apontando para o grande número do que ele chamou de "onívoras", isto é, pessoas, encontradas em todas as classes sociais, que consomem de tudo: de ópera a rock e jazz, exposições em museus de arte e histórias em quadrinhos, teatro erudito e novelas de TV. Ele baseou suas ideias em levantamentos [*surveys*] periódicos conduzidos pelo National Endowment for the Arts, em que amostras de adultos de todo o país responderam a esse tipo de pergunta. Em todas essas discussões, conjuntos de dados consistindo em respostas a perguntas desse tipo forneceram importantes evidências para uma variedade de teorias sobre como a posição de classe social afetava tudo, da compra de ingressos aos gostos e hábitos arraigados implicados na ideia de *habitus* de Pierre Bourdieu.

Dados assim coletados fornecem as evidências sólidas das quais essas teorias precisam para serem validadas? Os números que as pessoas fornecem relatam o que realmente fizeram, os ingressos que compraram, os lugares que visitaram, o dinheiro que gastaram? O que alguém teria de fazer para ser capaz de responder a essas perguntas com precisão? Manter registros cuidadosos, talvez em suas cabeças, mas sempre disponíveis para responder sobre sua participação em todos esses eventos ao ocasional entrevistador das pesquisas? Teriam os entrevistados nessas pesquisas feito isso? As pessoas podem se lembrar das vezes em que vão à ópera apenas porque os ingressos são caros e elas não vão frequentemente. Mas será que elas sabem, precisamente, com que frequência fazem todas aquelas coisas? Como poderíamos descobrir isso, de modo a verificar suas respostas como evidência das diferenças de classe em termos de gostos culturais que os analistas medem a partir delas? É plausível pensar que esses números autorrelatados, mas não documentados, podem ter o peso que essas teorias põem sobre eles?

Poderíamos pedir a nossos entrevistados para manter um diário de todas as suas atividades culturais. Algumas grandes empresas de pesquisa de comportamento, como a Nielsen, monitoravam dessa maneira o modo como as pessoas viam televisão. Mas só podemos usar esses números como evidências se acreditarmos que as pessoas que mantêm diários de entretenimento para empresas de pesquisa o fazem de maneira consciente e precisa — o que não é uma coisa garantida. Talvez pudéssemos segui-las por toda parte e ver o que elas realmente fazem, onde realmente vão e a que realmente assistem. Mas é provável que ninguém, decerto não todos os escolhidos por um processo de amostragem aleatória, nos permitisse fazer isso. É algo invasivo demais. E teríamos de contratar um grande número de pesquisadores por longos períodos. Mas poderíamos ter muito mais certeza acerca dos números se fizéssemos isso dessa maneira.

A quantas reuniões de sindicato você compareceu?

Pesquisadores que usam os tipos de instrumento de coleta de dados que acabo de descrever raramente verificam a exatidão das respostas que recebem. Poderiam fazê-lo... mas não fazem. Por isso temos sorte de ter o relato de Lois Dean sobre seu estudo acerca da participação de associados numa seção sindical,[9] o qual ela pensou que explicaria variações nas atividades e atitudes políticas desses associados. Ela escolheu como variável independente específica para suas análises o número de reuniões mensais do sindicato a que os membros relatavam ter comparecido no ano anterior. Os dados atitudinais que ela coletou mostravam que atitudes políticas se correlacionavam bem com o comparecimento a reuniões sindicais. Mas os números relatados para comparecimento a reuniões eram exatos?

Por sorte, uma segunda fonte de dados lhe permitiu verificar a exatidão das informações dadas pelos associados sobre seu comparecimento às reuniões locais. Um colega, George Strauss, que fazia um estudo de observação da mesma seção, tinha comparecido a todas as reuniões durante o ano em questão, registrando os nomes de todos os presentes (coisa fácil, uma vez que conhecia todos de vista). Sabendo que ele estaria fazendo isso, Dean (num gesto que hoje lhe acarretaria graves problemas) havia marcado secretamente cada questionário com a identidade da pessoa que o preencheu, de modo que pôde distinguir quem deu respostas exatas e quem estava, em sua expressão elegante, "dissimulando". O que 29% deles faziam. Como os bons membros do sindicato que aparentemente queriam ser, eles exageravam o número de reuniões a que tinham comparecido.

Os resultados do levantamento mostraram o padrão que Lois esperara. As pessoas que diziam ter comparecido a mais reuniões sindicais expressavam opiniões políticas mais liberais do que aquelas que disseram ter comparecido a menos reuniões. Quando ela ajustou os resultados para levar em conta o comparecimento real, no entanto, esses padrões mudaram. Mas apenas algumas vezes. Certas associações positivas continuaram as mesmas, enquanto outras desapareceram, e para alguns itens a associação até assumiu a direção inversa. Assim, não poderíamos confiar no quesito comparecimento a reuniões como algo com um efeito previsível sobre a postura política dos associados, e tampouco poderíamos confiar que a tendência a inflar os resultados mostrava um efeito previsível. Em outras palavras, o que as pessoas nos diziam sobre o comparecimento às reuniões não nos dava um índice confiável de coisa alguma. Portanto, não podia ser usado como evidência das crenças políticas ou de comportamento reais do entrevistado: aqueles dados não podiam ter o peso que a pesquisa punha sobre eles.

Fontes conhecidas de erro e desvio organizacional

Quero propor um princípio básico de prática de pesquisa, um princípio que reflete as lições implícitas até agora nesta discussão. Em palavras simples, deveríamos reconhecer que qualquer coisa que *aconteceu* no passado *pode acontecer de novo*. Nunca deveríamos pensar que, quando entrevistados (como as crianças com as quais Wallin e Waldo aplicaram seus questionários) deixaram de nos dar respostas aproveitáveis para perguntas que lhes fizemos, isso se trata de algum tipo de evento bizarro que ocorre uma vez na vida. Deveríamos em vez disso tratá-lo como um perigo constante contra o qual devemos nos precaver (da maneira como os procedimentos de rotina dos cientistas naturais os protegem contra fontes conhecidas de possível erro, como veremos no capítulo 3). Nunca deveríamos ver algo como a tendência dos entrevistados de Dean a dar respostas "dissimuladas" a uma pergunta que indexa uma das variáveis decisivas em seu estudo enquanto um comportamento bizarro de alguns membros de sindicato surgido inexplicavelmente anos atrás num lugar distante. Em vez disso, seria melhor que ficássemos sempre alertas a tais possibilidades, tomando medidas vigilantes para assegurar que não baseamos nossas ideias e teorias em artefatos técnicos dissimulados de forma complexa. Tanto Wallin e Waldo quanto Dean descrevem possíveis erros que parecem prováveis de ocorrer sempre que os pesquisadores não se acautelam contra eles.

Esses erros não ocorrem aleatoriamente, caindo como raios em lugares improváveis. Na verdade, a organização de nossas atividades de pesquisa os torna em certo grau prováveis e esperados. A maior parte deste livro aborda tipos de erros comuns em dados sociológicos e os associa a maneiras comumente aceitas de trabalhar que permitem que eles persistam. Tais procedimentos em geral aceitos tornam a pesquisa sociológica exequível sob condições rotineiras em muitas organizações de pesquisa — mais particularmente as condições de falta de tempo suficiente, falta de coletores de dados suficientes e falta de dinheiro suficiente. Os procedimentos ainda assim comumente aceitos têm uma espécie de validade de fachada: todos sabem que é dessa maneira que todos procedem, e aceitam o que todos os outros aceitam, ainda que todos também saibam que há "alguns problemas".

Diane Vaughan, escrevendo sobre uma situação muito mais séria — o desastre do ônibus espacial *Challenger*, em que houve a disposição de aceitar desvios em relação ao que todos os participantes sabiam ser os procedimentos apropriados a seguir —, chamou de "normalização do desvio" a essa aceitação coletiva de um roteiro defeituoso contendo uma sabida possibilidade de problema sério.[10] Os engenheiros da Nasa sabiam que os anéis de selamento na *Challenger* tinham uma grande chance de avaria se ela voasse com a temperatura abaixo de determinado grau, mas... eles estavam sob pressão de seus superiores para satisfazer o Congresso pondo alguma coisa no ar, e tinham feito a espaçonave voar antes em temperaturas abaixo de ótimas sem nenhum problema, e todos pareciam concordar quanto a tudo isso, então fizeram o que todos eles sabiam que não deveriam fazer. E, como era inevitável que ocorresse um dia, o desastre previsível aconteceu.

Podemos tomar emprestado o conceito que Diane Vaughan extraiu desse evento para nos ajudar a compreender como sociólogos e outros pesquisadores continuam a usar métodos que contêm defeitos conhecidos.

A seguir um exemplo documentado da normalização desse tipo de desvio em pesquisa social. Não posso provar que esses problemas são generalizados, mas acho que seríamos tolos se os descartássemos como aberrações incomuns, como se eles não demandassem nossa atenção séria e prolongada.

Ignorar o problema e o ônus da prova

Em 1988 Jean Peneff, sociólogo francês especializado em pesquisa de campo, publicou um artigo intitulado "The observers observed: French survey researchers at work". Ele relatava seu estudo sobre os entrevistadores que trabalhavam para um centro regional da principal organização de estatística e pesquisa da França, o Institut National de la Statistique et des Études Économiques (Insee), localizado em Nantes. O Insee realiza um censo nacional a cada sete anos, além de uma variedade de outros estudos sobre "educação, trabalho, mobilidade social, tamanho da família, renda, intenções de compra, equipamento doméstico, expectativas de emprego" e assim por diante.[11] Peneff decidiu concentrar sua atenção nos entrevistadores mais experientes e zelosos, porque logo percebeu que o que os administradores costumavam considerar trapaça do entrevistador era, de fato, um traço comum do que Julius Roth tinha chamado de "pesquisa com coletores de dados contratados" [*hired hand research*], discutido em detalhe no capítulo 6. Peneff entrevistou os entrevistadores e observou-os em campo, documentando a variedade de adaptações que faziam à sua situação de trabalho, que era, do ponto de vista administrativo e científico, a operação de pesquisa de "coleta de dados".

> Decidi observar os entrevistadores mais experientes e mais zelosos no campo, aqueles que o supervisor e o diretor consideravam

os mais bem-sucedidos, os mais conscienciosos na aplicação das regras da entrevista. Surpreendentemente, esses entrevistadores valorizados — quando os observei em campo — eram os mais propensos a ignorar as instruções e os menos propensos a se conformar ao ideal de inquiridor anônimo. Além disso, minhas observações sugerem que entrevistadores de pesquisas de levantamento bem-sucedidos desenvolvem algumas das atitudes e habilidades de pesquisadores de campo. Eles inventam para si mesmos práticas semelhantes àquelas que pesquisadores de campo usam rotineiramente para coletar dados qualitativos: iniciativa, perspicácia e relações cooperativas com informantes.[12]

O artigo de Peneff descrevia como os entrevistadores ajustavam a formulação de perguntas e o formato da entrevista para fazer o trabalho se desenrolar sem problemas, mantendo o entrevistado envolvido e cooperativo ao mesmo tempo que satisfaziam as exigências de seus supervisores. Os detalhes do artigo fornecem uma enciclopédia das maneiras pelas quais os trabalhadores subvertem regras e definições administrativas para levar a cabo o seu trabalho (um tópico comum na compreensão sociológica de todos os tipos de situação de trabalho).

Embora o artigo de Peneff certamente revelasse a ampla disparidade entre descrições oficiais dos dados que o Insee coletava e a realidade de como essas disparidades ocorriam, ele não era de modo algum uma exposição de práticas inferiores ou de algum malogro do Insee em produzir conhecimento. Em outro sentido ele mostrava, como tantos estudos sociológicos de organizações, como o Insee realizava o que realizava *apesar* das regras e procedimentos instituídos por seus administradores, graças à engenhosidade dos trabalhadores diretamente envolvidos em suas atividades centrais. Isto é, o Insee levava seu trabalho a cabo porque os entrevistadores escapavam sistematicamente das regras que em tese guiavam suas atividades — em suma, eles se envolviam em "desvio normalizado".

Mas então — e para mim esta é a relevância do incidente — dois sociólogos da equipe do National Opinion Research Center (Norc), na época, como agora, uma das principais organizações de pesquisa por levantamento nos Estados Unidos, ofenderam-se com as implicações que extraíram do relato de Peneff.[13] Eles não avaliaram as cuidadosas observações e entrevistas com entrevistadores do Insee — os dados — como evidências para sua análise sociológica da organização de entrevistas para levantamento de dados quantitativos no Insee. Em vez disso, trataram-na como um ataque à instituição de pesquisa de levantamento, a qual eles defenderam definindo o Insee como um bizarro ponto fora da curva, talvez administrado de maneira incompetente, e de maneira nenhuma representativo dos métodos de levantamento quando estes eram usados corretamente, como eles insistiam ser o caso do Norc e outros centros de pesquisa de levantamento americanos. Sua crítica sugeria que a situação francesa era incomum de alguma maneira não especificada. Entrevistadores americanos, disseram eles, eram diferentes dos franceses: mais bem treinados, mais jovens, mais bem supervisionados. Não ofereceram nenhum dado de primeira mão para sustentar essas generalizações críticas, confiando em vez disso numa tradicional tática de debate, insistindo em que, se Peneff queria fazer essas generalizações, ele tinha de aceitar o ônus da prova, fornecendo evidências sólidas de que outras organizações de pesquisa de levantamento (especialmente nos Estados

Unidos) permitiam aos entrevistadores fazer o tipo de coisa que tinha aprendido na França. (Peneff não tinha mencionado organizações de pesquisa americanas, embora sua descrição certamente sugerisse a possibilidade de que talvez os administradores americanos não tivessem mais conhecimento do que os franceses sobre o que seus empregados faziam, e que o assunto merecia alguma investigação.) Essa é uma das maneiras (há outras) pelas quais profissionais das ciências sociais minimizam a importância de erros persistentes associados aos métodos que usam.

O incidente pareceu-me na época, e ainda parece, um modelo para a análise de eventos similares de uma natureza mais rotineira que podemos encontrar em toda parte em nossas próprias práticas.

O estudo de Lois Dean, contudo, traz boas notícias, mostrando como contornar o fracasso da medição que afligia seus questionários: vá olhar por você mesmo. Ou, como Dean fez, tenha alguém para olhar por você. Muitos dirão, claro, que isso não é uma solução: não disponho de tempo para fazer isso ou do dinheiro necessário para que outra pessoa o faça. Não posso dizer-lhes onde encontrar o dinheiro. Mas, se seus dados contêm esse tipo de erro, não lidar com ele só pode produzir mais erro. Se você sabe que pode ter dados mais confiáveis para sustentar seu argumento, você deveria rearranjar suas prioridades de pesquisa de modo a coletá-los. Isso pode subverter alguns arranjos rotineiros arraigados na maneira como a pesquisa é normalmente feita, mas a ciência muitas vezes avança fazendo mais esforços, gastando mais tempo e dinheiro.

Além disso, tenha em mente a sugestão de Schuman de que problemas técnicos, se levados a sério, podem nos ensinar alguma coisa importante sobre o fenômeno que estamos estudando, que a existência do problema nos aponta para uma área potencialmente frutífera de pesquisa adicional. Em vez de tratar a disparidade que Lois Dean encontrou como um aborrecimento que seria melhor ignorar, podemos pensar nela como a abertura de uma área de pesquisa, o estudo da disparidade entre o que as pessoas dizem que fazem e o que elas realmente fazem, e como cada um desses dados perfeitamente válidos poderia não ter a ver com o que pensávamos que tinha, mas com algo que as pessoas estão fazendo, portanto uma matéria digna de estudo também. Todos os problemas ligados à execução correta da pesquisa abrem portas para novos problemas a estudar.

Quem coleta os dados?

O estudo sociológico do trabalho sugere uma abordagem para os tipos de questão suscitados por essas descobertas que difere das preocupações "metodológicas" usuais dos sociólogos. Mais importante, ele reconhece que todos que contribuem com qualquer coisa para o trabalho que está sendo estudado afetam o resultado final. O pensamento profundo e sutil da pessoa que escreve o projeto de pesquisa e depois analisa os dados pode parecer o fator dominante. Mas alguns dos casos que encontrei em minha busca por material mostraram que a responsabilidade pela integridade e veracidade dos dados frequentemente acaba nas mãos de alguns colaboradores bastante modestos. Quando um autor diz "os dados mostram", deveríamos sempre insistir em saber quem se envolveu em obtê-los para seus intérpretes finais na forma que os autoriza a dizer que eles mostram qualquer coisa.

Por exemplo, Harriet, entrevistadora em meio período que é paga por hora, conversa com um entrevistado num levantamento e entrega o formulário completo para Jim, que codifica as respostas e registra o resultado num computador. O computador acumula os dados usando um programa escrito por Harold, que nada sabe sobre o estudo. Finalmente, os resultados sumarizados são entregues ao dr. Becker, que planejou a pesquisa, mas nunca conversou ele próprio com nenhuma das pessoas que responderam às perguntas de Harriet e nunca codificou um questionário em sua vida.

Cada pessoa nessa cadeia — cadeias reais, sobre as quais falaremos adiante, são geralmente mais longas que isso — fez alguma coisa para preparar os dados para o passo seguinte. O dr. Becker sabia pouco ou nada sobre essas ações, mas elas afetam o valor dos dados (quer ele o saiba ou não) enquanto evidência que ele propõe.

Diferentes tipos de pesquisa usam diferentes tipos de pessoas para fazer diferentes tipos de trabalho em diferentes tipos de ambientes organizacionais. Essas diferenças afetam os incentivos que moldam a maneira como elas fazem esse trabalho. Organizei grande parte da análise que se segue em torno de algumas formas comuns de produção organizada de dados, diferentes arranjos de responsabilidades e incentivos que afetam a utilidade dos dados enquanto evidências.

As pessoas que os sociólogos querem estudar muitas vezes servem elas próprias como coletores de dados simplesmente respondendo a perguntas que lhes são feitas. Elas preenchem formulários de pesquisas que perguntam sobre suas crenças, ideias e comportamentos, o que sugere que essa informação será usada para algum objetivo que vale a pena, não importa qual. Mas, deliberadamente ou não, esses coletores de dados (que são, afinal, amadores não treinados no campo que o pesquisador quer estudar) muitas vezes preenchem os formulários com respostas inexatas para perguntas que eles compreenderam de modo diferente do entendimento de quem as escreveu, criando assim difíceis problemas de interpretação para qualquer pessoa que use os dados resultantes para fins científicos.

No outro extremo, as pessoas estudadas podem se envolver em longas conversas, por vezes durante anos, com pesquisadores de campo inseridos em suas comunidades, e o longo processo dá aos pesquisadores ou a seus substitutos múltiplas oportunidades de corrigir seus próprios mal-entendidos e os de seus entrevistados.

Sempre me pareceu que a mais conscienciosa grande organização coletora de dados em massa é o Censo norte-americano e outros censos no mundo todo (inclusive o Insee) que se assemelham a ele de várias formas. O Censo* tem de contar quantas pessoas vivem nos Estados Unidos e que tipo de pessoa elas são, nos termos propostos por categorias convencionais que o governo e outras grandes instituições usam para organizar suas atividades. Tanta gente diferente espera tanta coisa diferente do Censo, quase todas desejando que os números "estejam certos", num sentido ou outro dessa expressão, que as pessoas que dirigem a instituição têm fortes incentivos, e muito suporte financeiro, para fazer as coisas bem. Diferentes

---

* Neste livro Censo, com inicial maiúscula, refere-se sempre ao Censo norte-americano. (N. T.)

pessoas gostariam de ver diferentes tipos de resultados, e todas elas se queixam se os resultados não são o que esperavam, por isso o Censo tem especial interesse em que a qualidade de seus dados e análises seja irrepreensível. Ele estabelece assim um exemplo para o resto de nós em sua persistente atenção a erros e a maneiras de se livrar deles, e no modo como enfrenta os complicados problemas que um mundo em mudança cria, transformando categorias antes aparentemente fixas, como gênero ou identidades étnicas e culturais, e assim complicando a tarefa de descrever o povo dos Estados Unidos.

O trabalho de outros funcionários do governo produz registros que os cientistas sociais podem usar, embora o emprego principal dos registros seja interno à agência que os cria. Sociólogos e criminologistas usam rotineiramente números de detenções policiais e as estatísticas fornecidas por outros registros policiais para grande parte dos dados em que seus estudos sobre crime e outras formas de desvio se baseiam. Médicos legistas e médicos que emitem atestados de óbito produzem estatísticas de causa de morte que os sociólogos usam de maneira similar em seus estudos sobre o suicídio, a clássica área de pesquisa sociológica em que Émile Durkheim foi pioneiro, bem como em pesquisas relacionadas a doença e saúde. Escolas e outras organizações ligadas à educação mantêm grandes depósitos de informação facilmente adaptável para fins de pesquisa sociológica. De fato, qualquer departamento do governo que lide não importa com que assunto provavelmente tem tanto registros numéricos quanto grandes arquivos de documentos que fornecem exatamente aquilo de que algum pesquisador precisa. Esse tipo de dado, apesar de útil para o pesquisador, cria sérias dificuldades, porque o fenômeno subjacente, a coisa que queremos estudar, é relatado de uma maneira que serve aos interesses da organização ou da pessoa que os produz, e não aos interesses de pesquisa dos sociólogos que terminam por adaptá-lo para seu uso. Polícia, médicos legistas e educadores — todos eles pessoas que coletam dados que podemos usar — coletam esses dados de acordo com seus objetivos. E esses objetivos podem atrapalhar o uso desses dados nas ciências sociais.

Alguns pesquisadores contratam pessoas para coletar dados de maneiras padronizadas que podem ser combinadas em grandes bancos de dados que servem como fontes de evidências para muitos temas de pesquisa. Julius Roth rotulou isso de "pesquisa com coletores de dados contratados",[14] sugerindo que as motivações e as ações dos coletores de dados refletem uma busca por formas de maximizar ganhos, e não uma preocupação com a exatidão.

Finalmente, algumas pessoas que poderíamos chamar de investigadores principais, que variam de professores experientes a alunos de pós-graduação que esperam usar os dados que coletam como matéria-prima numa tese, fazem elas próprias todo o trabalho, e o fazem porque querem produzir um corpo de evidências que convença o público formado por seus pares profissionais, ou porque querem ajudar numa causa que vale a pena, ainda que não ganhem nada pessoalmente com ela. Pessoas que fazem o que é usualmente chamado de "trabalho de campo etnográfico" corporificam essa abordagem, e seu tipo ideal, suponho, é o antropólogo que vai para um lugar remoto e se instala para viver com "o povo" dali por um longo período. Mais frequentemente, os sociólogos fazem pesquisa que envolve alguma combinação de passar um tempo no lugar onde o que eles querem estudar ocorre — a fábrica para o trabalho industrial, vários bairros ou lugares onde formas de comportamento não convencional ou "desviante" ocorrem e assim por diante. Quase qualquer forma de atividade humana se presta a ser estudada dessa maneira, e o investigador tem a satisfação de ter absoluto controle sobre a natureza da pesquisa e a coleta de dados, e pode fazer tudo que pareça necessário para obter o material desejado.

Em cada um desses casos, a situação social dos coletores de dados, os incentivos que ela lhes dá para fazer as coisas de uma maneira e não de outra, molda a confiabilidade dos dados e, portanto, sua capacidade de funcionar como evidências para um argumento sociológico.

Wallin, Waldo e Dean não estão sós na história das ciências sociais. Seus problemas, e problemas como os que eles experimentaram, ocorrem repetidamente, em todos os tipos de situação e com respeito a todos os tipos de método de coleta de dados. Historiadores, sociólogos da ciência e pessoas de muitas outras disciplinas pensaram sobre essas questões desde os primórdios da ciência séria. E ainda o fazem.

1. Modelos de investigação: alguns antecedentes históricos

ALAIN DESROSIÈRES SUGERIU QUE PENSEMOS sobre o desenvolvimento de dados, e métodos para convertê-los em evidências, segundo formas propostas pelo trabalho contemporâneo na sociologia da ciência.[1] Ele descreveu como os tipos de dado estatístico que os cientistas sociais hoje empregam ganharam forma a partir das atividades de funcionários de Estados europeus em desenvolvimento que precisavam ter informações sistemáticas para administrar adequadamente os territórios cada vez maiores sob seu controle. E assim, incapazes de obter dados tão precisos quanto queriam, lidaram com as incertezas resultantes desenvolvendo métodos matemáticos para estimar as probabilidades associadas às suas conclusões.

Desrosières rastreia a maneira como o método e a prática estatística moderna se desenvolveram para fazer o trabalho de cujos resultados essas pessoas precisavam, "a tarefa de objetificar, de fazer *coisas que perdurem*, ou porque são previsíveis, ou porque, se imprevisíveis, sua imprevisibilidade pode ser dominada em alguma medida graças ao cálculo da probabilidade".[2] Os objetos assim feitos corporificam tipos — talvez o modelo que todos nós temos em mente quase de forma instintiva — de *dado*. Sua capacidade de *perdurar*, de permanecer constante, é o que lhes permite funcionar como evidências. Quando apontamos para essas "coisas que perduram", nós o fazemos de modo confiante, sabendo que nossos pares científicos vão concordar que esses dados sustentam a ideia que dizemos que sustentam.

Desrosières descreve duas coisas que os pesquisadores devem fazer para obter esse tipo de concordância da parte de seu público:

> Por um lado, eles vão especificar que a medição *depende de convenções* quanto à definição do objeto e aos procedimentos de codificação. Mas, por outro lado, acrescentarão que sua medição *reflete uma realidade*. [...] Substituindo a questão da *objetividade* pela de *objetificação*, [...] a realidade aparece como o produto de uma série de registros materiais: quanto mais gerais os registros — em outras palavras, quanto mais firmemente estabelecidas as convenções de equivalência sobre as quais eles se fundam, como resultado de investimentos mais amplos —, maior a realidade do produto.[3]

E, assim, mais convincentes eles são como evidências. Estou interessado no trabalho feito pelas "convenções de equivalência" que nos deixam aceitar a "realidade" do que são afinal dados bastante duvidosos (não importa quão científicos sejam nossos métodos de coletá-los). Portanto, sim, nossos dados baseiam-se numa concordância, em aceitar como suficientemente bons para nossos objetivos os objetos não perfeitamente confiáveis que nossos métodos de objetificação produzem.

Os cientistas sociais trabalham sob condições que não podem controlar. Diferentemente de alguns outros cientistas, não podemos sequer fingir estar seguros de que a condição "todas as outras coisas sendo iguais", tão central para o modelo de controle experimental como maneira de isolar ligações causais, aplica-se alguma vez aos dados que coletamos. Estamos sempre lutando com eventos e pessoas que atrapalham nossos planos para coletar dados que se firmem, "perdurem", como evidências para nossas ideias. Em consequência, os céticos sempre têm uma boa chance de falsificar as relações que fazemos para conectar nossos dados, evidências e ideias. Os críticos podem encontrar motivo para rejeitar o valor dos dados como evidências para a ideia apresentada, afirmando que alguma coisa diferente do que o apresentador afirma poderia ter produzido os mesmos resultados, apontando a possibilidade de erros de observação, análise ou relato. Ou podem afirmar que as evidências, ainda que aceitáveis, não sustentam logicamente a ideia porque... e então citar uma razão não considerada no projeto de pesquisa original. Um crítico poderia argumentar também que a ideia é logicamente falaciosa ou tem algum outro defeito, tornando insustentável todo o raciocínio que a pesquisa almeja construir.

As disciplinas variam no grau em que seus membros concordam quanto ao que aceitarão como dados "suficientemente bons" para servir de evidências para as ideias que elas supostamente sustentam. Veremos depois que os cientistas da natureza também têm muitos problemas desse gênero, mas (de certa forma) encontram mais facilmente maneiras de superá-los. Num caso extremo e não incomum, descrito por Thomas Kuhn em seu livro clássico sobre revoluções científicas,[4] todos os membros das disciplinas das ciências naturais (ou, mais provavelmente, a maioria deles) concordam quanto às premissas básicas em que seu trabalho coletivo se baseia. Eles têm, no útil termo que Kuhn nos ofereceu, um *paradigma*. Concordam quanto a quais problemas eles deveriam tentar resolver e que dados vão fornecer evidências convincentes para sustentar as subideias particulares que o paradigma gera. Eles podem distinguir quando estão certos e quando estão errados.

Kuhn observou que raramente vemos uma situação tão feliz nas ciências sociais, dando como evidência para essa conclusão os dados que coletou observando o pequeno grupo de cientistas sociais a que se uniu durante um ano como bolsista no Center for Advanced Studies in the Behavioral Sciences, grupo de cerca de cinquenta pesquisadores eminentes em seus vários campos.

> Fiquei impressionado em particular com o número e a extensão das discordâncias manifestas entre cientistas sociais quanto à natureza de problemas e métodos científicos legítimos. Tanto história quanto conhecimento fizeram-me duvidar de que os profissionais das ciências naturais possuam respostas mais firmes ou mais permanentes para tais questões que seus colegas nas ciências sociais. Contudo, de alguma maneira, a prática de astronomia, física, química ou biologia deixa de evocar as controvérsias sobre fundamentos que hoje frequentemente parecem endêmicas entre, digamos, psicólogos ou sociólogos.[5]

Esses fatos, que surpreenderam Kuhn, o físico que se tornou historiador e sociólogo da ciência, impregnam a experiência cotidiana da maioria dos cientistas sociais, que sabe a partir de sua própria vida de trabalho que essa é exatamente a maneira como as pessoas em seus campos fazem as coisas. Mas eles sabem também que as discordâncias variam consideravelmente em grau, permitindo consenso suficiente entre pelo menos alguns de seus integrantes para que ordinariamente um trabalho seja realizado. Cresci numa tradição sociológica que minimizava esses conflitos, embora ela contivesse muitas das diferenças metodológicas que se tornaram mais pronunciadas em anos posteriores. O Departamento de Sociologia da Universidade de Chicago na era pós-Segunda Guerra Mundial (aproximadamente do início dos anos 1940 até meados dos anos 1950), ainda um tanto influenciado pela visão ampla e inclusiva, criada e promovida por Robert E. Park, do que a sociologia poderia ser, abrigava todos os tipos de diferença de opiniões sérias e profundamente sentidas sobre essas matérias, mas as diferenças existiam — pelo menos essa foi minha experiência, e não fui o único — numa atmosfera de aceitação geral de múltiplas formas de fazer pesquisa sobre a vida social. As pessoas debatiam (afinal, era um departamento universitário, que mais elas fariam?) tudo, mas essencialmente aceitavam múltiplas abordagens a questões básicas, acatavam os dados que seus colegas forneciam como evidências para suas ideias coincidentes. Muitas pessoas utilizavam diversas formas de dados em seus estudos. Clifford Shaw e Henry McKay, por exemplo, alunos de Park, estudaram delinquência juvenil durante anos usando dados quantitativos em massa, em geral tomados de estatísticas policiais e registros de tribunais, o que permitia o uso de técnicas estatísticas de análise de dados (coeficientes de correlação, por exemplo). Ao mesmo tempo, eles estudaram as mesmas questões de maneiras menos formalizadas, coletando e publicando material detalhado sobre histórias de vida fornecidas por atores individuais, histórias de vida no crime, trajetórias delinquentes, sucessos e fracassos. Outros usaram combinações similares de material para conhecer as experiências específicas que constituíam carreiras criminais, suicídios e outras atividades semelhantes. Alguns dos grandes estudos de comunidade do período — *Middletown* e *Middletown in Transition*, de Robert S. Lynd; *Deep South*, de Allison Davis, Burleigh B. Gardner e Mary R. Gardner; *Black Metropolis*, de St. Clair Drake e Horace Cayton — foram modelos dessa amplitude metodológica.

Fortes (e obstinados) proponentes de diferentes abordagens metodológicas travavam grandes discussões — as discordâncias de Herbert Blumer e Samuel Stouffer sobre que forma a ciência sociológica deveria assumir são lendárias —, e algumas pessoas se especializavam em um método em vez de outro, mas não havia nenhum conflito organizado, nem sequer institucionalizado, entre os que mais tarde vieram a ser chamados de métodos "quantitativos" e "qualitativos". É verdade que o prédio no número 1126 E da Fifty-Ninth Street em Chicago, a casa das ciências sociais na Universidade de Chicago, ostentava em sua fachada esta inscrição (atribuída ao famoso físico lorde Kelvin): "Quando não o podes expressar em números, teu conhecimento é de um tipo pobre e insatisfatório". Mas uma história amorosamente preservada por algumas das pessoas que trabalhavam naquele prédio, pelo menos no meu tempo, falava do economista Jacob Viner, que, ao passar por ali um dia e observar o comentário de Kelvin, teria dito, contemplativamente: "Sim, e quando podes expressá-lo em números teu conhecimento também é de um tipo pobre e insatisfatório".[6] Minha introdução a essa visão ecumênica de minha nova profissão veio de Everett Hughes, que havia orientado minha tese. Depois que obtive meu doutorado, o Departamento me contratou para dar algumas aulas, o que significava que eu agora comparecia às reuniões do Departamento. Fiquei surpreso ao ver a evidente simpatia e amizade entre Hughes e William F. Ogburn — que nós alunos da pós-graduação (que não estávamos de forma alguma a par do que se passava entre os membros do corpo docente) pensávamos que deviam ser inimigos mortais —, e disse isso a Hughes. Ele me olhou como se eu fosse louco (acho que muitas vezes ele deve ter tido essa impressão quando eu cuspia as opiniões dos meus 23 anos) e quis saber do que eu estava falando. Expliquei que todos nós pensávamos que suas evidentes diferenças em termos de métodos de pesquisa deviam necessariamente ter criado alguma inimizade entre eles. Ele disse: "Hum! Não seja tolo. Will Ogburn e eu somos os melhores amigos", e em seguida forneceu o que era para ele uma prova definitiva: "Quem você pensa que me ajudou com todas as tabelas em *French Canada in Transition?*". Uma lição que nunca esqueci.

Como todo o nosso conhecimento é insatisfatório e apenas um começo, não deveríamos equiparar a boa ciência exclusivamente ao tipo que usa números (ou a seu oposto). Em vez disso, deveríamos nos recusar a aumentar nossos problemas ao fazer ciências sociais envolvendo-nos nesse tipo de bate-boca interno. Nem deveríamos equiparar a boa ciência exclusivamente ao trabalho cuja garantia se baseia em longa imersão em todos os detalhes da interação social e seus resultados como um modo de compreender a organização da vida social. Podemos todos usar as deficiências em nossa própria maneira de trabalhar como fontes de ideias sobre como melhorar a coleta de dados e nosso uso de evidências para gerar ideias outras e melhores, as quais podemos depois verificar com novas formas de coletar dados e assim sucessivamente, num círculo.

Como dados, evidências e ideias realmente constituem um círculo de dependências, podemos nos mover em ambos os sentidos nele. É possível tentar o caminho clássico empregando os dados que criamos como evidências para verificar ideias que já geramos. Mas podemos também usar dados que diferem inesperadamente do que imaginávamos e criar novas ideias. Dependendo do sentido que tomamos, provavelmente lançaremos mão de diferentes métodos de coletar e analisar os dados. Ambos os sentidos funcionam e produzem resultados úteis. Alguns de nós vamos nos especializar em trabalhos que seguem num sentido, buscando formas de medição cada vez mais precisas para criar dados que nos permitam testar ideias já geradas por nós (ou por outra pessoa). Outros seguirão no outro sentido, buscando dados cujo caráter inesperado provocará novas ideias. Alguns, ainda, farão ambas as coisas, buscando dados que propiciem gerar ideias para promover nossa compreensão das situações sociais estudadas, e simultaneamente trabalhando nas maneiras de testar as novas compreensões a que chegamos provisoriamente. Vamos mais longe, coletivamente, reconhecendo as múltiplas formas pelas quais podemos fazer avançar o conhecimento em nosso campo.

Concebi este livro nesse espírito, tentando repensar a cisão contemporânea entre as duas formas supostamente diferentes de realizar o trabalho científico, tentando evitar uma belicosidade desnecessária. E reconhecer o que é bom em todas as maneiras de trabalhar conectando a variedade de métodos envolvidos com questões básicas sobre a relação entre dados, evidências e ideias. Isso me levou a revisitar um grande número de defeitos bem conhecidos no trabalho quantitativo, não para ser beligerantemente arrogante, mas para ver como o reconhecimento deles pode ser usado para melhorar a maneira como todos nós trabalhamos. E me levou a aplicar também ao trabalho qualitativo os mesmos padrões críticos sérios, identificando procedimentos falhos e procurando formas de melhorá-los. E, especialmente, me levou a chamar atenção para a antiga (embora muitas vezes ignorada) tradição que já mencionei, que combina ambos os tipos de coleta de dados nos mesmos estudos, trabalho que vê e implementa a unidade em prol da boa pesquisa nas ciências sociais.

Uma consequência de raciocinar assim é que podemos todos cultivar a flexibilidade no que sabemos e no que fazemos, participando e observando em alguns momentos, contando e calculando em outros. Adiante apresentarei exemplos de excelente pesquisa e pensamento que procederam exatamente dessa maneira.

Modelos de conhecimento

Desrosières, em sua magistral história do raciocínio estatístico,[7] chama atenção para dois modelos clássicos de conhecimento científico, associados a dois cientistas do século XVIII, Carolus Lineu e Georges-Louis Leclerc, conde de Buffon. Lineu propôs recorrer-se a um esquema classificatório completo, em que os cientistas podiam inserir a informação que sua pesquisa produzia. Os cientistas completavam seu trabalho quando preenchiam com dados todas as lacunas no esquema de classificação. Buffon, ao contrário, propôs que a construção do próprio esquema classificatório se tornasse o principal trabalho a ser feito, um trabalho que nunca terminaria porque, ele pensava, dados novos e inesperados iriam continuamente fazer transbordar as caixas classificatórias então existentes, exigindo rearranjos de ideias em padrões e argumentos novos, até então desconhecidos. Ambos os pensadores investigaram animais e plantas, mas cada um usou a informação que sua pesquisa produzia de diferentes maneiras. Repetindo, Lineu definiu o trabalho como a tarefa de encaixar resultados de pesquisa nas caixas apropriadas no esquema que ele tinha construído; Buffon viu-o como o contínuo recriar de outras caixas à medida que novos fatos vinham à luz.

Esses dois modos de análise diferem em suas formas prescritivas (mas só em certa medida) quanto àquilo para o qual deveriam e poderiam ser empregados os dados produzidos pela pesquisa. Eis a análise que Desrosières faz de suas diferenças:

> De todos os traços disponíveis, Lineu escolheu alguns, *características*, e criou sua classificação com base nesses critérios, excluindo os outros traços. A pertinência dessa seleção, que é a priori arbitrária, só pode ser clara a posteriori; mas, para Lineu, essa escolha representava uma necessidade resultante do fato de que os "gêneros" (famílias de espécies) eram *reais* e determinavam as características pertinentes. "Deve-se compreender que não é a característica que constitui o gênero, mas o gênero que constitui a característica; que a característica resulta do gênero, e não o gênero da característica." [...] Havia portanto critérios naturais válidos a serem descobertos por procedimentos que aplicavam sistematicamente a mesma grade analítica a todo o espaço sob estudo. Critérios válidos eram reais, naturais e universais. Eles formavam um *sistema*.
>
> Para Buffon, por outro lado, parecia implausível que os critérios pertinentes fossem sempre os mesmos. Era necessário, por-

tanto, considerar todos os traços distintivos disponíveis a priori. Mas estes eram muito numerosos, e seu *método* não era aplicável desde o princípio a todas as espécies simultaneamente encaradas. Ele só podia ser aplicado às grandes e "óbvias" famílias, constituídas a priori. Desse ponto em diante, tomávamos alguma espécie e a comparávamos a outra. As características similares e dissimilares eram então distinguidas, e retinham-se somente as dissimilares. Uma terceira espécie era então comparada, por sua vez, às duas primeiras, e o processo era repetido infinitamente, de tal maneira que as características distintivas eram mencionadas uma e somente uma vez. Isso tornava possível reagrupar categorias, definindo gradualmente a tabela de parentescos. Esse método enfatizava a lógica local, particular a cada zona do espaço das criaturas vivas, sem supor a priori que um pequeno número de critérios era pertinente para todo o espaço.

Esse método é antitético à técnica *baseada em critérios* de Lineu, que aplicava características gerais que se presumia serem universalmente efetivas.[8]

Desrosières viu essa diferença de método refletida nos problemas diários de trabalho dos cientistas sociais:

Qualquer estatístico que, não satisfeito simplesmente em construir uma grade lógica e coerente, tenta também usá-la para codificar uma pilha de questionários sentiu que, em vários casos, só o consegue por meio de assimilação, em virtude da proximidade com casos com que lidou previamente, de acordo com uma lógica não prevista na nomenclatura. Essas práticas locais são frequentemente construídas por agentes que trabalham em oficinas de codificação e digitação, em conformidade com uma divisão do trabalho em que os líderes são inspirados pelos preceitos de Lineu, ao passo que os executantes reais, sem o saber, estão mais propensos a aplicar o método de Buffon.⁹

A aplicação de sua análise à sociologia contemporânea mostra como essas diferenças clássicas em objetivos e procedimentos produzem duas formas um tanto diversas de trabalhar que não precisamos considerar conflitantes, mas que decerto são distintas em objetivo e execução.

A solução de Lineu

A maior parte da formação convencional em métodos de pesquisa em ciências sociais, bem como a maior parte dos procedimentos acadêmicos que cercam a aprovação de projetos de pesquisa e as teses deles resultantes, assume uma forma ritualizada que mais frequentemente é honrada enquanto cerimônia do que no trabalho que os estudantes realmente fazem. Essas formalidades, em essência, refletem o procedimento lineano que Desrosières descreveu.

Na forma mais pura, mais clássica, a proposta de tese revisa uma coleção bibliográfica que supostamente informa a respeito de um corpo coerente de conhecimento já coletado que alcançou um ponto em que o problema que o estudante se propõe a resolver representa um próximo passo na estrada para um sistema sempre crescente de proposições estabelecidas, semelhantes a leis. Essa visão acerca das ciências sociais, eu a ouvi pela primeira vez numa história talvez apócrifa sobre Beardsley Ruml, economista conhecido sobretudo por ter inventado a ideia de reter impostos dos salários que os empregadores pagavam a seus empregados. Robert Redfield, antropólogo que lecionava na Universidade de Chicago quando Ruml ocupava o decanato de ciências sociais na instituição, contou a um grupo de alunos que o decano tinha o costume de se aproximar de incautos membros do corpo docente e perguntar, numa voz estrondosa: "Que tijolo você acrescentou ao muro das ciências sociais esta semana?", às vezes variando a metáfora para indagar que elo o infeliz professor tinha acrescentado à corrente da ciência. Redfield dizia que nunca conseguiu pensar numa resposta adequada e preferia, como mais realística, a metáfora de muitos pequenos riachos fluindo para o oceano, alguns deles se juntando ocasionalmente para cavar um canal mais profundo.

A partir desse problema necessariamente fictício, os estudantes detalham o que todos os demais ("a literatura") disseram sobre a questão e em seguida, no que é mais importante, como sua pesquisa coletará dados cuja análise resolverá alguma discordância existente e tornará possível decidir entre explicações rivais. A solução do problema que o estudante propôs como crucial completa o ritual.

Mas, quase invariavelmente, as coisas não vêm a ser como a proposta imaginava que seriam. As descobertas quase sempre ambíguas sugerem óbvias explicações alternativas que parecem tão plausíveis quanto as hipóteses propostas pelo estudante, e a pesquisa termina não com o estrépito de um sim ou um não definitivo para a hipótese originalmente proposta, mas com a clássica lamúria de que "pesquisa adicional é necessária".

Para que a vida prossiga e os estudantes possam receber seu diploma, todos os envolvidos concordam em ignorar a proposta original e conformar-se com o que foi realmente descoberto mais qualquer explicação posterior que o infeliz estudante tenha inventado para explicar esse resultado.

Um tipo de pesquisa se adéqua melhor a essa situação: o projeto de pesquisa quantitativa mais ou menos clássico, que fornece matéria-prima para um volume substancial de artigos encontrados nas principais revistas da área do estudante: um problema claramente expresso com um pedigree bibliográfico apropriado; um método de pesquisa adequado, que em geral envolve um levantamento realizado com uma população especificada, analisado de acordo com alguma versão do que se chama modelo linear geral, em que o pesquisador testa o efeito de inúmeras variáveis independentes (individualmente, e às vezes em conjunto) sobre uma variável dependente de seu interesse. Estudos da relação entre realização acadêmica ou financeira, por um lado, e classe social e raça, por outro, exemplificam essa maneira de trabalhar.

Esses projetos de pesquisa demandam o que se tornou o método-padrão para grande parte da sociologia contemporânea: acumular grandes conjuntos de dados, coletados principalmente através de questionários ou, alternativamente, usando grandes conjuntos de informação coletados por organizações para seus próprios fins — censos, registros públicos de nascimentos, mortes e causas de morte, estatísticas produzidas por escolas, departamentos de polícia, hospitais e todas as outras organizações que rotineiramente reúnem esse tipo de informação para tabular e contar. Essas organizações coletam os dados para uso administrativo próprio (e com frequência quase político), mas muitas vezes permitem que os cientistas sociais recorram a eles para fins de pesquisa.

Quando surgem problemas na execução da pesquisa por levantamento depois que ela foi projetada — dificuldades para reunir uma amostra apropriada de entrevistados, por exemplo —, os pesquisadores não podem mudar seu plano com facilidade, porque a lógica da análise depende da execução adequada, o que quase invariavelmente requer uma leva de entrevistas feitas aproximadamente ao mesmo tempo. De outra forma — se as entrevistas se espalharem por um longo período —, eventos intervenientes podem influenciar as respostas dos entrevistados. David Gold, experiente pesquisador, contou-me sobre um levantamento que ele fez com duas turmas de alunos seus na Universidade de Iowa, uma parte do qual envolvia atitudes em relação ao time de futebol americano da faculdade. Uma turma preencheu os questionários na sexta-feira, a outra na segunda-feira. Durante o fim de semana o time da Iowa teve uma grande vitória, ou talvez tenha sido uma terrível derrota, mas de todo modo: a atitude das duas populações tão similares variou amplamente conforme o dia em que os entrevistados responderam às perguntas. A solução geral para esse tipo de problema é fazer da dificuldade recém-descoberta o alvo de um estudo subsequente (isso é comum, por exemplo, em testes psicológicos de teorias de aprendizagem com experimentos usando animais).

Uma versão alternativa utiliza dados já coletados por outros para objetivos próprios, com frequência por uma agência pública, aos quais o pesquisador tem acesso. Exemplos clássicos incluem, por exemplo, os dados do Censo norte-americano e estatísticas de causas de mortes (que forneceram a matéria-prima para a célebre análise do suicídio feita por Émile Durkheim), frequentemente oferecidas como modelo para esse formato de pesquisa. Em ambos os casos, uma vez que a operação de coleta de dados começa, ela tem de ser realizada conforme o planejado pelo tempo necessário para completá-la. Não podemos mudar o método porque, sejam quais forem os defeitos que descobrimos nos registros dos quais extraímos nossos dados, esses dados consistem em registros feitos pelas pessoas que os produziram, e se eles contêm erros, paciência; o que está feito está feito.

A pesquisa realizada desse modo tem muitas vantagens. É relativamente fácil, pelo menos em princípio, acumular conhecimento e acrescentar tijolos ao muro da compreensão científica da coisa que estamos estudando. Cada estudo identifica alguns pontos, aumentando o peso de evidências comprovadoras, e expõe alguns problemas que podem ser, e às vezes são (mas não necessariamente), percebidos e tratados em pesquisas subsequentes.

Mais especificamente, pesquisas desse tipo podem se concentrar em variáveis essenciais e em medi-las num grande número de casos, coletando informação sobre centenas ou milhares de pessoas, e não sobre quarenta ou cinquenta. Em consequência, os pesquisadores podem usar complexas técnicas estatísticas de análise e generalizar suas descobertas, lançando mão de raciocínio probabilístico, para populações maiores de pessoas ou casos.

As descobertas surgem no fim do processo, quando reunimos todos os dados e os resumimos em matrizes, tabelas e medidas específicas. Nesse ponto é possível que tenhamos algumas novas descobertas para relatar, a partir das quais e sobre as quais tecer teorias. Mas não podemos explorar essas descobertas até que planejemos e executemos o estudo seguinte.

A solução de Buffon

Numa forma alternativa de planejamento e execução de pesquisa, os pesquisadores começam com algumas ideias-mestras gerais, possivelmente muito vagas, sobre as coisas que pretendem estudar. Buffon sabia que havia animais no mundo que deviam ser relacionados uns aos outros de alguma maneira, mas não sabia como eram relacionados nem se as categorias que já tinha desenvolvido em seu trabalho até aquele ponto seriam adequadas para descrever e classificar espécimes novos e inusitados. Como o mundo provavelmente continha mais casos complicados do que ele tinha conhecimento, Buffon tomou para si a tarefa de procurar complicações e usá-las para criar um esquema classificatório ainda provisório, porém mais adequado. Na versão das ciências sociais, começamos esse tipo de investigação nos orientando por alguns pensamentos simples: onde aquilo em que estou interessado acontece, quem estará lá e o que provavelmente irá acontecer — essa poderia ser uma lista típica. Trabalhando dessa forma, o pesquisador descobre que fenômenos até agora inesperados precisam de entendimento e explicação. Isso não é diferente de um antropólogo que sobe o Alto Xingu, o grande rio no interior do Brasil, procurando, e com sorte encontrando, um grupo indígena que não teve contato anterior com os brancos; o pesquisador não sabe que língua eles falam nem coisa alguma sobre a maneira como vivem. Qualquer antropólogo iria conjecturar, claro, que esse povo ainda "não contatado" tem algum tipo de sistema de parentesco para definir e regular relações sexuais e suas consequências, algum tipo de religião para explicar coisas que parecem não ter nenhuma explicação cotidiana mais prática e algum tipo de operação para coleta de alimento — mas os tipos dessas coisas são ainda desconhecidos. Uma grande parte do trabalho consistiria em descrever o que tinha de ser explicado, e isso teria de vir antes de qualquer explicação.

W. Lloyd Warner, antropólogo que estudou uma sociedade indígena australiana, os Murngin, e uma comunidade americana moderna, "Yankee City", um pseudônimo para Newburyport, Massachusetts,[10] deu aos seus alunos esse conselho sobre como fazer trabalho de campo: "Quando você souber que algum grande evento vai ocorrer" — uma cerimônia de iniciação ou uma importante celebração cívica —, "chegue lá antes de qualquer outra pessoa, fique durante todo o evento e seja o último a sair. Depois converse com todo mundo que estava lá e peça para eles contarem o que aconteceu".

Warner sugeriu que, se você fizesse isso, tendo compartilhado o evento, você teria algo específico sobre o qual fazer perguntas às pessoas. Se você pensa na vida social enquanto um processo, como eu penso — isso acontece, aquilo acontece ao mesmo tempo, aquilo mais em seguida —, pode compreender tudo melhor se descobre o que "isso" é, em vez de tentar encaixar os eventos em compartimentos predefinidos.

Assim, nessa versão de pesquisa, as coisas que você descobre no início moldam, em parte, o que você procura, aquilo que você acha que requer explicação. Quando Blanche Geer e eu começamos nosso estudo acerca de estudantes de graduação na Universidade do Kansas, estudo que durou vários anos,[11] tínhamos atrás de nós um estudo também de vários anos de duração sobre a cultura estudantil numa faculdade de medicina, e havíamos formulado muitas ideias sobre como os estudantes colaboravam para produzir corpos de entendimentos compartilhados acerca da situação em que estavam e como lidar com ela.[12] Claramente, não podíamos apenas levar nossas conclusões sobre cultura universitária na situação fechada, estreitamente focalizada e de alta pressão dos anos avançados na faculdade de medicina para as situações muito diferentes de uma cultura estudantil dos anos iniciais de outras áreas de graduação. Tínhamos algumas ideias norteadoras gerais — cultura se desenvolve entre pessoas que compartilham uma situação problemática e têm oportunidades de se comunicar sobre os problemas que essa situação cria para elas, por exemplo. Mas as situações, tão radicalmente diferentes, iriam provavelmente produzir resultados diferentes, pensamos, de modo que não podíamos gerar nenhuma proposição detalhada, testável, até que soubéssemos muito mais do que sabíamos quando começamos a pesquisa.

Pusemos o pé pela primeira vez no campus da Universidade do Kansas, nosso local de pesquisa, alguns dias antes do início das aulas, provavelmente durante a Semana de Orientação. Iríamos estudar os tipos de entendimento compartilhado e atividades organizadas que tínhamos descoberto na faculdade de medicina.[13] Vagamos ao redor das mesas que diversas organizações estudantis tinham instalado para se apresentarem aos estudantes que estavam se matriculando naquela universidade pela primeira vez e a todas as pessoas que conhecemos dissemos ser pesquisadores que iriam circular pelo campus durante os próximos anos.

Um rapaz — vamos chamá-lo de "Jack" — nos inundou com perguntas sobre quem éramos, o que estávamos fazendo etc., e depois sumiu. Ele reapareceu mais tarde (ficamos sabendo depois que tinha passado o tempo verificando nossas credenciais com diversos funcionários da universidade) e por duas horas se dedicou a nos iniciar em alguns aspectos da vida política no campus sobre os quais a maioria das pessoas não tinha conhecimento. Contou-nos, para resumir, que havia uma sociedade secreta no campus, cujos membros eram os líderes da maioria das grandes organizações do campus, se não de todas — inclusive o Interfraternity Council, a Panhellenic Organization (irmandades femininas) e a governança estudantil. Disse que esse grupo decidia, secretamente, quem seria o próximo presidente disso e o próximo dirigente daquilo, controlava a maioria dos acontecimentos institucionais e políticos que os estudantes podiam controlar, e tinha considerável influência junto aos administradores mais importantes. Nós concluímos caridosamente que ele era um pouco louco, e não nos concentramos em investigar suas ideias.

Os dois anos seguintes de trabalho de campo nos ensinaram que tudo que ele nos disse era substancialmente verdadeiro. Essa era, contudo, apenas uma entre muitas das ideias que estávamos investigando. Tínhamos usado essa história bizarra com cautela e reservas para orientar partes de nossa investigação que tratavam desses assuntos, e não parávamos de descobrir que as coisas no campus realmente aconteciam como ele dissera. Descobrimos um a um os elementos que a corroboravam, usando cada um deles para melhor orientar nossas investigações, para formular as perguntas que fazíamos, para sugerir a que reuniões devíamos comparecer e assim por diante. É provável que fôssemos acabar sabendo da maior parte dessas coisas sem a ajuda do rapaz, mas suas revelações aceleraram o processo.

Simultaneamente, usamos outras coisas de que soubemos para orientar outros aspectos de nosso trabalho. Eis um caso ilustrativo notável. Uma tarde, sentei-me com duas jovens que estavam no primeiro ano na universidade e fiquei ouvindo enquanto elas conversavam sobre isso e aquilo. Por fim, uma delas perguntou à outra sobre um rapaz com quem ela saíra na noite anterior. "Como foi com ele?" "Ele foi muito gentil, passei ótimos momentos. Mas nunca mais vou sair com ele." "Por que não?" "A média geral dele é baixa" (a medida padrão de êxito acadêmico, a média aritmética das notas que você obteve nos cursos que fez). A outra aceitou o argumento como explicação suficiente de por que um rapaz desejável sob outros aspectos seria rejeitado. Eu não. Aquilo não pareceu sensato para mim, com minha sabedoria adulta, por isso perguntei: "O que uma coisa tem a ver com a outra?". Ela me olhou com pena, como se olha para uma criança que não compreende algum fato elementar da vida, e explicou, enquanto a amiga assentia compreensivamente, que aquele era seu primeiro ano no campus, ela continuaria ali por mais três anos e não tinha nenhuma intenção de se envolver seriamente com alguém que não estaria na universidade depois desse ano (supondo, como ela supunha, que o rapaz seria reprovado em uma ou mais disciplinas e teria de deixar a faculdade). Ela não queria se amarrar social e romanticamente de uma maneira que a impedisse de aproveitar a faculdade como ela esperava. Essa observação, entre muitas experiências similares em outras áreas da vida no campus, nos alertou para a importância esmagadora da média geral na vida dos estudantes. Nunca teríamos imaginado, não bem o bastante para formular hipóteses testáveis, que a vida romântica dos estudantes refletia a influência do sistema de notas. (De fato, alguns membros do corpo docente e administradores da universidade para quem contamos a história tiveram dificuldade em acreditar nela.)

Pesquisadores nesse estilo comumente ou fazem trabalho de campo extenso, de longa duração, às vezes como participantes na atividade que estão estudando, ou realizam entrevistas longas, às vezes improvisadas, sobre um tema comum. Em ambos os casos, eles usam o que aprendem um dia para formular e dirigir o andamento do dia seguinte. Meu trabalho inclui as duas coisas: anos de trabalho de campo, planejado de um dia para outro, com músicos e estudantes; e séries de entrevistas detalhadas para as quais eu criava as perguntas durante cada entrevista, adaptando-as à pessoa e às circunstâncias que ela descrevia para mim, com usuários de maconha, professores e pessoas do mundo do teatro (três projetos diferentes, para ser claro). Se você trabalha assim, pode reorientar rapidamente seu trabalho, incorporando problemas interessantes, que não tinha imaginado, à sua compreensão do fenômeno em estudo. Você pega perguntas que a primeira entrevista provocou e as faz nas entrevistas que se seguem, e passa um tempo procurando outros casos de um evento ou ideia interessante que pode complicar sua compreensão sobre ele. A pesquisa soluciona alguns problemas e revela outros, num processo contínuo, que só chega ao fim quando tempo, dinheiro e interesse acabam.

O que você não pode fazer é planejar antecipadamente de uma maneira que lhe permita descrever o que vai fazer para um público cético, como uma banca de tese ou uma fonte de financiamento de pesquisa. Tampouco pode delegar o trabalho a uma equipe de pesquisadores, a menos que os transforme em parceiros praticamente iguais em todo o trabalho de pesquisa. Você nunca sabe quais serão os resultados, embora tenha certeza de que haverá algum. Mas também não pode fornecer prova definitiva de nada do que quer dizer, embora possa fazer mais nessa direção do que muitos pesquisadores apenas voltados para o trabalho de campo.

A pesquisa quantitativa de grande escala é capaz de fazer a mesma coisa, mas a escala de tempo é diferente. À medida que pesquisadores nesse estilo deparam com dificuldades e fontes de erro, eles podem anotá-los, relatá-los para seus colegas (como Wallin e Waldo fizeram) e incorporá-los na execução de levantamentos adicionais e outras operações de coleta de dados. No fim, ambos os tipos de cientistas aperfeiçoam seus procedimentos rotineiros e a precisão de seus dados.

Recomendações de Lieberson

Stanley Lieberson, eminente metodologista, ofereceu uma descrição abrangente desses dois modelos tal como aparecem no trabalho sociológico. Meticuloso e escrupuloso em sua apresentação dos modelos, ele conclui com firmeza que os sociólogos deveriam usar o que descreve como um modelo "probabilístico". Aqui está seu raciocínio:

> Por um lado, atualmente supomos que evidências que contradizem uma teoria mostram que a teoria está "errada" ou pelo menos precisa de alguma modificação. Por outro lado, nas ciências sociais, é irrealista supor que todos os dados pertinentes serão congruentes com uma teoria, por mais que ela esteja correta. Contudo, as evidências em apoio a uma teoria raramente são tão fortes a ponto de eliminar interpretações alternativas. Assim, com os procedimentos atuais, estamos condenados se fazemos e condenados se não fazemos. Se estamos lidando com teorias,

estamos lidando com evidências. Se levarmos as evidências demasiado a sério, podemos rejeitar teorias perfeitamente dignas. Se ignoramos as evidências, não temos nenhuma teoria, só especulações. Como resolver esses problemas?

O primeiro passo é reconhecer que lidamos essencialmente com um mundo probabilístico, e que a perspectiva determinista em que a maior parte das teorias sociológicas é formulada e que é subjacente à noção de um teste crítico é mais que irrealista: é inapropriada. Se as teorias são propostas em termos probabilísticos, isto é, especificando que um dado conjunto de condições irá alterar a probabilidade de um dado resultado, não somente a realidade da vida social será corretamente descrita como estaremos também liberados de supor que as evidências negativas significam automaticamente que a teoria está errada. (A teoria determinista propõe que um dado conjunto de condições levará a um resultado específico, puro e simples.) Por que é sensato supor um ambiente causal probabilista, e não determinista? Vou ignorar a enorme, quase infinita série de erros de dados cometidos quando medimos eventos sociais que podem impedir que se observe um determinado resultado mesmo que ele ocorra sempre. Além disso, num mundo complexo de múltiplas variáveis, é irrealista agir como se a vida social fosse compelida por forças deterministas, mesmo que achemos que é. Uma vez que há uma série tão ampla de condições afetando um resultado, é ingênuo pensar que uma teoria correta vai prever ou mesmo explicar o resultado em qualquer circunstância dada. Somente a concepção mais simplista e mecânica suporia que uma teoria tem de ser a influência dominante em todos os cenários e contextos, independentemente da heterogeneidade dos elementos. Além disso, uma teoria que explicasse todos os eventos estaria à beira de se tornar uma história do mundo.[14]

Essa abordagem probabilista claramente tem muito a recomendá-la. Lieberson critica modos de pesquisa que visam a lidar com todos os eventos e objetos presentes na situação que estudamos, objetos e eventos que ele compreende perfeitamente que por certo poderiam influenciar os resultados que queremos explicar:

> De um ponto de vista probabilístico, teorias que incorporam uma complexa cadeia de eventos são pouco atraentes, e as evidências empíricas serão provavelmente enganosas. [...] Uma teoria envolvendo um conjunto de sequências só será útil se as probabilidades dentro da sequência forem todas virtualmente 1,0, e mesmo então o valor de probabilidade declinará rapidamente com o número de eventos sequenciais. Suponha que a probabilidade de Y, dado X, seja 0,7, e a probabilidade de Z, dado Y, seja 0,6. A probabilidade de Z, dado X, é 0,7 × 0,6 = 0,42. Assim, ambas as teorias podem estar corretas, porém o mais das vezes uma teoria que combina múltiplos passos fará previsões mais fracas do que se cada passo fosse encarado como uma questão teórica separada. Os erros são ainda mais sérios quando um segundo passo tem uma baixa probabilidade de ocorrer. Por exemplo, para contrair paresia, é preciso primeiro ter sífilis, a qual por sua vez deve progredir através de vários estados sem tratamento. Mesmo nesse caso, muito menos da metade daqueles com sífilis latente não tratada contraem paresia. Obviamente, para aqueles com a condição inicial (X, ou sífilis), a probabilidade do último resultado será mais alta do que para aqueles que não experimentam X, ou não têm sífilis. Entretanto, nossa análise e compreensão são muito maiores quando examinamos cada parte da cadeia. Além disso, pode haver partes de cadeias complexas para as quais não temos absolutamente

nenhuma compreensão teórica. Na cadeia de eventos que levou à Primeira Guerra Mundial, que teoria explica o assassinato do arquiduque Francisco Ferdinando em 1914 e que teoria trata da probabilidade da guerra se não houvesse o assassinato?[15]

Mas... Sim, há um grande "mas" que, para mim, muda essa sensata avaliação. A pesquisa sociológica não precisa produzir conclusões que prevejam os resultados de um conjunto específico de condições anteriores. Não há nenhuma necessidade de prever que pessoas vão acabar com paresia. Uma meta alternativa contaria a história do caminho que conduz à paresia, tratando cada passo como um processo a ser investigado, uma "caixa-preta" — mais tecnicamente, uma máquina de input-output — que contém mais complicações e levando ao produto final paresia. As complicações que Lieberson acha tão problemáticas (e ele não é o único) são, para mim (eu também não sou o único), as novas coisas sobre as quais quero descobrir, cujo funcionamento quero incorporar à minha compreensão da máquina de input-output envolvida na produção da paresia. Tratei da lógica das caixas-pretas e seu funcionamento interno em outro texto.[16] Eis um breve resumo dessa posição:

> Dizemos frequentemente, e até insistimos, que os eventos sociais têm múltiplas causas. Mas os métodos comuns não contêm mecanismos para a busca de causas das quais ainda não temos conhecimento. Eles são bons para avaliar o grau da relação entre A e B [X e Y, no exemplo de Lieberson], mas muito menos bons para investigar "a variação não explicada", que permanece na caixa-preta até que vamos procurá-la.[17]

Compreender o trabalho sociológico como a busca do funcionamento interno de máquinas de input-output, em vez de correlações entre causas e efeitos, muda a natureza do empreendimento. Trabalhando dessa maneira, o sociólogo procura acrescentar complicações à história, em vez de simplificá-la. Essa busca não precisa ser antiquantitativa, como expliquei em detalhe ao discutir esses métodos teóricos estabelecidos como análise comparativa quantitativa e seus análogos em pesquisa tanto qualitativa quanto quantitativa.[18] Mas ela não visa a oferecer correlações verificadas passíveis de fornecer a base para previsões que possam — apenas provisoriamente, porque as evidências que contêm são somente probabilisticamente verdadeiras — guiar com precisão as decisões de indivíduos. Em vez disso, e provavelmente de modo mais importante para as pessoas que pensam dessa maneira, o objetivo é influenciar as ações de organizações cujos administradores esperam que essas ações tenham consequências sociais verificáveis.

A seguir...

Esses dois modelos e maneiras de conceber e fazer pesquisa aparecem continuamente na história da sociologia, e desenvolveu-se uma enorme bibliografia para avaliar seu préstimo, seus defeitos e as escolhas que os pesquisadores têm de fazer no exercício de suas atividades normais.

Essas discussões muitas vezes têm um toque polêmico, insistindo que "minha maneira é melhor que a sua". Fiz o possível para evitar isso. Ambos os tipos de pesquisa têm problemas e defeitos, e quero avaliá-los imparcialmente; não atribuir notas, por assim dizer, mas ver o que os problemas da pesquisa na área da sociologia realmente são e depois sugerir formas de fazer alguma coisa em relação a eles.

Evidentemente — revelo logo o fim previsível da piada — vale a pena usar os dois, conforme as circunstâncias imponham, não adotando uma atitude quase religiosa em relação às dificuldades envolvidas em seu uso, apenas sendo práticos. Temos abundantes exemplos de excelente pesquisa que faz isso e outros exemplos em que os dois tipos podem contribuir de diferentes maneiras para aumentar o conhecimento. Não estou certo de que o "muro da ciência social" de que Beardsley Ruml tanto falava será construído algum dia, mas podemos fazer algum bom trabalho, o que para mim bastaria.

As diferenças entre os dois modelos residem na maneira como cada um se relaciona com o círculo dados-evidências-teoria. O modelo "quantitativo" o mais das vezes tem problema com a conexão entre dados e evidências, com a demonstração de que os dados realmente medem o que o investigador diz que eles deveriam medir para serem úteis como evidências no argumento posterior. O modelo "qualitativo" tem problemas na outra ponta, com a demonstração de que as evidências coletadas, embora baseadas em dados aceitáveis que são o que afirmam ser em relação ao fato observado, estão claramente relacionadas à ideia que o investigador insiste que elas incorporam ou demonstram, ou para a qual são relevantes. Cada abordagem tem as vantagens que reivindica, se admitirmos suas premissas, mas cada qual tem igualmente seus defeitos característicos, com que prefere não lidar a menos que seja obrigada a fazê-lo.

Eis um roteiro por alto do que está por vir: uma história breve e seletiva de disputas sobre métodos na pesquisa sociológica; dois exemplos daquilo em que o método científico consiste, tomados de dois projetos bem descritos nas ciências naturais; depois, na parte II, uma análise do Censo norte-americano como um protótipo de pesquisa empírica que suscita muitos dos problemas clássicos, seguida por uma série de curtas discussões tratando desses problemas metodológicos do ponto de vista de quem realmente faz a coleta de dados, defendendo a ideia de que os motivos, circunstâncias e habilidades dos coletores primários de dados moldam os resultados da pesquisa que constituem nossos dados, e, assim, os tipos de evidência que podemos fornecer para nossas ideias.

2. Ideias, opiniões e evidências

HÁ ALGUMAS MANEIRAS MAIS GERAIS e abstratas de pensar sobre os problemas da pesquisa. Mas, evidentemente, essas diferenças de opinião não acontecem num vácuo histórico. Para compreender completamente o problema, temos de ver o que aconteceu no passado e que tipo de resultados organizacionais esses eventos tiveram. Que tipos de grupo se formaram? Que maneiras de praticar nossa atividade científica se solidificaram em características mais ou menos permanentes do ambiente de trabalho e das carreiras dos sociólogos?

Como resolvemos questões

Três aficionados do cinema saem para tomar um drinque, começam a discutir sobre o Oscar, expressando suas opiniões a respeito de vários ganhadores do prêmio, às vezes discordando. Deparam com um problema: não concordam quanto aos premiados em 1986. Um deles acha que foi *Entre dois amores*, e que Meryl Streep ganhou o prêmio de Melhor Atriz por seu trabalho nesse filme. O segundo insiste que foi *A cor púrpura*, e que Whoopi Goldberg recebeu o prêmio de Melhor Atriz. O terceiro pensa que os vencedores foram *O beijo da Mulher-Aranha* e Jessica Lange, por seu papel em *Depois da meia-noite*.

Eles discutem sem chegar a nada, cada um recordando vividamente como seus candidatos ganharam. Por fim, cada qual aposta dez dólares em cada categoria. E, claro, perguntam ao garçom quem foram de fato os vencedores. Se lhe tivessem feito uma pergunta sobre beisebol, o garçom poderia tê-los ajudado, mas não sabe nada sobre filmes. Este sendo o século XXI, um deles saca o celular, consulta a Wikipédia e anuncia os reais vencedores: *Entre dois amores* e, alguém que nenhum deles imaginou, Geraldine Page por seu desempenho em *O regresso para Bountiful*. O vencedor recolhe o que foi apostado na categoria Melhor Filme e todos pegam seu dinheiro de volta na outra aposta.

A Wikipédia resolveu a questão para eles. Eles concordaram (sem nenhuma discussão) que tudo que a Wikipédia dissesse resolvia a questão — nenhum deles questionou a precisão ou a validade do que a tela do celular mostrou. As pessoas com frequência têm dúvidas quanto ao que a Wikipédia diz sobre tópicos específicos, mas sobre esse assunto nenhum deles aventou possibilidade de tendenciosidade política, erro editorial, falta de fonte apropriada ou qualquer das outras coisas de que os críticos de vez em quando acusam a Wikipédia. (Quando eu era jovem, em Chicago, as pessoas decidiam essas apostas de bar telefonando para o *Chicago Tribune*, que parecia ter alguém de plantão dia e noite a fim de resolver questões assim.)

Para usar a linguagem desenvolvida antes, cada apostador levantou uma hipótese (nome bonito para uma *ideia*) sobre que filme e atriz tinham ganhado. Eles encontraram *dados* (as afirmações na Wikipédia) que todos aceitaram como confiáveis sobre quem foram os reais vencedores, e então usaram os dados como *evidências* que justificavam uma conclusão (não tiveram de especificar os passos lógicos no raciocínio tal como acabo de fazer), que os três aceitaram como decidindo suas apostas.

Sempre pensei que as discussões de clientes que eu ouvi quando tocava piano em bares de Chicago modelaram todos os problemas com que mais tarde deparei como matéria diária de disputas acadêmicas na sociologia e em outros campos. O trio ideias, dados e evidências, e as maneiras como podemos manipulá-los, parecia-me então, e ainda parece, o âmago do método científico em não importa que campo do conhecimento, usando não importa que tipos de dados e métodos analíticos.

Mas a sociologia, e outros campos cujos assuntos e questões são os mesmos ou se superpõem parcialmente, não ocorre em sua forma acadêmica nos bares e não permite que a Wikipédia decida nada. As dificuldades de formular uma ideia de modo que permita a seus proponentes e oponentes "testá-la" ou "fazer pesquisa sobre ela" não se resolvem tão facilmente. Pesquisadores debatem as respostas acaloradamente, discordando sobre os tipos de dado que "contam", que todos aceitarão como decisivos, e sobre se esses dados podem servir como evidências. As discussões resultantes tomaram por vezes uma forma mais ou menos permanente em duradouros subgrupos organizados, que competem por cargos acadêmicos, alunos, oportunidades de publicação e (sobretudo) financiamento para pesquisa, o dinheiro que dá aos pesquisadores o tempo e as outras coisas de que precisam para levar a cabo seu trabalho científico.

Mais especificamente, alguns sociólogos preferem e defendem os "métodos quantitativos". Eles descobrem "dados concretos", coisas que se propõem a contar ou medir, usam os dados assim coletados para comparar subgrupos (talvez segundo seus números em classificações padronizadas) e, o mais das vezes, utilizam testes estatísticos para decidir quando prestar atenção a um resultado, quando podem usá-lo como evidência para sustentar uma de suas ideias e quando têm de descartá-lo como algo que não está à altura da tarefa. Esse é o modelo lineano descrito no capítulo 1. Outros sociólogos usam "métodos qualitativos", observando atentamente pessoas, organizações e situações por longos períodos, escrevem volumosas notas de campo relatando suas descobertas em detalhes e se preocupam menos com medições (embora muitas vezes, de fato, contem coisas e empreguem os resultados para testar suas ideias). Eles lançam mão dos dados que coletam, analisados de uma variedade de maneiras adequadas à natureza dos dados, para sustentar suas ideias. Esse é o modelo buffoniano. Os dois grupos frequentemente brigam porque pensam que os dados que os outros coletam estão cheios de erros e não podem ser usados como evidências de nada.

Dessa forma, a organização de sociólogos em departamentos, alianças interdepartamentais e grupos de trabalho frequentemente encarna ideias e estilos de trabalho associados a abordagens lineanas e buffonianas de pesquisa.

Eu, por exemplo, muitas vezes sou classificado como um tipo "qualitativo". É verdade que pessoalmente gosto de fazer trabalho de campo — conviver com as pessoas enquanto elas passam por suas rotinas comuns de trabalho, por exemplo, ou debater algum aspecto de suas vidas e experiências em entrevistas longas, divagantes e não estruturadas. Embora a maior parte de meu trabalho tenha sido desse tipo, eu me formei na tradição associada ao Departamento de Sociologia da Universidade de Chicago nos anos 1920 e 1930, quando ele era dirigido por Robert E. Park, que defendia ambos os tipos de pesquisa. Em meu próprio trabalho, muitas vezes contei coisas, como fazem tantos outros pesquisadores "qualitativos". E (espero que isso não pareça fraqueza) alguns de meus melhores amigos processaram grandes quantidades de dados numéricos num computador.

Por fim, contudo, comecei a pensar e a coletar dados sobre o que fazia com que os dados fossem levados a sério como evidências e como deveríamos considerar os problemas que inevitavelmente surgem quando queremos avaliar nossas ideias empiricamente. Concluí que o problema residia da trilogia dado-evidência-ideia e no tão frequente fracasso das conexões que esperávamos criar entre eles.

Assim, comecei a levar a sério as muitas compilações dos erros nos dados quantitativos nas ciências sociais. A melhor, a meu ver, continua a ser o clássico de Oskar Morgenstern *On the Accuracy of Economic Observations* ([Sobre a precisão das observações em economia], 1950). Economista e cocriador da teoria dos jogos, Morgenstern concentrou sua pesquisa empírica no comércio exterior. Os dados disponíveis, cheios de erros, sobre quantas coisas o país A exportava para o país B e os preços pelos quais essas mercadorias mudavam de mãos o afligiam, e a todos os outros que trabalhavam nesse campo. Não gostava especificamente da prática comum de atribuir grande peso a diferenças muito pequenas entre dois números quando ele sabia perfeitamente bem (e presumia que outros também o soubessem) que os números oferecidos como evidências para algum tema estavam na verdade cheios de erros, a tal ponto que, se não víssemos uma diferença de pelo menos 10% entre dois números, realmente não tínhamos uma descoberta que pudesse servir como evidência para nada de importante. Morgenstern se ofendia em especial quando os pesquisadores diziam que, como os erros estão randomicamente dispersos, eles "se anulam", embora as pessoas que oferecessem essa explicação jamais dessem uma prova dessa alegação controversa. Elas simplesmente usavam os dados defeituosos assim mesmo.

Li Morgenstern com cuidado e atenção, e combinei suas descobertas com as de estudiosos posteriores e com o que eu sabia sobre problemas similares nos dados sociológicos (vários dos quais relatarei muito em breve), que coincidiam em parte com as coisas que o incomodavam.[1] Comecei a colecionar erros da mesma forma que algumas pessoas colecionam selos, e por um longo tempo estive realmente — para ser sincero — interessado apenas em erros cometidos em trabalhos quantitativos. De modo geral, eles contêm mais erros, porque erros em trabalhos qualitativos são mais fáceis de detectar e corrigir no processo, no meio de um estudo. Podemos voltar, olhar ou perguntar de novo. Em consequência, eliminamos de nosso produto acabado muitos dos erros que aparecem. E podemos fazer isso porque, sempre que consertamos o problema mudando a maneira como fazemos uma pergunta ou observando algo diferente, não invalidamos todo o projeto de pesquisa, argumento que defenderei adiante em mais detalhe. Os erros que Morgenstern achou, claro, eram encontrados por outros pesquisadores quantitativos — quem mais saberia como localizar esses erros? E então comecei a perceber uma confusão similar também entre meus colegas qualitativos, que provavelmente são capazes de se empenhar nesse tipo de correção de erro, mas muitas vezes simplesmente não o fazem. Foi então que este livro nasceu.

Encontrei também grande número de exemplos dos mesmos tipos de trabalho feitos de maneira mais cuidadosa e responsável, evitando os erros conhecidos, recusando-se a pôr mais peso sobre as evidências do que elas podem carregar, com um esforço excepcional, despendendo as horas e o dinheiro extra para assegurar a solidez dos argumentos.

Percebi mais uma coisa: que eu respeitava profundamente muitos trabalhos quantitativos e, ao mesmo tempo, tinha conhecimento de inúmeros trabalhos qualitativos que não me pareciam grande coisa. Os tipos de erro que encontramos nos dois campos parecem diferentes na superfície, todavia com frequência exibem defeitos similares. (Exemplos virão. Seja paciente.) Os trabalhos quantitativos que eu respeitava tinham um traço em comum: nunca usavam dados como evidências de afirmações para as quais eles não eram evidências críveis. Eu podia facilmente ver esse padrão em alguns trabalhos qualitativos também.

Alguma perspectiva histórica sobre o que se tornou o atual conflito institucionalizado entre métodos de pesquisa qualitativos e quantitativos, em geral aceito irrefletidamente como normal, mostra que a oposição entre números e palavras, entre precisão e expressividade, entre leis gerais e a explicação de situações particulares (mais sucintamente, entre Lineu e Buffon) — toda essa hostilidade e conflito ritualizado — não faz justiça à realidade do trabalho que os sociólogos realizam. Os sociólogos não agiram sempre dessa maneira, não agem sempre assim agora e realmente não têm nenhuma boa razão para fazê-lo. Mas a divisão entre campos metodológicos aprofundou-se, enrijeceu-se e incorporou-se à prática organizacional cotidiana de um modo que a transforma num lamentável fato da vida na disciplina. Podemos ignorá-la, mas isso tem um preço.

Essas discussões e seu sedimento organizacional têm uma história, e é útil formar uma ideia de como aquele passado produziu este presente. Uma ressalva: esta não é uma história real, à qual você tenha de recorrer como faz com algumas das histórias-padrão no campo. Trata-se antes da história da maneira como ela parecia para mim na(s) época(s), e é mais a história desse ponto de vista específico.[2] Mas faremos primeiro uma tentativa de esclarecimento linguístico.

Nota sobre a terminologia

Como grande parte deste livro diz respeito a problemas de método de pesquisa, e muitos desses problemas se manifestam em diferentes formas e graus de severidade em diferentes modos de trabalhar, vale a pena ser cuidadoso com a linguagem. Alguns termos comuns são compreendidos de maneiras diversas por pessoas diversas. Em consequência, o que parecem ser sérias diferenças resulta, de fato, de uma falta de significados compartilhados para as palavras que empregamos. Não vou tentar determinar que significados os outros deveriam dar a essas palavras (eu as usei de um jeito mais frouxo e menos formal no passado, talvez até já neste livro). Contudo, de agora em diante, tentarei usar esses termos mais cuidadosamente.

Usarei "qualitativo" para descrever a pesquisa que presta atenção a detalhes e nuances de significado nos variados tipos de material que constituem seu tema e em geral (nem sempre) descreve seus dados em palavras, em vez de números. Os dados primários podem ser as observações do pesquisador ou relatos mais ou menos literais de entrevistas, materiais históricos etc.

Os pesquisadores tomam o significado do material como algo que se deve descobrir, e não como algo dado e não problemático. Podem, ocasionalmente, computar ocorrências das coisas que descrevem.

Enfatizo "os pesquisadores tomam o significado". Quando pergunto a uma pessoa quantos anos ela tem e tomo o significado da "idade" que ela me dá como uma série de números cardinais ligados a uma data de nascimento, fenômeno cujo interesse reside no que posso fazer com a resposta aritmeticamente (por exemplo, calcular a idade média dos membros de um grupo), estou fazendo pesquisa "quantitativa". Tipicamente, não verifico a compreensão que a pessoa tem da palavra "idade". Mas se tomo sua resposta à minha pergunta como o significado que a palavra tem num contexto social específico, que ainda não conheço, e uso-a para interpretar outras coisas que ela diz sobre sua vida e situação social, mas não tento fazer nenhuma aritmética com ela, então minha pesquisa é "qualitativa".

Grandes dificuldades terminológicas surgem porque os sociólogos e outros cientistas sociais empregam uma variedade de palavras para descrever a variedade de operações que produzem, e utilizam dados que não têm qualidades aritméticas, e por isso devem ser manipulados de outras formas. Seguem-se as coisas que quero descrever e as palavras que usarei para denotá-las, com exemplos de minha própria pesquisa.

"Trabalho de campo", termo abrangente, frouxamente usado, vem do método antropológico clássico de sair de casa e ir para outro lugar — o "campo" — para reunir dados sobre uma sociedade ou situação ainda tão desconhecida que os pesquisadores não podem sequer formular questões de pesquisa razoáveis. Eles não conhecem a língua "nativa", ou a a religião, ou o sistema de parentesco, e têm tudo isso a aprender antes de poderem formular um problema de pesquisa. Eles utilizam os dados que coletam no Dia 1 para planejar a pesquisa do Dia 2 e prosseguem assim, formulando questões cada vez mais específicas que podem investigar de maneiras cada vez mais planejadas à medida que aprendem mais. E tomam nota *de tudo*, de qualquer coisa que as pessoas que estão estudando digam sobre certo fenômeno, e não apenas, por exemplo, de um fato único, como a idade.

Sociólogos não vão para lugares distantes fazer sua pesquisa, muito embora às vezes se desloquem para partes de sua própria sociedade sobre as quais conhecem quase tão pouco quanto os antropólogos sobre as regiões remotas da Nova Guiné ou os rincões da Bacia Amazônica. E então podem operar mais ou menos como fazem os antropólogos, aprendendo a linguagem (os significados locais de palavras na língua que compartilham com as pessoas em que estão interessados), as formas sociais e os modos de vida que prevalecem em seu lar temporário. Eles também tomam nota de tudo, quer o compreendam ou não. Mais importante, usam a informação de cada dia para formular seu plano para a investigação do dia seguinte.

Esse é o caso puro de trabalho de campo. Muitos sociólogos fazem alguma versão disso, estudando pessoas cujas vidas e práticas são menos distantes de suas próprias; eles retornam para sua casa ao fim do dia ou noite de trabalho e prosseguem com sua vida diária.

Uma parte do trabalho de campo consiste em fazer às pessoas que estamos estudando perguntas, muitas perguntas, frequentemente perguntas muito simples sobre os objetos e atividades que vemos, perguntas cujas respostas vêm em qualquer língua que a outra pessoa considere apropriada e que produza uma resposta. "O que é aquela coisa? Quem é aquela pessoa? Por que ela fez aquilo? Para onde estamos indo?" À medida que aprendemos mais a partir das respostas que as questões evocam, começamos a formular problemas e planos de pesquisa. Nosso questionamento torna-se mais sistemático, e começamos a pressionar as pessoas a serem mais específicas, até que o que estamos fazendo se assemelhe cada vez mais a uma entrevista, uma lista de perguntas pré-formuladas cujas respostas, você acredita, assumirão uma de algumas poucas formas, de modo que você possa fazer as mesmas perguntas a muitas pessoas e registrar as respostas mais sistematicamente.

Mas nem sempre, porque muitas vezes não sabemos o que as palavras que as pessoas usam significam, e às vezes elas também não sabem, de modo que procuramos exemplos do que não compreendemos no contexto imediato e lhes pedimos para explicar o que não compreendemos.

Nessa altura, poderíamos chamar o que estamos fazendo de entrevista. Mas essa palavra tem múltiplos significados. Ela pode certamente englobar os problemas frouxos, informais, que acabo de descrever. Mas inclui outras formas comuns que os pesquisadores usam mais sistematicamente: querendo certa informação numa forma específica — uma idade em números cardinais, por exemplo —, os entrevistadores apresentam aos entrevistados respostas pré-formuladas entre as quais escolher. Mas, para outros fins, deixam os entrevistados usarem suas próprias palavras, que eles mais tarde transformam em dados interpretando o significado das respostas e categorizando-as. Há muitas possibilidades entre os extremos de entrevistas "estruturadas" e "não estruturadas".

Certa vez passei um ano entrevistando e observando pessoas no mundo do teatro em São Francisco. Eu queria saber tudo sobre suas carreiras, onde tinham aprendido o ofício que praticavam (ator, diretor, técnico etc.), em que espetáculos tinham trabalhado e como conseguiram cada um desses trabalhos etc. A princípio, as pessoas de quem me aproximei estavam um pouco nervosas. Elas perguntavam "Quanto tempo isso vai levar?", como se não estivessem seguras de que tinham tempo para qualquer tolice com que eu estivesse prestes a confrontá-las. Inventei uma fórmula que vencia a relutância: "Bem, tenho só duas perguntas. Como você entrou na profissão? E depois, o que aconteceu?" E era isso o que eu realmente queria saber. Porque eu não sabia de antemão que tipo de coisa as respostas iriam incluir, não podia imaginar nenhuma lista fixa de perguntas pré-formuladas que evocasse a informação que eu queria de maneira conveniente e completa, especialmente porque eu estava seguro de que ia querer formular minhas perguntas na linguagem que eles tivessem usado, adaptando seu formato aos detalhes que os entrevistados já tivessem mencionado. Depois que elas acabavam de rir da minha piadinha, respondiam com todos os detalhes que eu queria, não apenas preenchendo as lacunas (implícitas) óbvias. Eu as estimulava a responder detalhadamente, e assim aprendia muitas coisas a respeito das quais eu não teria sabido o suficiente para perguntar.

Decerto essas eram entrevistas, mas elas diferiam do formato de entrevista utilizado por um recenseador para o censo ou por um entrevistador para uma pesquisa por levantamento; essas perguntas seriam feitas numa ordem fixa, com redação invariante. Minhas entrevistas sobre o teatro diferiam também das entrevistas que fiz, muitas vezes de supetão, quando estava em trabalho de campo numa faculdade de medicina e me vi sozinho com um estudante, à espera de que alguma outra coisa acontecesse, e lhe perguntei sobre algum aspecto de sua experiência acadêmica que me interessava. Se eu tivesse sorte, ele achava a pergunta suficientemente atraente para responder em detalhe, e isso podia levar a outra área, até que a vida cotidiana o chamasse e ele tivesse de ir examinar um paciente. Essa era uma entrevista que eu quase certamente não repetiria tal e qual com mais ninguém.

Assim, temos de distinguir entre tipos de entrevista. Num extremo, as perguntas são anotadas e lidas para o entrevistado, e as respostas são registradas em categorias já estabelecidas. Na outra ponta, entrevistadores como eu pedem às pessoas para lhes falar sobre algum tema de interesse e formulam perguntas específicas baseadas no que ouvem, à medida que a entrevista prossegue. Podemos chamar a primeira de entrevista "estruturada" e a outra, de "não estruturada". Há tantas possibilidades que nunca haverá nenhuma coleção bem-organizada de categorias a que possamos recorrer para classificá-las. Tampouco podemos continuar chamando tudo indiscriminadamente de entrevista.

As pessoas que fazem trabalho de campo — participando das situações que lhes interessam, observando, ouvindo, reformulando continuamente suas ideias e interesses — podem entrevistar em vários momentos e de várias maneiras nas duas pontas desse continuum. Chamar tudo que elas fazem de "entrevista" leva a mal-entendidos. Recomendo, e farei disso a minha prática neste livro, especificar em detalhe o tipo de entrevista envolvido nos casos particulares.

Para apontar uma consequência crucial dessa posição, não deveríamos nunca confundir a observação real de um fenômeno com a descrição obtida de um entrevistado que afirma tê-lo observado. Embora a segunda descrição nunca tenha o mesmo peso da primeira como evidência daquilo que aconteceu, ela pode influenciar nosso julgamento global sobre o que ocorreu em combinações específicas de circunstâncias.

Mas aqui surge outra complicação. Quando eu estava estudando o pessoal de teatro, não os entrevistei apenas. Eu ia aos lugares onde eles se apresentavam ou ensaiavam e, após cerca de um mês, conhecia um bom número de pessoas. Assim, minhas entrevistas levaram a uma espécie de trabalho de campo. Na estreia de um novo espetáculo, eu podia topar com pessoas que tinha entrevistado, e conversávamos fiado sobre isso e aquilo, elas me falavam sobre alguma coisa que acabara de lhes acontecer e me apresentavam a mais alguém e... Está vendo?

As grandes questões se resumem a duas. O que os próprios pesquisadores observaram, que tipos de evidência aquilo que eles viram e ouviram fornecem para sustentar quais ideias? E em que medida é fácil para os pesquisadores mudar seu projeto de pesquisa e procurar e usar novas informações? Quanto mais aberto, mais ele se assemelha ao trabalho de campo. Como sempre, os leitores têm de estar atentos para os detalhes realmente relatados, nunca confiando em estereótipos.

Uma nota sobre "etnografia". Esta palavra assumiu um significado abrangente vago para cobrir toda e qualquer das atividades que acabo de descrever, tão vago que, quando alguém diz "Realizei pesquisa etnográfica sobre meu tema", eu não tenho ideia de qual das várias coisas que acabo de descrever a pessoa fez. Se eu fico confuso em relação a isso, suponho que outras pessoas também fiquem, e a palavra se tornou inútil por esse uso excessivo indiscriminado. Eu recomendaria que seu emprego fosse proibido, ou pelo menos voluntariamente abandonado, se achasse que isso adiantaria de alguma coisa.

Com tudo isso em mente, algumas notas históricas.

O debate qualitativo-quantitativo: uma época mais ecumênica

Ambos os lados desse debate ritualizado ignoram a realidade de uma longa história da pesquisa que misturou com sucesso as duas formas de coleta de dados, contando quando era possível, procurando outras formas de informação para fornecer outros tipos de material para análise quando eles estavam disponíveis, frequentemente incorporando os dois tipos no mesmo estudo ou em estudos correlacionados, usando qualquer dado que conseguíssemos e procurando ideias que nos ajudassem a compreender o que nossa pesquisa revelava.

Comecei a ler livros e artigos sociológicos quando entrei no curso de pós-graduação, atipicamente jovem (eu tinha dezessete anos quando comecei a cursar o mestrado no Departamento de Sociologia da Universidade de Chicago, em 1946, mas isso foi resultado do confuso sistema de admissão precoce que o curso de graduação da universidade praticava na época; saí com o doutorado, em 1951, aos 23 anos).

A sociologia tinha menos publicações na época. Três grandes revistas (*American Journal of Sociology*, *American Sociological Review* e *Social Forces*) e um punhado de periódicos locais, regionais e especializados (menos importantes) continham o que todos liam. Livros de sociologia não eram publicados nas quantidades hoje comuns. Não havia muitos sociólogos, e eles não compravam nem mandavam ler livros suficientes (afora livros didáticos) para que valesse a pena publicá-los, até que o GI Bill* encheu os cursos de pós-graduação, no final dos anos 1940.

Assim, todo mundo lia tudo. Meus colegas estudantes e eu não passávamos os olhos numa revista recém-chegada para ver se havia alguma coisa que valesse a pena ler, muito menos usávamos algum equivalente do ainda inexistente mecanismo de busca para nos alertar acerca de algo que precisávamos incluir na bibliografia. Líamos todos os artigos, fosse qual fosse o campo e fosse qual fosse o tema. Tudo era sociologia e merecia nossa atenção. Além disso, o que mais havia para ler? Fazíamos uma exceção em nosso ecumenismo para a longa e desencorajadora *A estrutura da ação social*, de Talcott Parsons, que a maioria de nós, pelo menos na Universidade de Chicago, sentia que podia dispensar com segurança. Lembro-me de alguns alunos de pós-graduação de Harvard me dizendo que tinham combinado entre si não ler nada que o professor Parsons publicou após 1953, porque ele mudava o número de variáveis do modelo com tanta frequência que eles não conseguiam acompanhá-lo, e não podiam mudar suas propostas de pesquisa e esboços com a rapidez necessária. Eles achavam que, se todos seguissem essa regra, Parsons não se queixaria. Afinal, ele não podia rejeitar uma geração inteira de alunos de pós-graduação, podia? Aparentemente não, ou de todo modo não o fez.

---

* GI Bill: projeto de lei que concedia benefícios, inclusive educacionais, aos veteranos de guerra; foi aprovado em 1944. (N. T.)

Um estudante sério provavelmente leria, por exemplo, a coleção de monografias publicadas pela University of Chicago Press nos anos 1920 e 1930, que parecia consistir principalmente nas teses dos alunos de Robert E. Park. Líamos todos os artigos das revistas, qualitativos, quantitativos ou teóricos, sobre gangues, comunidades, organização industrial, compatibilidade conjugal ou tentativas de prever a delinquência. As três principais revistas não publicavam muitos artigos, e o que elas publicavam praticamente constituía a sociologia de então, em vez dos campos mais numerosos e mais estritamente delimitados já estabelecidos no século XXI.

Os trabalhos que eu lia naquela época frequentemente usavam apenas um tipo de dado — longas entrevistas, ou materiais do censo, ou os resultados de um questionário ou uma entrevista de levantamento — mas (e isso era em especial verdadeiro a respeito dos livros sobre sociologia provenientes do Departamento de Chicago e publicados pela University of Chicago Press) com igual frequência recorriam a muitos tipos de dados. Quando rememoro os livros e artigos que me impressionavam (e ainda me impressionam), vejo que eles eram um multimétodo que todos viam com naturalidade, muito diferentes da divisão de trabalho que é hoje frequentemente recomendada, na qual os pesquisadores qualitativos oferecem insights e possíveis hipóteses, e os quantitativos fornecem os testes e provas que convertem ideias e compreensões em "verdadeira ciência".

Aqui está um despretensioso exemplo pessoal da atitude que esse tipo de leitura produzia. Quando decidi escrever minha dissertação de mestrado sobre o tipo de músico que eu mesmo era — alguém que tocava em bares, bailes, festas, com bandas compostas de pessoas que nunca tinham se visto antes (facilmente possível numa cidade do tamanho de Chicago) —, naturalmente eu pretendia coletar a maior parte dos dados que iria usar por meio de observação participante, recorrendo à minha posição como músico para estar perto dos lugares e pessoas que queria observar. Isso me permitiria ganhar a vida tocando (embora eu fosse estudante) enquanto coletava material para a dissertação.

Mas eu sabia muito bem que uma coisa que os sociólogos faziam na tradição em que eu estava sendo formado era procurar o aspecto ecológico do que estávamos estudando, o que para mim e a maioria dos meus colegas significava distribuição espacial. "Ecologia" sugeria portanto, para minha mente jovem e não muito bem formada, mapear a distribuição espacial de algo que tinha a ver com o assunto de minha pesquisa, com base na teoria de que os bairros tinham "características sociais" discerníveis a partir de estatísticas disponíveis. Fui então à livraria da Universidade, que devia ter um estoque de grandes mapas das ruas de Chicago para estudantes como eu, e comprei um deles, em que assinalei, tediosa e meticulosamente, as ruas nas quais moravam os cerca de 12 mil membros da American Federation of Musicians Seção 10, a seção de Chicago a que eu pertencia, e os endereços e números de telefone dos associados que figuravam no "livro do sindicato" (como associado, eu tinha um exemplar) para que as pessoas telefonassem e lhes oferecessem trabalho por uma noite, uma semana ou mais tempo. Era esse tipo de profissão. Mal sabia eu que esses dados eram muitíssimo problemáticos porque, na época, o sindicato de Chicago tinha duas seções racialmente segregadas. (Os músicos negros pertenciam à Seção

208). Isso gerou algumas complicações quando trabalhei por um ano com uma *big band* racialmente mista — os músicos não eram particularmente a favor da separação racial, mas os ramos locais do sindicato tinham chegado a esse acordo, e ambas as seções pareciam preferir isso (sem dúvida por diferentes razões).

Atravessado o difícil trabalho de fazer o mapa, vi-me na infeliz situação de não encontrar nenhum padrão geográfico na distribuição dos endereços dos músicos. Eles moravam por toda a cidade! E eu era demasiado ingênuo, demasiado inexperiente em pensamento sociológico para reconhecer que meus dados tão cuidadosamente mapeados continham uma descoberta significativa, um padrão que revelava que (ao contrário dos indicadores geográficos similares que os sociólogos usavam então para estudar "desorganização social", como delinquência juvenil, divórcio e doença mental) os músicos estavam quase igualmente distribuídos através das áreas da cidade diferenciadas por classe e etnia; de fato, era um trabalho diferente de muitos outros trabalhos, valorizados e modestos, cujos profissionais se distribuíam desigualmente pelo espaço geográfico e social de Chicago. No padrão mais comum, em relação ao qual os músicos eram uma exceção, as pessoas que trabalhavam nos Currais viviam nos bairros polonês e irlandês, perto de seu local de trabalho, e, como Stanley Lieberson demonstrou um pouco mais tarde num esforço similar e mais sofisticado,[3] médicos irlandeses, italianos e poloneses instalavam seus consultórios onde seu próprio grupo étnico predominava, ao passo que médicos judeus e anglo-saxões tendiam a ter seus consultórios no Loop (o distrito comercial do centro) ou nos bairros mais ricos, em que seus compatriotas étnicos moravam. Um padrão semelhante prevalecia nas escolhas dos médicos do lugar onde morar.

Se eu tivesse compreendido as implicações para as escolhas residenciais, meu próprio trabalho de campo com os músicos expandiria o alcance das conclusões de Lieberson (a que evidentemente ele ainda não chegara). Se eu tivesse seguido essa pista, meu mapa revelaria um ponto importante de fato e na teoria, mostrando um tipo de distribuição que complicava a paisagem empírica e abria questões novas, pesquisáveis.

Contudo, mais importante para meu presente tópico, eu não pensava que estava fazendo algo incomum ao misturar dois tipos de dados tão diferentes. Lieberson não fizera nenhuma observação ou entrevista, mas não teve nenhum escrúpulo em trabalhar com — e estender as — ideias que Oswald Hall e Everett Hughes tinham desenvolvido usando como evidências dados colhidos por meio de entrevistas intensivas.[4] Eu não pensei que estava sendo inovador quando fiz meu mapa de endereços de músicos porque, para dizer a verdade, não estava. A maior parte de meus colegas quase certamente teria feito algo similar se fosse pertinente para o que estavam estudando e se eles tivessem os dados tão facilmente à disposição como eu tinha.

As revistas que líamos publicavam artigos baseados em pesquisas feitas em todos os estilos então disponíveis, e, embora todos tivessem preferências, nós compreendíamos que tudo aquilo era sociologia e exemplificava maneiras possíveis de fazer pesquisa. Se não fosse uma forma aceitável, o que elas estavam fazendo em nossas revistas? C. Q. D.

O debate: Blumer, Stouffer e *The American Soldier*

Apesar disso, o debate — ou briga, ou mal-entendido entre as maneiras qualitativas e quantitativas de fazer sociologia, seja o que for que essas expressões signifiquem — tem uma longa história. Eu mal tinha nascido quando Herbert Blumer e Samuel Stouffer começaram sua duradoura e acerba divergência quanto aos métodos (ou talvez tenham começado antes disso). Mas de certo modo sua divergência estabeleceu o tom para tudo que ocorreu depois, embora grande parte disso não esteja bem documentada em fontes publicadas (pode haver mais, muito mais, nas coleções de documentos pessoais conservadas em várias bibliotecas, mas não examinei esses materiais).

Stouffer, Blumer e a pesquisa American Soldier

Em dezembro de 1947, a American Sociological Association (ASA) realizou sua reunião anual na cidade de Nova York. Herbert Blumer fez uma palestra intitulada "Opinião pública e pesquisa de opinião pública". Imagine a cena. Blumer, uma figura grande e imponente, ex-jogador profissional de futebol americano, tinha uma retórica impressionante, era um importante aluno de Robert E. Park e George Herbert Mead e hoje é frequentemente considerado um dos fundadores da Escola de Sociologia de Chicago. Era então, havia muitos anos, professor de sociologia na Universidade de Chicago. Sua abordagem típica a qualquer assunto sobre o qual falasse (você pode verificar isso no livro *Symbolic Interactionism*, de 1969, com seus ensaios) era descrever em termos gerais as maneiras como a maioria dos outros estudiosos abordava o assunto (qualquer assunto que fosse) e depois dizer com autoridade que todos eles estavam errados. Após explicar em detalhes as falhas de cada perspectiva, ele anunciava a "abordagem correta", invariavelmente uma posição que podia ser deduzida dos escritos de Mead, a qual situava o assunto específico na visão mais abrangente e sistemática de Blumer acerca da sociedade e da vida social.

Quando Blumer falava, as pessoas ouviam. Qualquer discurso seu era notícia no então pequeno mundo da sociologia americana. Nessa ocasião, ele demoliu, à sua maneira metódica e enfadonha, a teoria e a prática da pesquisa de opinião pública [*public opinion polling*] tal como ela se cristalizara nos Estados Unidos, e condenou em especial os métodos e resultados da pesquisa de opinião pública, afirmando que as concepções falhas sobre a natureza do público e da opinião pública incorporadas nesse estilo de trabalho asseguravam que ele produziria inevitavelmente resultados errôneos. Os pesquisadores de opinião pública não tinham nenhuma concepção bem definida de opinião pública, disse ele, e tão somente a identificavam com os resultados de suas enquetes. Ele, ao contrário, identificava "opinião pública" como a compreensão coletiva de um assunto desenvolvida por meio de discussão e debate em e entre grupos organizados — não como a soma de opiniões individuais, como os métodos de pesquisa supunham. Se aceitássemos essa compreensão do assunto, ele esclarecia, entrevistas individuais do tipo em que as pesquisas se baseavam não nos diziam nada sobre opinião pública.

Quando ele terminou sua apresentação, dois debatedores fizeram críticas academicamente convencionais a seu trabalho. Em seguida, da plateia, Samuel Stouffer, ligeiramente mais jovem que Blumer, com doutorado em Chicago (certamente fizera cursos com Blumer) e professor em Harvard, conhecido proponente dos métodos e estilo de trabalho e das teorias subjacentes que Blumer havia acabado de condenar tão vigorosa e devastadoramente, fez uma refutação. Ninguém anotou suas palavras exatas, mas Robert Habenstein, meu colega na época, estava lá e me contou que Stouffer chocou os sociólogos reunidos, não por discordar de Blumer, o que todos esperavam, mas por ir além e condená-lo inesperadamente como "o coveiro da sociologia americana". A crítica de Blumer claramente o atingira e prometia prejudicar algo importante em que Stouffer estava envolvido. O que levou um eminente professor de Harvard a explodir daquela maneira? Para qual instituição Stouffer pensava que Blumer estava cavando o túmulo?

Stouffer não era apenas ex-aluno e ex-colega de Blumer. Ele tinha passado os anos da Segunda Guerra Mundial realizando a maior operação de pesquisa por levantamento jamais conduzida até então. Sob os auspícios do Exército dos Estados Unidos, a organização de pesquisa que ele criou elaborou questionários sobre todos os tipos de assunto de interesse dos comandantes do Exército, pré-testou-os, coletou formulários preenchidos de meio milhão de soldados, analisou os resultados e apresentou-os na forma escrita para os comandantes militares. Estudaram problemas relacionados com o moral militar, a desmobilização final de membros do Exército e muitos outros temas. A operação sem dúvida fora um grande sucesso, altamente aprovada pelo general máximo, George C. Marshall.

Para Stouffer, a importância desse trabalho ia além da boa opinião de Marshall. Ele tinha em vista algo que considerava muito mais importante, nada menos que o futuro da sociologia e da psicologia social americanas. Queria transformar esses campos no que ele e muitos outros concebiam como "verdadeira ciência", o que a seu ver significava medir variáveis importantes e usar métodos estatísticos avançados para analisar os dados resultantes a fim de testar hipóteses deduzidas de forma rigorosa e definitiva a partir de premissas teóricas básicas. Ele julgava que o trabalho da equipe de pesquisa que tinha organizado lhe permitira fazer exatamente isso, demonstrando a viabilidade dos métodos e sua eficácia na produção de ciência de verdade.

Após a guerra, Stouffer conseguiu dinheiro para pagar uma grande equipe a fim de produzir o que finalmente se tornou os quatro volumes de *The American Soldier* (1949 e 1950), ensaios substantivos e metodológicos baseados nos dados de levantamento colhidos para o Exército. Paul Lazarsfeld e Robert K. Merton, da Universidade Columbia, editaram um quinto volume, *Continuities in Social Research: Studies in the Scope and Method of The American Soldier*, em 1950, o qual, embora não fosse oficialmente parte do projeto, tinha em vista demonstrar de modo conclusivo o uso puramente científico que se podia fazer do vasto repertório de material, com a esperança de que esse estilo de trabalho fosse enfim dominar as ciências sociais.

O grupo de trabalho informalmente organizado pretendia tornar indiscutivelmente claro que esse tipo de pesquisa — premissas teóricas bem elaboradas, testadas e provadas por meio de elegantes análises quantitativas e dados cuidadosamente mensurados, nesse caso em sua maioria sobre atitudes — iria provar aos céticos em seu próprio campo e, mais importante, nas ciências físicas e biológicas, que a sociologia era uma "verdadeira ciência". Stouffer, Lazarsfeld, Merton e colegas queriam tornar esse estilo de trabalho, já entrincheirado nos departamentos de sociologia de Harvard e Columbia, a "ciência normal" (para usar o termo cunhado mais tarde por Thomas Kuhn) da era vindoura da sociologia americana (e portanto mundial). Eles queriam que seus cinco volumes esmagassem qualquer oposição. E, o que talvez fosse o mais importante, queriam mostrar aos legisladores e aos cientistas naturais que controlavam a criação da National Science Foundation que as ciências sociais (essa modalidade dela, ao menos) mereciam sua parte dos recursos governamentais para a pesquisa.

Uma série de agências governamentais já tinha sido convencida disso por outro dos professores de Stouffer: William F. Ogburn, que moveu uma bem-sucedida campanha para levar a mensagem a Washington.[5] Mas as descobertas, feitas pouco a pouco, não tinham produzido a esperada aceitação dos expoentes nas ciências físicas e biológicas (que eram indiscutivelmente, no que dizia respeito a todos os envolvidos, o próprio modelo das verdadeiras ciências).

Parte da motivação para usar os levantamentos do Exército como dados para análises adicionais decerto nasceu daquela inveja do status elevado de que as ciências físicas gozavam nas universidades americanas no período pós-Primeira Guerra Mundial. Lembro-me de Richard LaPiere, que tinha sido professor no pequeno departamento de Stanford durante muitos anos e um líder da sociologia americana entre as duas guerras, dizendo-me com evidente emoção o quanto ele se sentia mal quando entrava no Stanford Faculty Club e ouvia aqueles "verdadeiros" cientistas zombando dele, desdenhosamente: "Eis aqui o *cientista social*!" Ainda doía, muitos anos depois.

Sempre imaginei (isto é certamente uma supersimplificação) uma divisão do trabalho produzindo todos aqueles volumes, com Merton desenvolvendo teorias sociológicas que Stouffer em seguida analisava, usando engenhosos novos métodos que Lazarsfeld tinha inventado. A ideia de "grupos de referência", por exemplo, que desempenhou grande papel no pensamento sociológico pelo menos por uma geração, surgiu de um estudo de atitudes de soldados em relação às situações que viviam. Os levantamentos mostraram que o nível objetivo das condições de vida dos soldados tinha muito menos influência sobre a "satisfação" que eles expressavam com relação a vários aspectos de sua experiência de serviço (que os pesquisadores tinham escolhido como medidas do que poderia ser chamado de "moral") do que o que esses soldados sabiam sobre as condições de vida de outros soldados mais ou menos como eles. Se os soldados na Companhia A achassem que estavam em piores condições que aqueles na Companhia B (seu "grupo de referência"), ali perto, eles se sentiam pior do que se pensassem que estavam igualmente bem ou em melhores condições. Os autores encheram os livros com demonstrações desse conceito e de outros similares, sustentados por tabelas que demonstravam os efeitos das variáveis que invocavam.

Os quatro volumes do projeto corporificavam não apenas as realizações do grupo de pesquisa por levantamento, mas as esperanças de seus colaboradores de terem finalmente resolvido todas essas irritantes questões relativas ao status da sociologia. E, para voltar à explosão anti-Blumer de Stouffer naquela reunião, ali estava uma de suas figuras seniores no campo condenando essas aspirações e realizações num momento em que, Stouffer deve ter pensado, ele e seus colegas pesquisadores tinham todo o direito de gozar do reconhecimento de seus pares por uma vitória arduamente conquistada.

As aspirações de Stouffer e seus colaboradores, claro, iam muito além do desejo de evitar zombarias no salão do clube do corpo docente. Proponentes de métodos quantitativos esperavam que sua exposição de resultados e método científico fosse, quanto antes melhor, lhes dar o controle das associações profissionais, dos departamentos universitários e de seus programas de pós-graduação, e, assim, da formação da próxima geração, bem como das revistas especializadas e das fontes de financiamento — o qual eles confiavam que cresceria assim que ganhassem um status científico. As coisas não foram bem assim, porém aumentaram as tensões nas relações de poder na sociologia acadêmica, ampliando a sensação de separação entre praticantes de diferentes métodos.

O fiasco da eleição de 1948

Stouffer certamente esperava, também, que os volumes produzidos por sua equipe superassem outro grande obstáculo (que surgiu após a reunião da ASA e seu ataque à crítica de Blumer): o fiasco da eleição presidencial de 1948, quando as principais enquetes da época fracassaram espetacularmente na previsão do vencedor. Se as enquetes tivessem efetivamente revelado realidades subjacentes, Thomas Dewey teria vencido a eleição e se tornaria o trigésimo-terceiro presidente dos Estados Unidos. Em vez disso, Dewey perdeu de longe para Harry Truman.

A então popular revista *Literary Digest* tinha feito a primeira tentativa de avaliar a opinião pública por meio daquilo que veio a ser chamado de "enquete", com seu levantamento pelo correio para prever o vencedor da eleição presidencial de 1936.

Essa enquete interpretou espetacularmente mal a disposição da opinião pública, anunciando que Alf Landon, um obscuro republicano do Kansas, venceria o presidente em exercício, Franklin D. Roosevelt. O que, claro, não aconteceu. Isso levou a críticas ao método usado. De fato, as críticas aos métodos de enquete avançaram simultaneamente ao desenvolvimento dessas metodologias.[6]

O novo American Institute of Public Opinion, de George Gallup, que tinha previsto corretamente a eleição de 1936, deslocou-se para o nicho criado pelo fiasco da *Literary Digest*. Saiu-se bem até 1948, quando, como as outras grandes organizações (Crossley e Roper) na ainda relativamente nova indústria de enquetes, previu a vitória de Dewey. O fracasso fragoroso abalou a confiança do público nas pesquisas de opinião justamente quando Stouffer e seus colegas esperavam ter enterrado esse problema.

O malogro das enquetes provocou uma séria reconsideração dos muitos problemas para fazer levantamentos precisos e previsões que resistissem ao teste de realidade. Críticos proeminentes e o público em geral duvidavam abertamente da credibilidade de toda a operação. O erro de cálculo desastroso abalou os interesses dos grandes institutos de pesquisa por levantamento, que dependiam de suas previsões bem-sucedidas dos resultados da eleição para demonstrar a utilidade de seus métodos de pesquisa para clientes comerciais, e também afetou as aspirações e o sucesso continuado de organizações de pesquisa acadêmica e pesquisadores universitários individuais.

Entre 1936 e 1948 as enquetes tinham se tornado um grande negócio, auferindo seus lucros com levantamentos destinados a ajudar empresas comerciais — fabricantes, anunciantes, cadeias de rádio, estúdios de Hollywood — a estimar como o público comprador reagiria, gerando dinheiro para elas. Pesquisas eleitorais tinham se tornado o que continuaram a ser: o único tipo de pesquisa por levantamento cuja precisão pode ser avaliada por comparação com os eventos que se destina a prever.[7] A acurácia dos levantamentos comerciais nunca poderia ser demonstrada de maneira tão efetiva, porque muitas outras variáveis afetavam o comportamento que se esperava que eles medissem: a resposta do público a uma campanha publicitária ou a um novo produto. No caso das eleições, descobria-se se a enquete estava correta quando os resultados das urnas validavam suas previsões.

A menos, claro, que não o validassem. Como em 1948

Os pesquisadores de opinião pública quiseram salvar suas operações e organizações desse fracasso potencialmente fatal. As ciências sociais acadêmicas também reagiram com alarme. Os dois grupos cooperaram num comitê de investigação rapidamente organizado, liderado pelo Social Science Research Council (SSRC), que incluía representantes de ambos os grupos.

O comitê do SSRC trabalhou com presteza para descobrir o que dera errado e produzir um relatório recomendando medidas destinadas a impedir, no futuro, fracassos assim danosos à reputação. O comitê incluía os líderes e representantes das principais organizações comerciais — Crossley, Roper e Gallup — e os especialistas em ciências sociais que tinham produzido *The American Soldier*.

Representava sobretudo os interesses do grupo liderado por Stouffer, Merton e Lazarsfeld, o grupo que Blumer atacara, aquele tão ansioso para provar que as ciências sociais eram verdadeira ciência. A psicologia tinha tentado provar que era ciência de verdade, como ainda faz, imitando os métodos experimentais considerados responsáveis pelo sucesso das "ciências duras". Mas todos logo compreenderam que as ciências sociais não podiam usar métodos experimentais, por razões tanto práticas quanto éticas. Assim, os líderes nos campos das ciências sociais buscaram técnicas que lhes permitissem falar sobre os grandes assuntos de suas disciplinas ao mesmo tempo que se aproximavam de métodos de laboratório que afirmavam controlar todas as variáveis exceto aquela cujo efeito se queria medir.

O comitê não produziu nenhuma surpresa, porque todas as dificuldades que tinham causado o fracasso eram bem conhecidas no ramo havia anos. Procedimentos de amostragem por cotas (que o comitê criticou) diziam aos entrevistadores para obter certo número de pessoas de cada uma de várias categorias — tantas mulheres brancas com idades entre 35 e cinquenta, por exemplo —, mas os deixavam livres para encontrar essas pessoas da maneira que pudessem. Entrevistadores e seus empregadores achavam a amostragem por cotas muito mais fácil que a amostragem probabilística, mas a amostragem por cotas impedia o uso do raciocínio matemático que tornava possível generalizar a partir de pequenas amostras probabilísticas. Similarmente, problemas conhecidos na elaboração de questionários levavam a fontes conhecidas de erro não controlado (que analisaremos em detalhe em capítulo posterior). O comitê discutiu muitos desses erros e recomendou pesquisa adicional destinada a resolver os problemas. Alguma pesquisa foi feita, mas as soluções recomendadas para eles custavam mais, e eram mais difíceis de implantar, do que as práticas contemporâneas, e, como a maioria dos pesquisadores e responsáveis por enquetes considerou-as "impraticáveis", elas nunca foram inteiramente implementadas.

Claro, a extrema fragmentação da sociologia americana, com sua multidão de departamentos e dezenas de organizações, assegurava e continua a assegurar que nenhuma posição teórica ou metodológica jamais alcance o tipo de hegemonia que os proponentes do método de levantamento talvez esperassem. Cada tendência sociológica encontrava abrigo em algum lugar, em algum departamento, e em geral em muitos departamentos. E, embora seja provável que no geral o grupo quantitativo tenha feito mais por si mesmo do que seus oponentes, a sociologia acadêmica nunca foi inteiramente dominada por nenhuma facção.

As principais fontes de grandes subvenções de pesquisa para ciências sociais, com destaque para a National Science Foundation (NSF), sempre favoreceram grandes operações de levantamento, a epítome sendo o apoio permanente da NSF ao General Social Survey (GSS), grande levantamento contínuo realizado a cada um ou dois anos desde 1972. Mas as escolhas metodológicas mistas do corpo docente dos mais importantes departamentos que oferecem doutorado significaram que a disciplina como um todo nunca aceitou inteiramente o programa inspirado por *The American Soldier* e seus criadores, deixando um resíduo substancial de outras variedades de tendência metodológica. Não admira que Kuhn não tenha encontrado nenhum paradigma amplamente aceito entre seus colegas das ciências sociais no Center for Advanced Study in Behavioral Sciences!

Esses eventos podem estar em grande parte esquecidos, mas seus resultados organizacionais e os sentimentos que despertaram persistem. Formas iniciais de ecumenismo metodológico perderam terreno, e os sociólogos se viram escolhendo lados, muitas vezes sem o pretender e sem subscrever inteiramente as ideias de "seu lado", nem se sentir particularmente leais a ele. Pessoas que levaram a divisão a sério (como, espero que esteja claro, nunca fiz e ainda não faço) sentiram-se arrastadas para posições cada vez mais extremas.

Desde o período pós-guerra, os sociólogos envolveram-se num diálogo repetitivo e ritualizado sobre o "problema" qualitativo-quantitativo. Pesquisadores quantitativos quase sempre iniciam suas discussões vendo a existência dos dois campos como um problema, organizando encontros e escrevendo livros destinados a resolvê-lo. Seus debates se concentram na divisão de trabalho entre os dois estilos, e os autores desse tipo de pesquisa e exortação geralmente explicam que os representantes do trabalho qualitativo desempenham um importante papel na divisão de trabalho da disciplina, sobretudo levantando problemas, ajudando a definir os termos em que esses problemas são expressos, sugerindo hipóteses com base nos "ricos" dados que suas pesquisas criam e assim por diante. Contudo, observam, uma vez que isso é feito tem início o verdadeiro trabalho científico, de testar e provar as hipóteses. E, na visão deles, isso tem de ser feito usando métodos que envolvem a análise estatística de grandes números de casos comparáveis, comparáveis porque investigados com os mesmos instrumentos aproximadamente ao mesmo tempo, exatamente no estilo de *The American Soldier*. (Essa perspectiva informava a já mencionada posição de Lieberson). Embora os pesquisadores qualitativos tenham uma longa lista de queixas em relação ao trabalho quantitativo, não tentam convencer os pesquisadores por levantamento e demógrafos de que eles precisam se converter em pessoal de apoio para o trabalho qualitativo. Assim, as explosões periódicas de preocupação vêm com mais frequência de pesquisadores quantitativos que querem estabelecer uma divisão de trabalho "adequada".

Proponentes qualitativos explodem periodicamente em outra direção, acusando as pessoas que usam questionários de não fazerem justiça à textura e à nuance da "experiência vivida", de ignorar as variáveis pertinentes que afetam os resultados que procuram e pecados semelhantes.

Como o diálogo volta a acontecer com alguns anos de intervalo, e com novos protagonistas, todos os envolvidos em cada nova repetição do jogo pensam que estão fazendo algo importante e inovador. Na verdade, é a mesma velha história: protagonistas quantitativos tentam aplacar as queixas de seus críticos qualitativos e sugerem o trabalho útil que eles poderiam estar fazendo, e vice-versa. Entre esses episódios, proponentes das duas posições mantêm uma espécie de evitação gentil, tipo "viva e deixe viver". Abstêm-se de criticar uns aos outros, a vida continua. Quando os tempos estão duros e empregos e dinheiro para pesquisa escasseiam, o conflito irrompe.

Nessa picuinha ritualizada, perdemos o meio-termo, em que o senso comum nos diz, e isso não surpreende, que há coisas boas e más em todas as formas de fazer sociologia, e que a verdadeira distinção é entre trabalho bem-feito, criativo, e trabalho que não está à altura daqueles rigorosos critérios.

E mais do que isso. Podemos ver, olhando cuidadosa e desapaixonadamente, que decerto há diferentes trabalhos a fazer e que diferentes métodos produzem diferentes tipos de resultados que podem ser usados para realizar esses diferentes trabalhos. Que surpresa! Mas os diferentes trabalhos não precisam ser feitos em alguma ordem cronológica necessária, como, por exemplo, primeiro geramos a ideia, depois fazemos a verdadeira ciência. E eles não ocupam diferentes ordens de realidade: é tolice dizer que "nós" estamos estudando como as pessoas "realmente vivem", enquanto "vocês" estão analisando meros artefatos estatísticos. Ou, ao contrário, que "nós" estamos medindo coisas cientificamente, enquanto "vocês" estão apenas escrevendo ficção de segunda categoria. A divisão de trabalho é mais interessante do que isso. Os diferentes trabalhos se interpenetram, e o pesquisador inteligente faz o que precisa ser feito no momento adequado.

Com o histórico de brigas, muitas das "coisas boas" estão enterradas em polêmicas infrutíferas. Pretendo separar o que é útil do que não passa de politicagem profissional e tentar mostrar como os trabalhos das duas formas se entrecruzam, se interpenetram e multiplicam nossas chances de encontrar resultados interessantes. Assim, chamarei atenção para trabalhos que são melhores do que seus defensores pensavam, por razões que não recebem a atenção que merecem. E insistirei o tempo todo em que os problemas sobre os quais deveríamos estar nos debruçando consistem em tentar criar dados que servirão como evidências confiáveis, capazes de arcar com o peso que pomos sobre elas, para as ideias que queremos explorar.

3. Como fazem os cientistas da natureza

O modelo das ciências naturais

Alguns cientistas sociais indicam o trabalho dos cientistas da natureza como exemplo do que eles querem realizar: "ciência dura" [*hard science*], usando métodos rigorosos para produzir leis científicas que especificam relações entre variáveis que existem em toda parte, sem exceção, e são imunes às mudanças históricas; generalizações que não variam de um país para outro, de uma época histórica para outra, nem entre subgrupos dentro de uma sociedade. Mas os cientistas sociais que seguem essa linha imitam os modelos errados da ciência natural, extraem deles as conclusões erradas e, assim, nunca chegam perto de sua meta.

Esses cientistas sociais em geral tomam como modelo as ciências físicas, particularmente a física, e particularmente a física nuclear, e mais particularmente a física nuclear teórica. Eles as veem como o epítome de campos altamente teóricos, abstratos, que, baseando-se em rigorosa medição científica, produzem verdades universais. Ignoram o exemplo das ciências naturais cujos assuntos se aproximam mais estreitamente das situações em que eles próprios trabalham. Fisiologistas e geólogos, por exemplo, produzem ideias buffonianas sobre padrões gerais de relações e processos que assumem diferentes formas em diferentes cenários naturais. Essas ideias orientam seus projetos adicionais sem sacrificar o conhecimento específico dos exemplos sobre os quais eles fazem sua pesquisa.

Cientistas sociais que usam a física como modelo chegam assim a conclusões errôneas sobre o modo como os cientistas da natureza trabalham: como formulam seus problemas, o que aceitam como evidências razoáveis, como testam suas conclusões. E, o que é especialmente notável quanto ao modo como trabalham, o esforço incessante que esses cientistas da natureza fazem para assegurar a precisão de seus dados, não importa a que preço.

Se queremos ser como os cientistas da natureza, teremos de observar mais acuradamente o que eles fazem. Teremos de nos abster das fantasias que alimentamos a respeito de sua atividade e, em vez disso, aprender o que é a realidade cotidiana do trabalho nas ciências da natureza conforme descrita pelos próprios cientistas (ou por sociólogos da ciência que os observam atentamente).

Duas descrições detalhadas de cientistas em atividade nos dão uma imagem mais realista do que essas pessoas realmente fazem, mostrando-nos aquilo de que estamos tentando nos aproximar. Para resumir o argumento que se segue: os cientistas verificam cada passo em seu raciocínio que é passível de verificação, não importa quanto trabalho isso dê ou quão caro seja fazê-lo. Isso é relevante o bastante para ser repetido: *não importa quanto trabalho isso dê ou quão caro seja fazê-lo*. E assim que eles descobrem um passo que não verificaram corretamente (em geral porque alguma coisa que esperavam não aconteceu), fazem o que for necessário para retificar o erro. Em particular, não ignoram esses desvios de resultados esperados como variações aleatórias, nem invocam outro bode expiatório conveniente, a menos que tenham evidências de que as anomalias que descobriram de fato resultam daquela causa.

Os cientistas naturais prestam uma atenção extrema à verificação de seus dados pela probabilidade sempre presente de que outros cientistas interessados no mesmo problema venham a repetir seu trabalho e mostrar que os dados empíricos que eles apresentam como evidências não sustentam suas conclusões. Esse problema raramente ocorre na pesquisa em ciências sociais, porque quase nunca há as condições sob as quais um estudo possa ser replicado. Portanto, poucos estudos são repetidos, e os colegas e concorrentes aceitam todo tipo de atalho como "bom o bastante". Pior ainda, eles aceitam as conclusões extraídas dos dados "bons o bastante" como, afinal, "de fato" substancialmente boas, seja o que for que essa desculpa equívoca e abrangente possa significar.

Evidentemente, as ciências que os cientistas sociais praticam lidam com objetos de pesquisa que apresentam problemas diferentes daqueles das ciências naturais. E as ciências naturais diferem entre si também. Os problemas dos astrônomos diferem daqueles que preocupam geólogos ou entomologistas. A disponibilidade dos materiais básicos — estrelas, rochas e insetos — difere, os instrumentos básicos para coletar dados também são distintos, e eles apresentam diferentes problemas de instrumentação e precisão. Mas todos eles se concentram em encontrar a melhor maneira possível para observar, contar e medir as coisas sobre as quais querem aprender. Se não o fizerem, outra pessoa o fará, e alguém produzirá dados mais precisos, que lançarão dúvida sobre suas descobertas.

Como os físicos frequentemente servem de modelo para as fantasias sociológicas, podemos olhar primeiro para o trabalho de um físico experimental, como Sébastien Balibar o descreveu.[1] Uma ciência como a física espera não experimentar desvios significativos de qualquer de suas descobertas que resultem do lugar em que a pesquisa é feita. Pelo menos em princípio. Na prática, os lugares específicos em que os físicos fazem sua pesquisa têm características particulares — temperatura, nível de umidade, ambiente elétrico, emissões de rádio e todo tipo de outras qualidades físicas — irrelevantes para os problemas teóricos dos pesquisadores, e, não obstante, eles podem ter sérios efeitos sobre as quantidades observadas e medidas. Os cientistas não têm de observar essas coisas, mas devem evitar que elas afetem o que observam. A pesquisa que Balibar descreve, realizada por ele mesmo e seus colegas, sobre o comportamento de materiais físicos em temperaturas extremamente baixas parece não depender de características que não estejam sob o controle dos pesquisadores. Isso não é exatamente verdadeiro. Porque, como a história de Balibar nos conta, cientistas como ele de fato passam a maior parte de seu tempo tentando tornar essa afirmação verdadeira. Seus maiores problemas vêm de coisas e eventos estranhos a suas ideias e teorias, coisas que eles ainda assim têm de neutralizar, tirar do caminho, de modo que possam resolver a questão que de fato lhes interessa. (Stanley Lieberson e Joel Horwich chamam atenção para o mal-entendido crônico por parte dos cientistas sociais acerca do que os físicos realmente fazem e quão definitivos os resultados de seus experimentos realmente são — ou não são.)[2]

O controle sobre as condições de trabalho de que os físicos desfrutam raramente está ao alcance da maioria dos biólogos.

Os cientistas desses campos, como Bruno Latour o expressou,[3] transformam o mundo num laboratório em que eles podem exercer controle suficiente para manipular as coisas que lhes interessam sem que variáveis estranhas venham estragar as relações claras que procuram. Mas os cientistas que ele estudou tinham de levar isso a cabo no meio da floresta brasileira, que é onde a coisa que eles querem explicar acontece. A descrição detalhada de Latour sobre uma equipe de agrônomos franceses que partiu para estudar um fenômeno característico do interior do Brasil — a mistura de cerrado e floresta e a decorrente questão quanto a qual dos dois está invadindo e qual está sendo invadido — documenta cuidadosamente cada passo que os cientistas deram à medida que produziram o relatório científico que depois publicaram numa revista técnica de seu campo.[4] Latour deixa clara a natureza rotineira das numerosas precauções comuns que eles tomaram para assegurar que os dados que coletaram fossem adequados enquanto evidências da conclusão final.

Os cientistas sociais nem têm essa possibilidade, já que usualmente a escolha de casos a estudar ou de variáveis a medir não pode ser controlada o suficiente para manipular ou neutralizar a influência de variáveis estranhas que, não obstante, eles sabem que irão afetar seus resultados. Isso impede aos cientistas sociais muitas das manobras de pesquisa disponíveis em ciências que se situam em posições mais prestigiadas.

O refrigerador de Balibar

Sébastien Balibar, físico experimental, é especializado no estudo de fenômenos que ocorrem em temperaturas superbaixas, perto do zero absoluto da escala Kelvin (em que todo movimento molecular cessa).[5] Dois físicos americanos tinham relatado a descoberta de um cristal de hélio sólido que parecia fluir como um líquido infinitamente corrente. Um ganhador do Prêmio Nobel tinha publicado uma "interpretação ousada" dessa descoberta, e os físicos vinham tentando havia anos resolver as questões que sua interpretação provocou. Balibar criou o que pensava ser o laboratório perfeito para o estudo desses fenômenos: dois pavimentos sob o solo, num robusto prédio de concreto em que tinha instalado um refrigerador especialmente produzido para permitir-lhe criar as temperaturas superfrias necessárias para resolver todas as questões que se acumulavam. Ele tinha reunido uma equipe de pesquisadores mais jovens, pós-doutorandos, e técnicos (mais especialmente um ferreiro e um soprador de vidro, que fizeram peças específicas, segundo pormenorizações muito exatas, que ele pudesse inserir em sua instalação experimental) para levar o trabalho a cabo.

Balibar pensava que ele e sua equipe tinham resolvido todos os problemas pendentes, inclusive algumas descobertas experimentais confusas que pesquisadores de outros lugares haviam relatado. E então, no último minuto, já tendo erradicado vários artefatos confusos e suas causas, a equipe se viu subitamente confrontada com alguns números que deixavam de reproduzir os resultados anteriores. Eles já haviam eliminado grande número de pequenas imperfeições no equipamento e nos procedimentos que explicavam problemas anteriores. Agora suspeitavam que alguma fonte de vibração que ainda não tinham detectado e anulado estava desfazendo todo aquele árduo trabalho. "Nós desligamos todas as luzes; ativamos a suspensão pneumática do refrigerador; fizemos medições à noite, quando proibimos a entrada de qualquer pessoa no laboratório do porão; calculamos médias de medidas durante um período de 36 horas." Nada disso ajudou. Eles reinspecionaram peças especiais do equipamento produzidas previamente e mandaram o técnico refazer um ajuste especial. Por fim obtiveram o resultado esperado, que comprovava sua ideia. E então:

> Todos sabem que é quente no Sol porque a luz transmite energia. Um termômetro sob o Sol não registra a mesma temperatura que na sombra! A luz do dia penetrava nas janelas de nosso laboratório do andar superior; sabíamos que ela podia penetrar no refrigerador e aquecê-lo. Para alcançar uma temperatura em um centésimo de grau do zero absoluto, tínhamos de localizar qualquer bilionésimo de watt de luz incidente. Nossas janelas são realmente filtros. Estávamos vendo nosso laboratório como se através de óculos escuros que deixavam somente a mínima luz necessária para enxergar ali dentro... [eles se mudaram para o laboratório no porão]. Mas subitamente nos demos conta de que através daquelas janelas, que obviamente não eram feitas de metal (não poderíamos ver através delas, se o fossem), todos os tipos de ondas de rádio entravam: a Radio France, nossos telefones celulares... Não apenas luz. Essas ondas induzem pequenas correntes que aquecem nossos termômetros ultrassensíveis. Eu ri por um momento. O quê? O *France Musique* aquece nossos termômetros? Envolvemos os instrumentos afetados em filtros de cobre adequados para frequências de rádio a fim de resolver esse problema.
>
> E, então, vitória! Em vez de parar em quarenta milikelvins, descemos a vinte, depois quinze, depois onze, até nove milikel-

vins. Nosso admirável refrigerador, apesar de seus dois pares de cinco janelas [através das quais os pesquisadores podiam "ver" o que estava se passando], alcançaram temperaturas duas vezes mais frias que aquelas relatadas pelas pessoas que chegaram a resultados conflitantes.[6]

Assim, a física não é inteiramente matemática e teoria abstrata. Ela precisa dessas coisas, claro. Mas baseia-se também, em parte, num trabalho de detetive: localizar todas as possíveis fontes de erro, assegurando que cada medição realmente mensure o que diz mensurar no grau de precisão que afirma alcançar. Se quisermos usar esses cientistas como nossos modelos, temos de prestar atenção ao trabalho a que se dão para obter os resultados que tanto admiramos.

Para conseguir o que Balibar conseguiu foi necessária não apenas a cooperação da natureza, mas também a criação de uma situação física e social em que muitas coisas tiveram de ser *exatamente assim*: ele precisou de um refrigerador especial, para o qual teve de contratar um técnico especial, presente o tempo todo, que o mantivesse funcionando; um ferreiro especial que fizesse peças especificamente ajustadas quando elas eram necessárias; um soprador de vidro idem. E uma situação física que eliminasse todas (todas!) as interferências exteriores que pudessem afetar os resultados.

Se tomarmos a física experimental como nosso modelo, temos de estar prontos a fazer todas as coisas que os físicos experimentais fazem, não apenas aquelas que achamos convenientes ou acessíveis.

Latour estuda a ciência do solo no cerrado

Bruno Latour expôs, com base em sua extensa participação na equipe de pesquisa que estava estudando, como um grupo de cientistas do solo franceses investigou, numa floresta brasileira, se era a floresta que estava invadindo o cerrado ou o cerrado que estava invadindo a floresta, algo que não podemos distinguir facilmente com uma rápida olhada, nem interrogando pessoas do lugar sobre suas opiniões e somando as respostas.[7]

Latour descreve passo a passo o trabalho deles, conforme, primeiro, criam as condições (não comumente presentes na área que estudaram) que lhes permitem chegar a conclusões convincentes para seus colegas extremamente críticos. Ele chama o que fizeram para alcançar esse objetivo de criar um laboratório na floresta, estabelecendo os controles que lhes permitem verificar cada etapa em seu raciocínio tão bem quanto fariam se estivessem num laboratório parisiense.

Tendo estabelecido os parâmetros básicos que os guiarão em seu esforço para reunir dados de maneira disciplinada, eles em seguida coletam suas amostras de solo do pedaço de floresta selvagem que seus procedimentos converteram num quase laboratório, em que eles podem controlar e verificar cada passo de seu raciocínio. Latour descreve a longa série de passos, começando com a floresta primitiva que eles encontram e terminando com o artigo que publicam numa revista de sua área, cheio de tabelas e diagramas demonstrando a conclusão e as evidências que a sustentam. Eles estabelecem e demonstram cada passo em sua argumentação com um procedimento que podem defender afirmando que produz resultados confiáveis, que servem como evidências convincentes para suas ideias finais sobre os processos ecológicos envolvidos:

1. Eles usam mapas para localizar a área de estudo:
   Removam-se ambos os mapas, confundam-se as convenções cartográficas, eliminem-se as dezenas de milhares de horas investidas no atlas da Radambrasil, interfira-se com o radar dos aviões, e nossos quatro cientistas ficariam perdidos na paisagem e obrigados mais uma vez a começar todo o trabalho de exploração, marcação de referências, triangulação e quadriculação executado por centenas de predecessores. Sim, os cientistas dominam o mundo, mas somente se o mundo vem a eles na forma de inscrições bidimensionais que possam ser superpostas e combinadas.[8]
   Latour chama atenção para a maneira similar pela qual o dono do restaurante onde os pesquisadores estão planejando seus passos iniciais marca cada mesa com um número, "para poder se orientar".[9] Edileusa (uma de suas colegas) usa o dedo para apontar em dois mapas (uma fotografia aérea e um mapa comum) o lugar para onde vão. Ela indica os papéis, diz ele, mas fala do mundo.
2. Eles delineiam locais na floresta que de outro modo são parecidos a ponto de se tornar indistinguíveis, pregando etiquetas de metal numeradas nas árvores a intervalos regulares.
3. Eles identificam as plantas em cada local em referência a uma classificação conhecida e armazenam as amostras que seus textos irão mencionar numa caixa organizada, para mantê-las numa forma referível e recuperável.
4. "Os pedólogos queriam saber se o leito de rocha era, numa certa profundidade, diferente sob a floresta e sob o cerra-

do."¹⁰ Assim, eles cavaram e mediram, e descobriram que era igual. Uma hipótese verificada.

5. "Perdidos na floresta, os pesquisadores recorrem a uma das técnicas mais antigas e primitivas para organizar o espaço. Demarcando um lugar com estacas cravadas no solo a fim de delinear formas geométricas contra o ruído de fundo, ou pelo menos permitir seu reconhecimento."¹¹

6. "A prática comum de René é reconstituir o solo da superfície ao longo de transeções cujos limites extremos contêm solos tão diferentes quanto possível. [...] Não pode usar uma trena; nenhum agricultor jamais nivelou esse solo."¹² Em vez disso, usa um instrumento apelidado de "pedofil", que mede uma extensão de fio do comprimento requerido, para criar lotes de um metro quadrado num arranjo quadrangular.

7. Em seguida eles retiram uma amostra do solo em cada metro quadrado e a colocam num saco de plástico numerado, e este número vincula aquele saco a uma descrição precisa do "local, o número do buraco, a hora e profundidade em que a amostra foi coletada, o lote de que foi retirada", incluindo qualquer dado qualitativo descrito e anotado quando ela foi coletada.¹³

8. Eles se dedicam a essa atividade extremamente sistematizada a fim de "manter os dados que produzimos rastreáveis, com deformação mínima (ao mesmo tempo que os transformamos totalmente, livrando-os de seu contexto local)".¹⁴

9. Depois eles constroem um "pedocomparador", um arranjo de pequenos cubos de cartolina dispostos numa caixa quadrada maior que reproduz numa escala reduzida os metros quadrados do lote do qual as amostras foram tiradas. (Ele também é construído de tal modo que possa ser convertido

numa pequena mala em que as amostras são movidas sem alteração.)

10. Depois, num passo decisivo, René retira um pequeno torrão de terra de um buraco cavado até uma profundidade específica em cada metro quadrado e executa o que Latour identifica como o mais importante truque de mágica dessa ciência. Ao pôr o torrão que acaba de desenterrar (seus dados) na pequena caixa de cartolina, René o transforma em *evidência científica*! Ninguém pode contestar de onde ele veio nem se ele reproduz as características do pedaço maior de terra que representa.

11. Essa transformação permite aos pedólogos ver todas as amostras simultaneamente, e assim enxergar *padrões*. Agora eles podem registrar os padrões observados em papel, livrando-se das amostras de terra enquanto retêm o que é necessário como evidência para a argumentação que vão desenvolver. Isso deixa os números e outras informações (os dados observados) ainda vinculados às observações e atividades originais de uma maneira que permite aos cientistas usarem-nos como evidências que ninguém pode contestar.

12. "Em cada estágio encontramos *formas* elementares de matemática, usadas para coletar *matéria* através de uma prática corporificada num grupo de pesquisadores."[15]

13. Como os pesquisadores descrevem a percepção "subjetiva" de cor de cada amostra? Usando

um pequeno caderno com páginas rígidas: o código de Munsell. Cada página desse pequeno volume agrupa cores de tonalidades muito similares. Há uma página para vermelhos arroxeados, outra para vermelhos amarelados, outra para os marrons. O código de Munsell é uma norma relativamente universalizada; é usado como um padrão comum para pintores, fabricantes de tintas, cartógrafos e pedólogos, uma vez que, página por página, ele dispõe todas as nuances de todas as cores do espectro atribuindo um número a cada uma. O número é uma referência rapidamente compreensível e reproduzível por todos os coloristas no mundo, contanto que usem a mesma compilação, o mesmo código.[16]

René põe o torrão de terra sob um buraco ao lado de uma ou outra das amostras de cor e pode, rápida e confiavelmente, escolher aquela que "coincide", produzindo um *dado* indiscutível para análise adicional.

14. Latour resume toda a operação desta maneira:
> René extraiu seu torrão de terra, renunciando ao solo rico demais e complexo demais. O buraco, por sua vez, permite o enquadramento do torrão e a seleção de sua cor, ignorando-se volume e textura. O pequeno retângulo chato colorido é então usado como intermediário entre a terra, resumida como uma cor, e o número inscrito sob a tonalidade correspondente. Assim como somos capazes de ignorar o volume da amostra para nos concentrarmos na cor do retângulo, logo somos capazes de ignorar a cor para conservar somente o número de referência. Mais tarde, no relatório, vamos omitir o número, que é concreto demais, detalhado demais, preciso demais, e reter apenas o horizonte, a tendência.[17]

15. Há ainda outros julgamentos, menos facilmente elaborados. A amostra é mais argila que areia ou mais areia que argila? Eles decidem isso cuspindo em cada amostra e provando-a (embora não exista nenhum equivalente do diagrama de Munsell para essa propriedade, eles podem aparentemente usá-la sem ser contestados por colegas com ideias rivais).

16. Esses procedimentos transformam as coisas materiais do mundo que os pedólogos coletam em descobertas científicas, ou argumentos, apresentados com evidências que o público que eles querem convencer vai aceitar e abonar, sem se tornar matéria de objeções. Como Latour diz, o diagrama final, resumindo seu trabalho,

> não é realístico; não parece com nada. Ele faz *mais* do que se assemelhar. *Ele toma o lugar da situação original* que queremos retraçar graças ao livro de protocolo, às etiquetas, ao pedocomparador, aos cartões de registro, às estacas e, finalmente, à delicada teia de aranha tecida pelo "pedofil". Contudo, não podemos separar o diagrama dessa série de transformações. Isoladamente, ele não teria nenhum significado adicional. Ele substitui sem substituir coisa alguma. Ele resume sem ser capaz de substituir completamente o que recolheu. Tem um estranho objeto transversal, um operador de alinhamento, veraz apenas sob a condição de permitir a *passagem* entre o que o precede e o que o segue.[18]

E ele extrai esta conclusão:

> O conhecimento, ao que parece, não reside na confrontação face a face de uma mente com um objeto, assim, uma referência não designa uma coisa por meio de uma frase verificada por essa coisa. Ao contrário, em cada estágio reconhecemos um operador comum, que pertence a matéria numa ponta, a forma na outra, e que está separado do estágio que se segue por uma lacuna que nenhuma semelhança poderia preencher. Os operadores estão ligados numa série que *passa através* da diferença entre coisas e palavras, e que redistribui esses dois artefatos obsoletos da filosofia da linguagem: a terra se torna um cubo de

cartolina, palavras se tornam papel, cores se tornam números e assim por diante.

Uma propriedade essencial dessa cadeia é que ela deve permanecer *reversível*. A sucessão de estágios deve ser fácil de acompanhar, permitindo a viagem em ambas as direções. Se a cadeia for interrompida em algum ponto, ela cessa de transportar a verdade — isto é, cessa de produzi-la, construí-la, traçá-la e conduzi-la. *A palavra "referência" designa a qualidade da cadeia em sua totalidade*, e não mais *adequatio rei et intellectus*. O valor de verdade *circula* aqui como eletricidade através de um fio, contanto que o circuito não seja interrompido.[19]

Cada passo no raciocínio e nas demonstrações desses cientistas baseia-se num procedimento que seus pares científicos, a quem ele se dirige, conseguem compreender suficientemente bem para fazer as traduções necessárias a fim de se convencerem de que ele realmente realiza o que os autores dizem que está realizando.

Nada disso acontece num dia, é claro. Cada adição à coleção de formas de evitar erros incorporada aos procedimentos da equipe resultou de erros cometidos e corrigidos e incorporados ao "procedimento normal de funcionamento".

A transferência do modelo das ciências naturais para as ciências sociais

Assim, os físicos e biólogos descobrem que grandes números de "coisas" estranhas a seus interesses afetam as entidades e fenômenos em que estão interessados. Balibar quer estudar alguns fenômenos estritamente definidos e suas interações para saber o que afeta o estado de um material em que ele está interessado sob temperaturas muito baixas. Ele descobre que todos os tipos de coisas em que não está interessado afetam o que quer estudar, aumentando a dificuldade de demonstrar a influência das coisas que de fato quer estudar. Tem de se livrar o máximo possível dessas coisas estranhas, o que acarreta alguns esforços muito grandes e outros pequenos, que só podem ser feitos depois que ele isola a variável "estranha" ofensiva (as ondas de rádio que entram pelas janelas).

Latour, escrevendo em outro livro sobre a descoberta da existência de micróbios por Louis Pasteur,[20] mostra como grande parte da atividade científica consiste em criar um ambiente protegido para que os fenômenos sejam estudados, protegendo-os dos inimigos que de outra maneira os impediriam de fazer as coisas que o cientista quer estudar. Se Pasteur quer estudar a vida dos micróbios, deve criar ambientes especiais em que eles não estarão sujeitos a todas as coisas que, sem essa proteção, os matariam, ou produziriam algo menos drástico, mas que ainda interferiria nos esforços de Pasteur para ver exatamente como os micróbios vivem, se reproduzem e morrem.

De modo um tanto similar, os cientistas do solo que Latour estudou fazem pesquisa sobre eventos — a passagem de cerrado para floresta e vice-versa — que envolvem grande número de objetos e fenômenos, que assumem diferentes valores e se manifestam em diferentes formas, cores, veículos etc., todos eles variando ocasionalmente segundo alterações em coisas tão díspares quanto condições meteorológicas, decisões políticas que afetam padrões de uso da terra (sempre uma questão política candente no Brasil) e forças de mercado que afetam práticas agrícolas, que por sua vez incorporam séries históricas e tradições, padrões de propriedade da terra e estrutura familiar etc. Os cientistas do solo não podem criar um ambiente especial para seu objeto de estudo tal como Pasteur (como você vai notar, isso é muito semelhante à elaborada rede de causalidade que Lieberson descreveu como afetando os fenômenos sociais). Em vez disso, eles podem medir cuidadosamente as coisas que sabem que de fato afetam aquilo em que estão interessados, de modo que podem isolar as causas e os efeitos que lhes interessam (isso não é tão difícil quanto Lieberson teme, embora envolva muito trabalho).

Assim, os cientistas naturais sabem que um grande número de coisas afeta o que eles estudam e querem explicar. Eles dedicam muito tempo e esforço lidando com esses assuntos "estranhos" para isolar os fenômenos específicos que querem examinar. Quando chegam a isso com sucesso, podem fazer boa ciência, produzindo dados que, segundo esperam, irão fornecer evidências convincentes para as ideias que querem persuadir seus colegas a aceitar.

Os cientistas da natureza claramente têm grandes dificuldades para coletar "bons dados" sobre os eventos que lhes interessam. Os cientistas sociais têm os mesmos tipos de problema, mas encontram algumas dificuldades adicionais. Eles não podem manipular os sujeitos de seus estudos — pessoas, organizações, interações, eventos — e depois ver como as variáveis que lhes interessam assumem diferentes valores na multiplicidade de circunstâncias daí resultante. Os cientistas da natureza podem baixar temperaturas até quase zero absoluto, pregar etiquetas em árvores e colocar pequenas quantidades de solo em caixas para posterior comparação. Mas os sujeitos da pesquisa em ciências sociais — pessoas — têm vidas, opiniões, afiliações a grupos e interesses próprios. Os cientistas sociais devem obter seus dados de pessoas que estão tratando de seus afazeres de uma maneira muito mais independente das necessidades e dos desejos dos pesquisadores do que pedaços de terra numa floresta tropical. E eles não podem influenciar essa atividade. Podem apenas observá-la acontecer e tomar todas as medidas possíveis para saber o que está acontecendo de modo a evitar atribuir peso causal a coisas de cujos efeitos não podem estar tão seguros como os cientistas da natureza a respeito dos tópicos sobre os quais anunciam conclusões.

Os cientistas sociais não podem mandar um técnico fazer uma peça especial que os livrará de um problema na coleta de dados. Eles não podem medir e demarcar com estacas unidades significativas de estudo de igual tamanho. Não podem inventar (embora muitas vezes tenham tentado) dispositivos simples que permitirão fácil atribuição de unidades de estudo a categorias (como o dispositivo para comparação de cores que os pedólogos usaram para classificar amostras de solo).[21] A razão é que cada solução potencial — a definição de unidades de estudo, categorias de fenômenos, unidades de classificação e medida — torna-se ela própria parte do fenômeno que eles querem estudar. Essa é uma lição essencial da sociologia da ciência: as coisas que as ciências sociais estudam não acontecem num vácuo social. Tudo que aprendemos sobre a natureza complexa da atividade científica aplica-se às ciências sociais também. Não podemos criar um laboratório para proteger a coisa que queremos estudar de tudo que poderia afetá-la exceto o item que nos interessa.

Fui convidado certa vez para debater num encontro público em que membros de várias equipes de ciências sociais relataram projetos que tinham executado, financiados por subvenções concedidas por uma importante agência governamental com base numa proposta detalhada delineando os dados que iriam coletar e a maneira como iriam manipulá-los a fim de produzir evidências para a ideia que se propunham a estudar. Quando eles relataram os resultados desses estudos cuidadosamente planejados, cada equipe expôs o plano original e depois disse, variando o texto, mas não o sentido: "As coisas se mostraram mais complicadas que isso". As coisas sempre são mais complicadas que nossos planos, por mais árduos que sejam nossos esforços para prever as possíveis dificuldades. E nós raramente nos propomos a lidar com todas as possíveis dificuldades que conseguimos prever, porque acreditamos, provavelmente com razão, que ninguém nos dará dinheiro suficiente para isso. E certamente ninguém nos dará dinheiro ou tempo suficientes para lidar com os problemas não previstos que todos nós sabemos que surgirão. As coisas serão sempre "mais complicadas" do que previmos.

Isso significa que os problemas dos dados das ciências sociais não são apenas "problemas técnicos", a serem resolvidos por melhor instrumentação ou medição, como vamos aprender a partir da compreensão da forma como os cientistas sociais usualmente coletam, analisam e relatam seus dados. Para saltar para a conclusão dos próximos capítulos: temos de tornar explícitos os passos em nosso raciocínio e nos dados que os sustentam, e depois verificar cada passo desse caminho para ter alguma exatidão. E fazer isso várias vezes, incorporando o que aprendemos sobre erros potenciais na maneira como trabalhamos, nunca os descartando como fenômenos aleatórios (e portanto estranhos às nossas preocupações) passíveis de serem ignorados com segurança. Isso cria um sério desafio para métodos de pesquisa em ciências sociais convencionais e amplamente aceitos. A maioria dos cientistas sociais compreende isso desde cedo, mas acho que não o incorporamos às nossas maneiras cotidianas de trabalhar.

PARTE II

Quem coleta os dados e como faz isso?

A REALIZAÇÃO DA PESQUISA CIENTÍFICA, inevitavelmente e por isso mesmo invariavelmente, envolve muitas pessoas e muitos tipos de gente. Como qualquer outro grande empreendimento humano, muitas pessoas, neste caso nem todas elas cientistas formados ou qualificados, devem colaborar de uma maneira ou de outra para produzir resultados que a comunidade científica relevante considere aceitáveis. Esses resultados requerem e refletem os esforços combinados de cada uma dessas pessoas. Cada ação de cada participante afeta os dados encontrados, convertidos em evidências para uma ideia e depois declarados como resultados. Os problemas de conectar dados, evidências e ideias dependem, em uma medida importante, de quem coletar palavras, números e materiais visuais de que o resto da operação depende. Os tipos de pessoa que coletam os dados, suas razões para integrar o empreendimento de pesquisa, seu interesse em fazer pesquisa social e o que elas esperam tirar disso afetam os dados coletados, a forma como esses dados são analisados e a contribuição final que eles dão, como evidências, para algum corpo de conhecimento científico. E os erros que acontecem em decorrência da produção inevitavelmente coletiva dos dados podem ser — têm de ser — eles próprios objeto de um tipo de estudo sociológico.

Tipos de coletores de dados

Classifiquemos tipos de ciências sociais perguntando quem coleta os dados originais. São os próprios pesquisadores principais que tiveram a ideia da pesquisa e que irão, em consequência, recolher as recompensas e as críticas resultantes? São os alunos dos pesquisadores principais, que foram instruídos e treinados por eles, e em consequência aprenderam a compartilhar seus objetivos e ideias sobre como as coisas deveriam ser feitas, sobre a que padrões de precisão é preciso corresponder? São os coletores de dados pessoas contratadas para fazer uma tarefa específica e treinados nas atividades que ela requer, não tendo porém nenhum interesse pessoal nos resultados obtidos pelo pesquisador? Ou coletam materiais por fim usados para pesquisa com propósitos muito diferentes de uma organização para a qual trabalham, como parte de outra tarefa? Irão os materiais que eles coletam acabar por fornecer a base para um julgamento da qualidade de seu próprio trabalho diário e das recompensas que recebem para executá-lo? Em cada caso, a situação de trabalho influencia as motivações e os entendimentos que esses coletores de dados levam para a tarefa; por conseguinte, a maneira como a executam; e portanto a adequabilidade dos dados coletados enquanto evidências. Por fim, as pessoas cujas vidas sociais estão sendo estudadas muito frequentemente coletam os dados elas próprias, contando sobre suas próprias atividades, crenças e ideias, e alguém recolhe os formulários preenchidos. Em que medida elas estão interessadas na precisão do que põem nesses formulários? Que interesse têm no uso final desses dados?

Num extremo, o coordenador da pesquisa — que concebeu a ideia para a pesquisa, desenvolveu e definiu o problema a ser pesquisado, planejou a coleta e a análise dos dados, muito provavelmente levantou todo o dinheiro necessário para a coleta de dados e irá escrever o relatório final — coleta os dados pessoalmente. Se eu sou essa pessoa, conduzo todas as entrevistas, faço e registro todas as observações de campo, realizo todas as análises e escrevo todos os relatórios. Ninguém mais faz nada disso. (Uma ligeira variação ocorre quando uma equipe de pares ou quase pares compartilha todo esse trabalho.)

O antropólogo estereotípico que descrevi anteriormente, no campo, longe da universidade, corporifica esse tipo de coletor de dados. Se sou como esse estereótipo, tudo que resulta desse trabalho pertence a mim, eu o realizei e recebo todos os elogios ou censuras que as comunidades relevantes profissionais ou leigas lhe fazem. Tenho um claro interesse em assegurar a validade de cada operação — não quero que alguém venha daqui a cinco anos e mostre que entendi tudo errado —, e esse interesse próprio coincide com o interesse de pessoas que leem e julgam a precisão e o valor como evidências dos dados, *meus* dados, sobre os quais o produto final repousa.

Podemos imaginar que coordenadores de pesquisa, profundamente comprometidos com o sucesso do projeto, querem fazer tudo certo. Mas não podemos ter certeza disso em decorrência dos casos esporádicos de responsáveis pela pesquisa que, ansiosos para que seu estudo "seja bem-sucedido" e prove o que eles querem que ele prove, inventam dados que nem eles nem quaisquer outras pessoas coletaram e tentam fazer a invenção passar pela coisa real.[1] Não sabemos se os casos dessa natureza expostos até agora representam um número muito maior de impostores científicos nunca apanhados, ou se são todos os que ocorreram. Um leitor prudente trata isso como possibilidade sempre presente. Uma possibilidade menos danosa, mas por vezes alegada, surge se há razão para pensar que o pesquisador deixou ideologia ou ilusão contaminar os resultados (o que pode ocorrer em qualquer tipo de pesquisa, embora de diferentes maneiras).

Coordenadores de pesquisa frequentemente recorrem a estudantes de pós-graduação como parceiros de pesquisa ou assistentes, e é possível imaginar (o que não significa aceitar com base na fé) que sua motivação variará dependendo de que tipo de posição eles ocupam na equipe de pesquisa, os papéis mais sérios que assumem, tornando-os mais ansiosos para fazer o trabalho tão bem quanto possível de modo a poder compartilhar as recompensas.

Cientistas sociais usam grandes quantidades de dados que as organizações que estudam coletam para seus próprios fins, informação que de certa maneira coincide com os objetivos de pesquisa independente, ou pode ser retrabalhada e levada a servir a esses objetivos. Muito obviamente, o Censo norte-americano, que realiza o maior e mais cuidadosamente executado programa de compilação de dados de que tenho conhecimento, faz seu trabalho, em primeiro lugar, porque a Constituição dos Estados Unidos concede representação na Câmara de Representantes com base no tamanho da população de cada estado. Coletar essa informação envolve uma equipe muito grande, cujo trabalho em tempo integral é assegurar a conclusão da enorme operação de enumerar toda a população do país. Como é mais ou menos garantido que os resultados são dessa forma tão bons quanto possível, os relatórios da Agência do Censo interessam a uma clientela muito maior e mais variada que os membros da Câmara de Representantes ou a Suprema

Corte. Organizações comerciais valorizam o Censo por seus relatórios precisos, nos quais elas podem encontrar possíveis clientes de idades, gêneros e classes sociais específicas, entre outras coisas. Governos municipais que planejam construir escolas querem saber em que áreas estão nascendo as crianças que vão frequentar essas escolas, e qual o seu número. Quando os estados decidem onde abrir novas rodovias e sistemas de transporte, dados do Censo os ajudam a projetar para onde e a partir de onde seus usuários estarão viajando. Os dados do Censo são, portanto, por assim dizer, a propriedade de cada membro da população do país, qualquer um dos quais poderia imaginar um projeto de pesquisa — algo que querem saber — que requereria seu uso.

Outras organizações governamentais coletam tipos mais específicos de informação para outros objetivos governamentais, e os dados que produzem para seus próprios fins frequentemente servem (ou poderiam servir) para outros projetos de pesquisa de cientistas sociais; e os produtores de dados podem compartilhar seus recursos informacionais com pessoas como nós (mesmo quando nada os obriga a isso).

Organizações de saúde, e particularmente agências governamentais como os Centers for Disease Control and Prevention, divulgam muitos relatórios contendo dados copiosos sobre uma variedade de assuntos relacionados a doenças e morte, e também sobre outros tópicos mais gerais que os sociólogos e outros cientistas sociais podem usar como evidências para uma variedade de hipóteses relacionadas a estrutura da família, incidência de doença correlacionada a condições de vida, uso de drogas e muitos outros assuntos que eles acham interessantes, mas para os quais não têm dinheiro e pessoal para coletar a informação pertinente. Mas o governo tem, e às vezes ele disponibiliza os dados para os cientistas os reanalisarem.

De maneira semelhante, estatísticas coletadas e publicadas pelo governo sobre causas de morte frequentemente fornecem dados para a pesquisa sociológica. O estudo pioneiro de Durkheim sobre o suicídio manteve gerações de sociólogos ocupados tentando livrar sua pesquisa sobre o mesmo tema dos muitos problemas suscitados quando alguém classifica mortes como suicídios nas certidões de óbito.[2] Mas médicos legistas e médicos que emitem atestado de óbito, que preenchem os formulários oficiais especificando a "causa da morte", criam os números que os sociólogos depois empregam para testar ideias e teorias que desempenharam um papel proeminente na história da disciplina. E a pesquisa mostrou que a forma como esses funcionários atribuem causas como "suicídio" ou "homicídio", tão importantes socialmente, pode ser influenciada por suas afiliações e problemas profissionais.

A criminologia — um amálgama de pessoas interessadas em direito, crimes, prisões e assuntos relacionados — durante muito tempo lançou mão dos registros de agências de aplicação da lei como principal fonte de dados sobre a incidência de crime, e usou os dados disponíveis sobre pessoas presas por um dado crime ou condenadas por ele (duas populações possivelmente muito diferentes, às vezes descritas como perpetradores desses crimes, embora prisão e condenação não sejam marcadores infalíveis desse tipo de fato) como a maior fonte de conhecimento sobre criminosos. Ao menos até que os defeitos nesse tipo de material — que reflete interesses (para além do registro preciso) a que a polícia e os tribunais têm de atender quando o criam — começaram a produzir resultados evidentemente irrealistas.

Durante muitos anos, o *Uniform Crime Reports*, uma compilação feita pelo FBI de dados coletados por jurisdições policiais locais, forneceu o material a partir do qual os jornais criavam reportagens sobre a elevação ou queda da taxa de criminalidade, nacional ou localmente, um tópico de perpétuo interesse político. Recorremos a mudanças nas taxas de criminalidade para avaliar discussões sobre a aplicação estrita das leis contra pequenos crimes (ou a legalização de porte de arma declarado ou não, ou alguma de dezenas de outras "causas" possíveis) enquanto fator que afeta ou não a "taxa de crimes", e, em caso positivo, em que direção. E onde mais podemos encontrar informação confiável sobre atividades criminosas?

De maneira semelhante, registros escolares contêm muitas informações que os cientistas sociais acham úteis, de frequência a resultados em testes, notas e outras medidas de desempenho.

Muitos dados são coletados por grandes organizações — como centros de pesquisa por levantamento e institutos privados de pesquisa de opinião pública — que não fazem outra coisa além de pesquisa, tipicamente conduzindo grandes levantamentos que usam questionários padronizados. Elas contratam pessoas especializadas para planejar seus estudos — criar os instrumentos de pesquisa, os questionários, programas de entrevistas e especificações de amostras — e supervisionar a execução do plano, pondo o estudo no campo, contratando, treinando e supervisionando os entrevistadores, e inspecionando a codificação dos resultados e sua transferência para formatos digitais para fins de análise. Esses profissionais de tempo integral supervisionam equipes de entrevistadores, codificadores e outros trabalhadores qualificados (quão qualificados é uma outra questão). Em cada nível dessas organizações, as pessoas que fazem o trabalho têm motivações que não coincidem necessariamente com as das pessoas que as contrataram, com os objetivos de um cientista que quer usar os dados produzidos para testar ideias, ou com os propósitos das pessoas que forneceram o dinheiro que financiou a coisa toda. Não podemos aceitar, sem mais informações além da que geralmente obtemos, que todos esses empregados se dedicam resolutamente às ideias e objetivos de seus empregadores. Um outsider, não insensatamente cético, poderia pedir alguma busca séria de evidências de que a pesquisa ocorre como anunciado. Há informações suficientes sobre descuido desses ideais para gerar suspeitas plausíveis.

Grandes institutos de pesquisa têm contas a pagar, semana após semana — uma equipe permanente considerável e os custos fixos de salários, seguro de saúde, manutenção de escritórios, armazenamento de dados, serviços públicos etc. —, e devem manter um fluxo constante de projetos chegando, projetos cujos patrocinadores pagarão o suficiente para manter a empresa. Algumas organizações de pesquisa são semissustentadas por universidades — o Survey Research Center na Universidade de Michigan e o National Opinion Research na Universidade de Chicago, por exemplo. Pelo menos uma, o Pew Research Center, é quase completamente sustentada por uma fundação. Algumas, como o Censo norte-americano e o Insee da França, obtêm sustento básico diretamente do governo federal, e muitas são empresas comerciais que vendem serviços de enquete para corporações, grupos políticos e candidatos — e quem quer possa arcar com seus produtos.

Nessas organizações, as pessoas que coletam os dados reais — aquelas que saem pelo mundo e encontram pessoas (ou pelo menos lhes telefonam) que correspondam às especificações da amostra e então lhes fazem as perguntas impressas nos formulários do estudo — são em sua maioria o que Julius Roth chamou afortunadamente, mas talvez de maneira pouco gentil, de meros "coletores de dados",[3] contratados para a tarefa específica, sem nenhum treinamento profissional anterior nesse tipo de trabalho, pagos por hora ou por entrevista, e sem voz nem voto sobre que tópicos perguntar, como formular as perguntas, ou qualquer dos outros pequenos mas importantes problemas que inevitavelmente surgem na condução diária de entrevistas. Não sei quantas dessas organizações têm equipes de entrevistadores permanentes em tempo integral, altamente treinados e versados nos procedimentos das ciências sociais. Mas artigos de pesquisa raramente relatam medidas tomadas para evitar que os pesquisadores inventem entrevistas em vez de fazê-las, ou para investigar outras práticas dos entrevistadores que poderiam afetar a qualidade dos dados, ou para corrigir seus dados levando em conta ameaças conhecidas à validade dos tipos de dado que coletam. Na melhor das hipóteses, eles nos asseguram que seus entrevistadores são "bem treinados" e atentamente supervisionados. Não acho que sou a única pessoa a ter reservas quanto a aceitar essas afirmações por seu valor de face, e apresentarei algumas evidências sobre essas questões em capítulos posteriores. Do princípio ao fim, ademais, permaneci alerta para a frequência com que os dados originais vêm daquilo que as pessoas sob estudo "coletaram" elas mesmas enquanto vivem a vida sobre a qual seus interrogadores querem saber.

Os capítulos restantes foram organizados mais ou menos em torno dessas distinções entre produtores de dados, e usei essa classificação rudimentar das pessoas que fornecem os dados nas ciências sociais para organizar uma discussão sobre os erros, enganos e problemas que devemos esperar e para os quais devemos estar atentos quando usamos dados coletados por essa variedade de pessoas como evidências para nossas ideias e teorias. A mesma classificação sugere formas de lidar com esses problemas e de mostrar como aquilo que parece constituir um problema administrativo pode ser convertido em problema científico repensando-se nossa compreensão sobre a forma específica de produção de dados envolvida.

Reuni o que pude encontrar sobre a precisão de dados coletados de cada maneira, os tipos de erros que comumente ocorrem nesses resultados, as formas como os pesquisadores lidam com esses erros e que sorte de medidas eles usualmente tomam para evitá-los.

Como não quis que este livro parecesse apenas uma coleção de repreensões e críticas internas, usei também os exemplos que originalmente provocaram minha curiosidade e interesse nessa área de trabalho científico para fornecer modelos de como lidar de modo eficaz com os muitos problemas cuja existência assinalo, de como superar essas dificuldades comuns e obter melhores resultados. Meu modelo do começo ao fim foi a maneira como os trabalhadores nas ciências da natureza — por exemplo o físico Balibar e os pedólogos que Latour descreve — coletam seus dados e os empregam enquanto evidências. Quando repreendo, é porque quero que meus colegas das ciências sociais sigam essa pista, trabalhando pacientemente para superar erros, tornando nossos dados boas evidências para as ideias que queremos que sustentem.

Estive particularmente interessado na sequência mais ou menos comum pela qual uma fonte de erro nos dados se torna objeto de estudo por si mesma, como quando trapaças de entrevistadores viram um foco para a pesquisa na sociologia da ciência.

4. Censos

O QUE É UM CENSO? Por que ele é especial? O que torna os censos tão difíceis de realizar? Fazer um censo ou recenseamento, como usualmente compreendemos o termo, requer que os recenseadores obtenham *todos* os casos daquilo que estejam recenseando, seja o que for, e que coletem a mesma informação sobre cada um deles. Idealmente, um censo nacional enumera cada habitante de seu país — faz e obtém respostas para as mesmas perguntas de todos eles, ou quase todos. Embora todos compreendam o que é um censo dessa forma comum, associada ao censo de um país, a ideia abstrata de censo nos dá um modelo mais geral que pode ser extremamente útil.

Sendo realista, ninguém pode conduzir uma enumeração absolutamente completa da população de um país. Como outros cientistas, os especialistas em censos trabalham constantemente para se livrar de todos os defeitos que maculam suas operações, mas necessariamente às vezes eles se veem aceitando soluções conciliatórias que prefeririam evitar, para levar o trabalho a cabo. Visto dessa maneira, o censo é um bom modelo para todos os tipos de pesquisa, em grande parte porque os recenseadores não tentam esconder os defeitos que sabem existir em seu trabalho, nem ficam falando sobre eles. Em vez disso, o recenseamento aceita o erro inevitável de forma realista e diz aos usuários de seus dados o que eles podem e não podem afirmar quando recorrem a materiais do censo como evidências.

A realização de um censo

As operações dos institutos de recenseamento, quando eles tentam enumerar a população de um país inteiro, nos mostram aquilo que se parece uma tentativa séria de livrar-se de erros: como as pessoas nessa atividade lidam com os erros que sempre e inevitavelmente surgem em seu trabalho, as soluções conciliatórias que adotam para levar o trabalho a cabo apesar dos erros, e como essas realidades influenciam os dados que eles produzem e usam enquanto evidências para ideias científicas.

Censos, e o Censo dos Estados Unidos em particular (embora ele não seja o único, apenas talvez o mais bem estudado, ou talvez eu esteja só mais familiarizado com a bibliografia sobre ele), corporificam alguns dos dilemas mais fundamentais das evidências nas ciências sociais. Esses dilemas introduzem uma séria consideração de problemas básicos de pesquisa, que não pretendo que seja ofensiva nem defensiva. Depois de compreendermos com o que o Censo tem de lutar, podemos passar para os problemas que flagelam o uso de instrumentos de levantamento e questionários, e aparecem também nas técnicas mais livres e mais variadas de entrevistas não estruturadas e observação da vida social "em campo".

O Censo norte-americano, certamente o empreendimento de coleta de dados com a situação mais favorável que existe, tem muitos problemas, como as organizações governamentais similares em qualquer parte, apesar de todas as suas vantagens:

forte apoio financeiro; uma base legal na Constituição nacional, que torna recusar-se a participar dele um delito federal; uma grande equipe permanente que lida incessantemente com os problemas que atrapalham seu trabalho; legiões de analistas e críticos dentro e fora do governo olhando por sobre seus ombros para encontrar e corrigir problemas; e um exército de usuários, cujas necessidades e críticas pressionam os contínuos esforços da instituição para melhorar.

O Censo corporifica uma séria possibilidade do que a coleta de dados em ciências sociais poderia realizar se seus profissionais atuassem mais arduamente, fossem menos defensivos e tivessem mais material de trabalho do que geralmente têm. Assim, quando enfatizo os problemas e falhas do Censo em fazer tudo certo, não estou me queixando ou criticando. Ele é tão bom quanto possível quando se trata de exatidão, precisão e esforços conscienciosos, e bem financiado para fazer pesquisa da maneira certa. E ele é tão bom porque seu principal objetivo — num sentido sério, é apenas um objetivo — é fazer o que a lei exige que faça, e fazê-lo de forma que atenda ao maior número possível de clientes (e ele tem muitos).

A ciência sempre enfrenta dificuldades. Os cientistas sempre empurram os limites do que seus atuais métodos e equipamentos podem produzir, e por isso sempre têm de trabalhar mais e com mais cuidado para realizar seu trabalho acuradamente. A demografia, uma das especialidades mais quantitativas na sociologia, enche suas revistas de críticas e sugestões para que se introduzam melhoramentos na forma de coletar e analisar os dados. As discussões mais ásperas na sociologia frequentemente giram em torno da precisão dos dados que seus profissionais coletam.

Censos nacionais

Lembre-se de que os recenseamentos surgiram, segundo afirma Desrosières, porque os funcionários de Estados políticos nacionais queriam mais e melhores informações sobre os habitantes de suas jurisdições.[1] Quando os Estados europeus assumiram a essência de sua forma moderna, no século XIX, eles reuniam muito mais territórios do que os países envolvidos haviam abarcado antes, tanto que, pela primeira vez, seus líderes precisaram e quiseram ter conhecimento dos habitantes numa escala maior que a local.

Para isso, os Estados criaram unidades administrativas maiores e mais eficientes, e rotinas de coleta de informação (pelo menos esse era seu desejo, realizado ou não). Querendo uma compreensão mais firme do ambiente físico de seu país, os funcionários organizaram geógrafos para mapear topografia, fronteiras políticas, estradas e condições meteorológicas. Para controlar e planejar a economia nacional e fornecer a base de sistemas de tributação, eles criaram unidades administrativas e rotinas para registrar e analisar a renda e sua distribuição entre os vários segmentos da população, para medir a produção agrícola e industrial, e para analisar padrões de gasto. E criaram organizações para registrar e analisar a população. Quantas pessoas vivem aqui? Que idade têm? Quantas são homens, quantas são mulheres? Quanta instrução têm? Quão férteis são as mulheres? O Estado moderno queria saber tudo.

O censo fornece, sob vários aspectos, o melhor exemplo de pesquisa quantitativa séria, em que a vontade nacional coletiva de encontrar uma solução cuidadosa para os problemas de coleta de dados sobre assuntos sociais realmente se manifesta.

Os problemas resultantes surgem do trabalho muito árduo que qualquer procedimento semelhante a um censo estabelece para si mesmo; problemas que muitas vezes surgem, em geral de maneiras mais agravadas que num censo, em qualquer pesquisa que dependa de coleta de dados usando procedimentos estruturados.

A coleta de dados precisos numa escala nacional requer um enorme, e portanto dispendioso, esforço. Assegurar a exatidão dos dados coletados num grau que torne o resultado confiável só aumenta a dificuldade e a despesa. Mas, não surpreende, semelhante projeto de coleta de dados nas ciências sociais, por mais importante que os governos sempre o tenham considerado, nunca atraiu o mesmo tipo de apoio financeiro governamental que tornam possíveis os gastos militares e, mais recentemente, os gastos da Big Science, exemplificados nos armamentos modernos e nos grandes e caros equipamentos comprados para os físicos. Muitos estudos de menor escala mostraram como os procedimentos que a Agência do Censo usa, para criar os resultados que tantas pessoas querem, poderiam ser levados a um grau de precisão muito maior do que alcançam hoje se nós realmente quiséssemos isso. Alguns dos problemas comuns do Censo não são resolvidos, não porque sejam em princípio insolúveis, mas porque resolvê-los "é caro demais" e organizacionalmente "impossível" (embora o que é impossível ou caro demais seja sempre socialmente definido, e, portanto, possa ser avaliado de outra maneira). Muitos outros problemas do Censo ocorrem porque os tipos de item com que ele lida mudam historicamente, de modo que o que parecia ser uma abordagem óbvia à contagem de pessoas e suas características — até questões tão simples quanto sexo e raça — algumas vezes produzem dados anacrônicos que, de repente, perdem seu sentido social.

Um *census* é, segundo o *New Oxford American Dictionary*, "uma contagem ou levantamento oficial de uma população, tipicamente registrando vários detalhes acerca dos indivíduos". Se perfeitamente realizado, o censo inclui cada pessoa na área que cobre, enumera todas elas essencialmente ao mesmo tempo e repete esse exercício a intervalos regulares. Cada um desses critérios contribui para a utilidade do censo. Atender a todos esses critérios torna o censo valioso numa medida de que nenhum outro método se aproxima, e o fracasso em realizá-lo reduz seu valor.

Coletar informações sobre cada uma das pessoas na área que está sendo enumerada é livrar-se de todas as conhecidas queixas sobre a amostra não ser grande o bastante ou não ter sido selecionada aleatoriamente. Censos não projetam conclusões a partir de observações sobre uma amostra aleatória ou de qualquer outro tipo acerca de uma população. Eles nos informam sobre *todo mundo*, livrando-se assim de uma grande categoria de dúvidas potenciais sobre a precisão das conclusões baseadas nos dados. Descartar os problemas de amostragem faz desaparecerem muitos dos outros problemas comumente associados a levantamentos e estudos por questionário.

Pesquisar todo mundo mais ou menos ao mesmo tempo evita problemas criados quando "alguma coisa acontece" durante o tempo da coleta de dados (como respostas diferentes para um levantamento de atitudes sobre futebol universitário em decorrência de as pessoas terem preenchido o questionário antes ou depois do grande jogo de sábado). Censos geralmente perguntam sobre assuntos menos ligados a um momento específico, de modo que, se toda a aplicação de questionários ocorrer dentro de uma ou duas semanas, em geral não haverá razão para se preocupar.

Fazer essencialmente as mesmas perguntas a intervalos repetidos permite aos pesquisadores investigar estabilidade e mudança nas populações, de modo que precisam assegurar que suas perguntas significam a mesma coisa, embora dez anos tenham se passado, produzindo assim informações que podemos comparar de uma década para a seguinte — algo não tão fácil quanto você pensa, como veremos.

De várias maneiras, o Censo resume as vantagens e os problemas de trabalhar com materiais de entrevista extremamente estruturados.

Embora os sociólogos recorram ao Censo para todos os tipos de material, ele não faz seu trabalho a cada dez anos para ajudar os sociólogos e outros pesquisadores a fazer o deles. Esse uso é apenas um subproduto da execução de sua atividade constitucionalmente determinada. Assim, nós pesquisadores temos de aprender a nos contentar com o que é bom o bastante para os propósitos do Censo e esperar que isso também vá ser bom o bastante para nós. Este capítulo narra alguns dos problemas que os dados do Censo inadvertidamente criam para a pesquisa sociológica.

Fazer uma enumeração completa

O Censo dos Estados Unidos de 1960 subregistrou severamente a população total, e subregistrou especificamente os homens negros jovens. Isso teve duas consequências imediatas que os funcionários do Censo não poderiam ignorar, mesmo que quisessem (não há nenhuma razão para pensar que quisessem), por causa das consequências raciais, políticas e intelectuais de falhas como essa no relatório decenal.

Uma característica especial do Censo norte-americano o distingue da maioria dos outros censos nacionais. A Constituição dos Estados Unidos vincula a representação na Câmara dos Representantes, a câmara inferior do Congresso, à população de um estado. Quanto mais pessoas o estado tem, maior o número de seus representantes. Os assentos congressuais são atribuídos aos estados com base na contagem de seus habitantes pelo Censo (mesmo o estado menos populoso obtém pelo menos um representante). Uma subavaliação significativa produz uma consequência politicamente importante: a possível sub-representação de um estado no Congresso. Ela afeta também a distribuição de representantes para várias subdivisões dentro do estado.

A subcontagem produz outro tipo de problema, resumido num relatório de 1972 da National Academy of Sciences:

> O ponto crucial da recente preocupação acerca da subenumeração é menos o simples déficit percentual nos *totais do censo nacional* que as deficiências nas contagens de *subgrupos específicos de população*, mais notavelmente homens negros jovens. De uma perspectiva estatística, a existência de subcontagem diferencial significa que as deficiências da cobertura — como outras, talvez relacionadas, fragilidades dos dados (erros de classificação são o exemplo mais evidente) — podem solapar seriamente a qualidade e portanto a utilidade prática das séries de dados sociais oficiais. Do ponto de vista de algumas das maiores questões sociais dos

últimos anos, entretanto, a subcontagem do Censo suscita problemas igualmente importantes quanto às formas como a sociedade americana funciona de modo a negar a grupos particulares representação em suas séries de dados.[2]

Essa dificuldade tem consequências imediatas para a maneira como é definido aquilo que as pessoas e os políticos concebem como "problemas sociais". Calculamos a taxa de alguma coisa que está acontecendo numa população total — a incidência de uma doença, por exemplo, ou de certo tipo de evento, como um crime — dividindo o número de casos descobertos pelo total da população em que ele poderia ter ocorrido. (Alternativamente, expressamos essa relação como tantos casos de X por uma população de 100 mil.) Assim, a taxa de crime é, digamos, 15%: 15% da população total de um país ou de subgrupos específicos da população comete um roubo ou tem a experiência de ser roubado a cada ano.

Para calcular a taxa de crime dessa maneira é necessário que mensuremos dois números com precisão: o número dos que cometeram o crime ou crimes em questão e o número de pessoas na população total. Quando o método usado para contar o número total de pessoas numa categoria deixa escapar um contingente significativo, a taxa por 100 mil será mais alta do que realmente é, mais alta do que seria se esse número tivesse sido corretamente registrado. Se o Censo deixa de enumerar 10% das pessoas numa cidade ou em alguma parte dela (ou num estado, ou no país inteiro), a taxa de crime (o número de crimes cometidos naquela categoria de habitantes) será enganosa, porque o número inferior na fração aparece menor no papel do que é na realidade, e do que se demonstraria que ele é se o Censo tivesse contado aquelas pessoas corretamente.

Qualquer dos dois números pode estar errado, e frequentemente está. Nunca fazemos medições perfeitas. Mas muitas vezes nos consolamos considerando os erros em nossa contagem como essencialmente aleatórios, combinações acidentais de eventos que não têm nenhuma relação com nada socialmente significativo. Essa solução fácil para nosso problema quase sempre não resolve coisa alguma, porque os erros, longe de serem aleatórios, são obviamente sistemáticos e ligados a fatos socialmente significativos sobre as pessoas que têm (ou supostamente têm) o sintoma em que estamos interessados.

No Censo de 1960, a subcontagem dos homens negros jovens fez com que a taxa de crime para esse grupo da população parecesse mais alta do que seria se a contagem tivesse sido feita da forma correta. E ninguém pôde ignorar isso como um erro aleatório que se anularia de alguma maneira, ou como um erro que não teve nenhuma consequência sociológica, política ou moral. O Censo tinha contado erroneamente esse grupo, e o erro teve de ser corrigido, o que levou a uma investigação da National Science Foundation (NSF) sobre o que o tinha causado.[3]

Como contar o "incontável": pessoas que não "moram em algum lugar"

O Censo conta as pessoas "no lugar onde moram". Ele pede, e supõe que obterá, uma resposta que nomeie uma construção localizável ou a unidade de uma construção: uma casa, um apartamento ou algo semelhante. Mas certo número de pessoas não mora em nenhum lugar que possa ser descrito assim. Elas não têm um endereço "permanente" onde seja possível contatá-las, razão pela qual os formulários do Censo enviados pelo correio não chegam a elas (e não podem chegar). Onde moram essas pessoas, se não moram em lugar nenhum em particular? Carole Parsons e colaboradores estudaram essa questão, tal como ela ocorreu no Censo de 1960, de várias maneiras.[4] Entre outras coisas, eles revelaram um problema conceitual com uma ideia cujo significado tinha parecido tão óbvio que ninguém jamais o questionara: o que significa dizer que alguém mora em algum lugar? Não há resposta óbvia para a pergunta, porque a maioria de nós está algumas vezes (e muitos de nós grande parte do tempo) em diversos lugares, somente um dos quais chamamos de "o lugar onde moro". Algumas pessoas ricas têm duas ou mais casas. Qual é aquela "onde elas moram"? Outras, como os cidadãos porto-riquenhos que Marisa Alicea estudou,[5] moram numa comunidade na ilha durante grande parte do tempo, mas passam longos períodos no continente americano para trabalhar, e portanto têm ali um segundo lar, embora não tenham abandonado o primeiro. Pessoas que viajam muito a trabalho com frequência passam mais tempo em alojamentos temporários alugados (quartos de hotel, por exemplo) do que no lugar que chamam de lar, o endereço em que recebem sua correspondência. Qual endereço o Censo considera (e deveria considerar) "o lugar onde moro" — essa não é uma simples questão de fato observável. É uma questão sobre que convenções nós usamos (ou o Censo usa) ao atribuir esse valor aos nossos casos, dos quais um número não conhecido irá expressar essas complicações.

Alguns anos após o relatório da NSF de 1972, o problema voltou com um novo nome: como podemos ou deveríamos contar o grupo que passamos a chamar de "sem-teto" (e em que categoria classificá-los)? O Censo deve contá-los como pessoas que moram "em algum lugar". O que anotamos nesse quadrado em seu formulário? E, claro, assim que os sem-teto foram definidos como problema, as pessoas quiseram saber, como preliminar para "Fazer alguma coisa em relação a isso", quantas pessoas dessa categoria viviam nos Estados Unidos. Como Parsons e colaboradores tinham observado, o Censo coleta dados não apenas de um endereço — o lugar onde pessoas moram —, mas dos domicílios que ocupam esses endereços, cada qual contendo famílias compostas de pessoas aparentadas. Mas essa técnica não podia fornecer, e não o fez, um modo de enumerar pessoas que não têm nenhuma residência familiar onde elas, ou alguém que as conheça, poderiam ser alcançadas com o formulário do Censo para nele registrar as informações demandadas.

Alguns dos usuários importantes do Censo — outras agências governamentais federais, estaduais e locais — realmente queriam saber quantas dessas pessoas havia, de modo a planejar intervenções para melhorar sua situação de vida, orçamentos para elas e todas as outras coisas que os governos e instituições de caridade fazem para lidar com os problemas sociais que decidiram reconhecer. As partes, governamentais e privadas, envolvidas no problema apresentavam números que geralmente refletiam o que elas pensavam que ajudaria sua causa. Pessoas que tinham soluções a propor apresentavam números grandes, organizações que queriam manter os custos baixos encontravam números menores.

Peter Rossi, pesquisador por levantamentos competente e experimentado, decidiu resolver parte desse problema fazendo a melhor enumeração possível, não poupando nenhum esforço ou despesa para encontrar até a última pessoa, onde quer que ela estivesse. Para contar pessoas que não tinham residência fixa ele precisou mesclar algumas ideias convencionais com outras ideias inusuais para as coletas de dados estatísticos comuns. Ele não diz isso no livro que escreveu sobre a experiência,[6] mas a primeira parte de sua estratégia consistiu em redefinir o significado de morar em algum lugar transformando-o em "onde você passou a última noite", pelo menos quando a pergunta era feita a um sem-teto. De outra maneira eles não tinham como responder a ela. Porque não tinham uma "casa" onde "usualmente" passavam a noite, pelo menos não da maneira que outras pessoas podiam dizer isso de forma significativa.

Isso nos alerta para um problema fundamental de método, que voltará à baila ao longo de todo este capítulo. Nossos conceitos, mesmo aqueles — talvez especialmente aqueles — que parecem transparentes e óbvios, invariavelmente contêm ambiguidades, em geral ignoradas e que talvez não estejam nem na consciência de ninguém, que podem contudo aparecer de forma inesperada e confundir nossas tentativas de fazer o que estamos estudando manter-se parado por tempo suficiente para ser computado e debatido.

Assim, Rossi e sua equipe computaram onde as pessoas passavam a noite, sem fantasiar muito sobre o que isso significava. Eles começaram — como fizeram todos os demais que queriam estimar o tamanho da população sem-teto — com aqueles que se hospedavam de vez em quando em abrigos geridos por agências municipais ou organizações religiosas em que pessoas sem "casa" (tipicamente homens, mas às vezes incluindo mulheres, algumas delas com crianças) podiam passar a noite, dormir numa cama, protegidas do frio, ter acesso a instalações sanitárias e chuveiros, e talvez (embora isso fosse sempre mais incerto) se sentir mais seguras do que na rua. As populações dos abrigos diminuíam no verão e cresciam no inverno, e ninguém se hospedava neles permanentemente, mas era possível contar, com precisão, quem estava em tais lugares numa dada noite.

Outros dormiam em lugares públicos não monitorados em que podiam entrar — parques públicos, becos, portais — e dos quais não poderiam ou não iriam ser enxotados, lugares que iriam ao menos mantê-los aquecidos. Salas de leitura de bibliotecas públicas fazem isso, mas elas fecham à noite. Terminais ferroviários e de ônibus, onde os sem-teto podiam se misturar a autênticos viajantes aguardando para deixar a cidade, abrigavam alguns deles todas as noites, assim como faziam os poucos cinemas que funcionam a noite toda, então ainda existentes.

E alguns dormiam na rua. Quantos? Vários pesquisadores haviam tentado estimar essa quantidade, e Rossi buscou encontrar números que expressassem algum tipo de razão entre números em abrigos e números nesses outros lugares, de modo que a contagem de um lhe desse o outro, mas não teve sorte. Por isso ele por fim empreendeu um esforço verdadeiramente heroico para de fato contar ao menos uma amostra das pessoas na "rua", termo vago que ele especificou como todos os outros lugares em que os sem-teto poderiam estar: lugares públicos de um tipo ou outro, incluindo cantos e recantos em edifícios ou outros ambientes.

Para fazer isso, ele extraiu uma amostra de quarteirões em Chicago, atribuiu-lhes peso de acordo com a probabilidade de encontrar sem-teto naquelas ruas e enviou entrevistadores para esses locais, com questionários como os do Censo em mãos. Rossi descreve as medidas que ele e sua equipe tomaram para completar as entrevistas exigidas pelo desenho da amostra, primeiro encontrando as pessoas nesses lugares (e eliminando aquelas que estavam lá por alguma outra razão que não em busca de abrigo) e contando-as, e depois entrevistando-as, usando o formulário padronizado do Censo.

Para minimizar o problema de identificação, o levantamento nas ruas foi empreendido entre uma hora da madrugada e seis horas da manhã, quando a separação entre a população de rua que tem domicílio e os sem-teto estaria no ápice, aumentando portanto a probabilidade de que aqueles encontrados fossem sem-teto. Mesmo assim, das 607 pessoas encontradas nas ruas, menos de uma em dez (9%) foram definidas como sem-teto.

Para responder ao problema dos "sem-teto ocultos", as equipes de entrevistadores foram instruídas a esquadrinhar todos os lugares não residenciais em cada quarteirão, definidos como qualquer área onde se podia entrar sem encontrar uma porta trancada ou seu equivalente social. ("Equivalentes sociais" incluíam gerentes de restaurantes 24 horas, guardas de segurança etc.) Lugares rotineiramente vasculhados incluíam ruas e calçadas, becos, portais, saguões, garagens, prédios abandonados e porões ou terraços com acesso livre. Além disso, os pesquisadores deviam examinar carros estacionados, caminhões, vagões de carga fechados, caçambas, caixotes — em suma, tudo em que pudesse caber uma pessoa.

Chicago (ou qualquer outra cidade) não é segura no meio da noite. Para proteger nossos entrevistadores, contratamos policiais de folga para escoltá-los em suas rondas nas ruas e abrigos. Os entrevistadores operaram em equipes de dois, cada equipe acompanhada por dois policiais de folga (à paisana, mas portando seus revólveres de serviço, como a lei exige). Os policiais aconselhavam os entrevistadores sobre qualquer medida de segurança a ser tomada, e depois entravam na frente deles em qualquer prédio. Para compensar as pessoas pelo tempo gasto nas entrevistas e para aumentar a cooperação, pagamos um dólar a cada pessoa selecionada nas ruas. Quando uma entrevista mais longa se seguia, pagávamos mais quatro dólares — um total de cinco dólares pela entrevista completa. Residentes em abrigos também receberam cinco dólares.[7]

Era isso que um pesquisador tinha de fazer (e ainda teria de fazer) para chegar corretamente ao número buscado. Menos que isso e coletaríamos números fictícios, números definidos por decreto, números que poderiam ser exatos mas quase certamente não são, mas que aceitamos como tais por falta de alternativa.

Rossi acreditava muito fortemente na necessidade de fazer um levantamento nacional dos sem-teto seguindo esse modelo. Mas, disse ele, essa recomendação

ignorava vários obstáculos fiscais e técnicos sérios. Antes de mais nada, o levantamento seria caro. Coletar os dados necessários para extrair as subamostras de abrigos e de subáreas dentro das cidades seria uma tarefa tediosa, trabalhosa. As buscas pela população de rua iriam também consumir consideráveis recursos.

Em dólares atuais (1988), é provável que tal levantamento custasse perto de 10 milhões de dólares. Segundo, as populações sem-teto em cidades pequenas talvez não sejam tão concentradas quanto numa cidade grande como Chicago, exigindo ajustes técnicos na amostragem que não podem ser inteiramente antecipados.[8]

Fazer um censo corretamente, portanto — ao menos contar o número de pessoas no país e em suas partes constituintes —, demanda muito mais trabalho e dinheiro do que parece provável que o governo que o encomenda esteja disposto a pagar. Obter o conjunto completo de dados que sua ideia exige é realmente difícil.

Informes errados

Everett Hughes passou o ano acadêmico de 1952-53 na Alemanha e fez muitas coisas que não poderiam ser chamadas de pesquisa, pelo menos no sentido de um projeto sério, planejado, destinado a investigar algum problema mais ou menos bem formulado. Em vez disso, ele bisbilhotou e examinou isso e aquilo, e investigou itens que lhe chamaram a atenção. Isso que não foi bem uma pesquisa porém foi mais do que simples turismo resultou, entre outras coisas, em seu ensaio "Good people and dirty work", texto famoso (com justiça) que analisou uma conversa casual com duas pessoas num trem alemão para iniciar uma prolongada investigação do que ele veio a chamar de divisão moral do trabalho.[9]

A bisbilhotice produziu descobertas relevantes para o problema que acabamos de considerar: a completude das enumerações do censo e a definição das categorias em que as pessoas enumeradas são alocadas, o que poderia ser chamado de "O caso dos judeus desaparecidos". É uma história com implicações sérias para demógrafos profissionais, que as reconhecerão sem minha ajuda. Hughes a conta da seguinte maneira:

> "Classificação racial de pessoas que se casaram em 1938." No verão de 1953, meus olhos caíram por acaso sobre este título de uma tabela no Anuário Estatístico do Reich alemão para 1941-1942, o último publicado pelo regime nazista. A partir de trabalho anterior com estatísticas oficiais alemãs, eu estava praticamente certo de que o alemão pré-nazista tivera uma religião, mas não uma raça. O alemão estatístico era o oposto do americano estatístico, que tinha uma raça, mas não uma religião. O acaso de notar essa mudança de categorias no censo alemão levou-me a fazer uma pergunta. Que mudanças o estatístico do Reich alemão teve de fazer em seu anuário oficial quando os nazistas chegaram ao poder? Por trás dela encontram-se questões mais gerais para estatísticos profissionais: quão politicamente neutro é o trabalho deles? Em que medida as próprias categorias em que eles relatam seus dados estão sujeitas a exigências políticas?
>
> Não sei as respostas para essas questões gerais. Mas examinei todos os anuários estatísticos alemães desde o último da República de Weimar, pré-nazista, de 1932, passando pelo período nazista e incluindo o primeiro volume pós-guerra, para ver que mudanças de categorias e de informação ocorreram juntamente com as radicais mudanças políticas.[10]

Não acho que ele tenha ficado surpreso com o que descobriu: as informações de raça e religião sofreram em termos de precisão em consequência do esforço nazista para tornar a Agência Estatística do Reich *gleichgeschaltet* ("alinhada", o que significava congruente com as realidades políticas da época). Hughes viu isso, entre outras coisas, como um fracasso de conduta profissional (a profissão sendo "estatístico do governo").

Em sua análise, Hughes apoiou-se no conceito demográfico básico de *população*,[11] o número de pessoas numa dada categoria, que muda de um período de tempo para o seguinte em uma de apenas quatro maneiras: adições ao número ocorrem por nascimento ou imigração; e subtrações ocorrem por mortes e emigração, todos eles eventos que são, ao menos em teoria, oficialmente relatados e registrados. O número de membros de uma população no momento$_2$ é igual ao número no momento$_1$ menos os números de mortes e emigrações mais o número de nascimentos e imigrações durante os anos entre os dois momentos.

Hughes usou essa propriedade aritmética de uma população, mais as mudanças em categorias que os demógrafos alemães empregaram quando tabularam seus dados, para documentar que os números da população alemã não satisfaziam a exigência de contar e calcular todos os membros da população do país. Em poucas palavras, o censo alemão sempre havia produzido estatísticas sobre o número de adeptos das três principais religiões (protestante, católica e "israelita"), mas em 1935, quando Hitler já estava no poder havia dois anos, o censo produziu algumas novas tabelas sobre a "Distribuição ocupacional e social de *Glaubensjuden* (judeus por fé) e estrangeiros".[12] Os *Glaubensjuden* eram aparentemente as mesmas pessoas que os "israelitas", porque os números eram exatamente os mesmos para os dois grupos, e daí em diante os judeus foram tratados como certo tipo de grupo especial. E, diferentemente de membros dos outros grupos religiosos, os judeus eram primeiro contados em duas categorias, "súditos" e "cidadãos", e mais tarde somente como súditos (as leis de Nuremberg cassaram a cidadania deles). Através de uma série de mudanças anuais, o censo adotou novas categorias, contando os judeus como membros de uma raça, divididos em judeus, misturas judaicas de primeiro grau e misturas judaicas de segundo grau. O *Reichstatistician*, diz Hughes, era provavelmente estimulado "a montar tabelas e gráficos para mostrar rapidamente o progresso do programa do Novo Estado de prosperidade e expansão territorial".[13] Em contraste, ele nunca sumarizou ou mostrou de maneira gráfica e sintética o sucesso do programa para livrar o país e o povo do sangue estrangeiro (judeu). É preciso extrair o fato de muitas tabelas.

Hughes fez a necessária escavação e mostrou como, por vários anos, a população judaica começou a desaparecer dos números oficiais. Eles não morreram, estatisticamente falando, e não emigraram. Os prussianos, como ele descobriu, continuaram a manter registros muito bons, e assim Hughes constatou que "a população judaica da Prússia diminuiu 128 099 pessoas num período de seis anos, uns 35%, sem tocar no número de judeus que morreram todos os anos! Um registro bastante bom, no todo, se lembrarmos que a grande campanha ainda não tinha começado realmente". Com uma ironia selvagem não característica, Hughes comenta que "o estatístico devia ter poupado o leitor de todo esse trabalho. Ele devia ter alinhado suas estatísticas a respeito desse programa do Novo Estado, como para os outros. Começo a achar que ele não era nada *gleichgeschaltet*".[14]

Hughes pôs a nu uma distorção grosseira, politicamente imposta, das estatísticas demográficas alemãs, de um tipo que provavelmente não veremos no Censo dos Estados Unidos, mas que é um lembrete de que algo que parece estatística talvez, em consequência de manipulações políticas, não seja a verdadeira coisa. A insistência de Rossi em contar até o último sem-teto mostra a que ponto devemos ser cuidadosos com as sutilezas de contar até a última pessoa.

Quando os dados do censo são precisos?
E em relação a que eles são precisos?

Depois que reunimos as pessoas sobre as quais pensamos que queremos concentrar nossa pesquisa — nesse caso, a população que nossa estratégia de pesquisa concebeu —, podemos começar a investigar as coisas sobre as quais queremos saber fazendo esse trabalho. O que não é mais fácil do que encontrar as pessoas que podem nos dizer o que queremos saber. Como antes, os problemas são em parte técnicos (sobre o que perguntar e como perguntar) e em parte conceituais (para quais de nossas ideias as respostas podem fornecer evidências). Comecemos com um problema aparentemente simples: etnicidade.

Fazer um censo étnico dos Estados Unidos

Em 1980, o Censo norte-americano incluiu uma pergunta sobre etnicidade, há muito um tema de pesquisa sociológica, no formulário que enviou para as pessoas preencherem em casa sem a supervisão de um entrevistador. Eles tentaram fazer as instruções precisas e específicas o bastante para evitar confusão, a fim de impedir que as pessoas compreendessem a pergunta de maneiras tão variadas que os resultados seriam uma confusão, já que as respostas que eram os elementos dos dados individuais não versariam realmente sobre a mesma coisa. Eis a forma final da pergunta, conforme aplicada a cada pessoa que o entrevistado arrolou no formulário:

14. Qual é a ascendência dessa pessoa? *Se estiver inseguro sobre como informar a ascendência veja o guia de instruções.*

Por exemplo: Afro-amer., inglesa, francesa, alemã, hondurenha, húngara, irlandesa, italiana, jamaicana, coreana, libanesa, mexicana, nigeriana, polonesa, ucraniana, venezuelana etc.

A etnicidade americana teve um significado claro num passado não tão distante. Quando eu era um garoto, nos anos 1940, em Chicago, as pessoas chamavam o que hoje chamamos de etnicidade de "nacionalidade" ou (mais elegante, embora incomum) "origem nacional". Mais comumente, elas apenas perguntavam: "Ei, o que você é?", e você dizia "italiano", "irlandês", "judeu" ou o que quer que "fosse". A sociologia americana — desde seus primórdios nos anos 1890, quando a assimilação dos nascidos no estrangeiro e seus filhos à sociedade americana era um grande "problema social" — havia se concentrado na etnicidade no sentido "italiano-irlandês-judeu-etc.". Todos compreendiam a ideia, fossem quais fossem as palavras que a expressassem, pela razão de que as pessoas se organizavam espacialmente ao longo das linhas a que as palavras se referiam. As subcomunidades urbanas diferiam na proveniência nacional das pessoas que nelas moravam, que em geral pertenciam esmagadoramente a um de tais grupos. Você morava numa vizinhança judaica, numa vizinhança irlandesa, numa vizinhança norueguesa. Os habitantes da cidade podiam identificar as vizinhanças dessa maneira porque as pessoas que ali habitavam (ou seus ancestrais) vinham todos mais ou menos do mesmo lugar de fosse qual fosse a parte da Europa de onde migravam e, em graus variados, compartilhavam uma cultura: comiam a mesma comida, frequentavam o culto religioso no mesmo tipo de igreja ou sinagoga, e os pais podiam usar a língua étnica (mesmo que tivessem nascido, como meus pais, em Chicago) para dizer coisas que não queriam que seus filhos mais americanizados entendessem (pais irlandeses não tinham esse recurso, suponho). As lojas da vizinhança vendiam o que os habitantes da vizinhança queriam comprar, e assim as áreas comerciais tinham um claro "aspecto" étnico: açougues kosher, armazéns italianos, lojas vendendo xales de oração judaicos ou rosários católicos. E, é claro, mesmo guetos raciais mais segregados — Chinatown se agrupava em torno da Twenty Second Street e o enorme "cinturão negro" no South Side — ocupavam partes substanciais da cidade.

Quando eu era criança, Chicago era uma colcha de retalhos de tais áreas (ou do que restara delas, depois que habitantes mais jovens e mais assimilados se mudaram). Os italianos moravam na Taylor Street e em torno dela. A Maxwell Street e seus arredores abrigavam os judeus. Os suecos moravam em Andersonville, no North Side, os poloneses em torno dos Currais, os irlandeses em Bridgeport. E isso era só o começo, porque havia também áreas gregas, e húngaras, e alemãs e... Pessoas cujas ocupações dependiam de conhecer a distribuição dessas populações ou cujo trabalho as fazia percorrer a cidade regularmente — motoristas de táxi ou músicos como eu, que tocavam em tabernas locais e em casamentos étnicos — podiam conhecer a constituição étnica da cidade quase quarteirão por quarteirão.

Você podia confiar na etnicidade como um fato social concreto que todos compreendiam da mesma maneira. Quando um recenseador perguntava às pessoas "de que nacionalidade" elas eram, elas não tinham nenhuma dificuldade em dar uma resposta simples. O funcionário do censo contava as respostas registradas, punha os números nas células adequadas, na tabela adequada, e os leitores podiam ficar mais ou menos seguros quanto ao tipo de realidade social sobre a qual elas forneciam evidências adequadas.

Com o tempo, os processos sociais que os sociólogos chamavam de acomodação e assimilação passaram a fazer seu trabalho. As pessoas começaram a se casar em grupos étnicos diferentes dos seus próprios, e seus filhos agora explicavam ao recenseador, e a quem mais perguntasse, que eram "irlandeses e italianos", ou alguma combinação semelhante. Mary Waters estudou o problema que isso criou para o Censo e para os sociólogos que pretendiam usar os dados que a pergunta produzia.[15] Querendo saber que tipos de inferência ela (ou outros demógrafos) podia razoavelmente fazer a partir desses dados de "ascendência", para quais ideias eles serviriam como evidências, ela primeiro fez aos entrevistados a pergunta padronizada que o Censo tinha formulado em 1980: "Qual é a ascendência dessa pessoa? (Por exemplo: afro-americana, inglesa, francesa, alemã, hondurenha, húngara, irlandesa, italiana, jamaicana, coreana, libanesa, mexicana, nigeriana, venezuelana etc.)".

Em seguida ela perguntou de onde cada um dos quatro avós da pessoa tinha vindo. As pessoas então diziam alguma coisa como "A mãe de meu pai era irlandesa e o marido dela era italiano, e a mãe de minha mãe era holandesa, e não tenho certeza de onde esse avô veio, talvez aquele país não exista mais". Às vezes, provavelmente com frequência, quando essa era a verdade detalhada, o entrevistado simplificava e dizia apenas: "Sou italiano".

Quando Waters perguntava sobre simplificações como essa, as pessoas podiam explicar, por exemplo, que não gostavam da maneira como os outros falavam sobre "bêbados irlandeses" e, além disso, gostavam de ópera tal como o povo de seu avô, por isso... decidiram ser "italianos", e de qualquer maneira realmente não importava o que você dizia, não é? Ou, claro, elas podiam com igual probabilidade dizer que gostavam da capacidade "irlandesa" para a fantasia e não gostavam das conotações mafiosas que muitas pessoas associavam a "italiano". E em geral realmente *não* importava o que você dissesse e que alternativas escolhesse: ninguém ligava realmente para o que você dizia. (Simplifiquei a história mais complicada que Waters conta,[16] mas esta é a essência.)

Em outras palavras, respostas a perguntas sobre identificação étnica não mais significavam, de uma maneira rotineira que podia ser presumida em todos os casos (ou na maioria deles), o que significavam quando eu era jovem em Chicago: pertencimento a uma comunidade étnica, talvez familiaridade com outra língua, algum tipo de conhecimento culturalmente específico compartilhado, talvez até alguns inimigos comuns.

Em consequência, era provável que duas pessoas que respondiam à pergunta com palavras idênticas não estivessem mais descrevendo a mesma coisa. Pesquisadores que consultavam as respostas tabuladas nos relatórios do Censo podiam apenas conjecturar sobre a realidade social por trás desses números e decidir, arbitrariamente, o que as respostas "significavam". Eles não podiam tratar as respostas como a versão sociológica de uma leitura num termômetro, descrevendo a posição fixa numa escala conhecida, testada pelo tempo. Não era possível passar dessas tabelas para a existência de uma "vizinhança irlandesa", uma "cultura polonesa" ou um "grupo religioso judaico", nem sequer especular sobre as vizinhanças em que se comia espaguete e almôndegas ou sopa com bolinhas de matzá. Não dava para inferir coisa alguma com um grau conhecido de confiança a partir dos sumários estatísticos das respostas à pergunta sobre etnicidade.

Não estava (ainda não está) claro que inferências as tabelas de respostas a essa pergunta podiam sustentar. Como dizem Stanley Lieberson e Joel Waters, numa análise meticulosa e penetrante dos dados que a pergunta de 1980 produziu: "Algumas das questões 'técnicas' [...] são na realidade complicações e dificuldades que refletem a natureza substantiva das relações de raça e étnicas nos Estados Unidos atualmente".[17] Isto é, o que alguns descreveriam como questões técnicas de como codificar respostas tão ambíguas quanto "Sou irlandês e italiano... e, oh, sim, um de meus avós era judeu polonês" é na realidade uma escolha sobre que pergunta queremos que os dados nos ajudem a responder. E, eles acrescentam, "dificuldades nas respostas à pergunta étnica nos fornecem informação sobre atuais relações étnicas e raciais nos Estados Unidos".[18]

Lieberson e Waters trabalham pesado, e com considerável sucesso, para fazer esses dados profundamente ambíguos dizerem alguma coisa sociologicamente interessante. Mas, pesquisadores honestos que são, restringem suas generalizações provisórias com cautelas como "Não é possível testar um modelo complexo de casamento interétnico com dados censitários. As questões são provavelmente complicadas demais para que qualquer estudo examine toda a série de variáveis que delineamos acima".[19] Eles apontam aqui para uma estratégia que discutirei em breve: considerar como os pesquisadores podem usar tais dados falhos para obter bons resultados, mesmo que reconheçam de maneira franca as limitações.

O que fazer com relação a esse dilema? No fim, o Censo decidiu — como algum tempo antes tinha decidido a questão mais delicada e decerto mais significativa da "raça" — simplesmente aceitar qualquer coisa que o entrevistado dissesse como a resposta "correta", e deixar aos usuários dos dados tratar a interpretação como quisessem. E, para muitos objetivos, a resposta era boa o bastante. Boa o bastante para quê? O Censo não respondeu à pergunta. Você, o usuário, tinha de decidir por si mesmo. O que tornava responsabilidade do pesquisador dizer quanto peso essas estatísticas sumárias podiam carregar, que ideias suas evidências podiam sustentar.

Contar "raça"

A raça, que outrora parecia um óbvio fato físico, bem como social, agora abrangia um arco-íris de possibilidades, e não havia nenhuma resposta "verdadeira" a não ser por meio de um teste de DNA (e não estaria claro, de todo modo, evidência do que o teste seria). Não havia nenhum equivalente da escala de cor de Munsell que os pedólogos franceses usaram no Brasil para fazer as distinções de cor necessárias. E, embora testes de DNA tenham algum significado médico/genético, eles ainda não adquiriram nenhum significado social comumente aceito. Eles não fornecem mais que indícios vagos para os tipos de autoidentificação de que poderiam provir, com sabe-se lá que consequências para o pertencimento social, as escolhas comunitárias ou qualquer das coisas, ou todas, que eu, aos dez anos, associava com tanta segurança (e provavelmente com correção) a um "pertencimento" étnico.

Isso aparece como um problema técnico em qualquer pesquisa que use a variável "raça" para explicar variações em êxito educacional, status econômico, estados psicológicos ou registros policiais, medindo raça como uma variável binária, separando os entrevistados numa classificação em dois valores, ou negros ou brancos. Ellis Monk, resumindo um grande corpo de pesquisa e os resultados de suas próprias investigações sobre o papel do estresse em processos de doença tal como isso estava relacionado à "categoria etnorracial" numa grande amostra nacional, descobriu que dividir os entrevistados em "brancos" e "negros" não produzia grandes diferenças do tipo que todos esperam encontrar.[20] Sua análise dos dados de um grande levantamento nacional, cuidadosamente feito, encontrou diferenças muito maiores *dentro* do grupo etnorracial "negro" quando ele separou seus membros por tom de pele, medidos tanto pelas classificações dos entrevistados acerca de seu próprio tom de pele quanto pelas classificações feitas por entrevistadores negros que usaram uma lista padronizada de sete categorias que geralmente reproduziam classificações comuns na comunidade negra. Ele explica:

> O tom de pele é um prognosticador significativo de múltiplas formas de discriminação percebida, inclusive discriminação percebida da cor da pele por parte de brancos e negros, e, por sua vez, essas formas de discriminação percebidas são prognosticadores significativos de resultados de saúde essenciais, como depressão e saúde física e mental autoclassificada. Diferenças de saúde intrarraciais relacionadas ao tom de pele e discriminação frequentemente rivalizam com disparidades entre brancos e negros como um todo, ou mesmo as superam.[21]

Ele também ressalta que, na primeira metade do século XX, os cientistas sociais rotineiramente reconheciam a estratificação interna da comunidade negra com base em características físicas, entre as quais o tom de pele, de uma forma que os pesquisadores posteriores não fizeram.[22]

O que significa que não podemos usar dados que consistam na autoidentificação étnica ou racial de alguém — a alternativa que essa pessoa escolhe quando solicitada a especificar a que grupo, negro ou branco, ela pertence — como evidência de mais nada sobre ela. Esse dado agora reflete uma variedade de influências — inclusive aquelas que têm a ver com as pressões e influências que pesam sobre os coletadores de dados enquanto eles realizam seu trabalho — cujos múltiplos efeitos não podem ser distinguidos uns dos outros. E, assim, não sabemos o que as evidências oferecidas atestam. Classificações de tom de pele, por outro lado, parecem fornecer evidências razoáveis de distinções sociais ainda correntes nas populações branca e negra nos Estados Unidos (embora, óbvio, isso tampouco seja tão bem demonstrado quanto gostaríamos).

Os problemas de definir e medir raça conduziram os pesquisadores em duas direções. Para fornecer evidências relevantes para os problemas que o Censo tinha de resolver, os pesquisadores escolheram uma medida mínima que não criava nenhuma complicação política. Mas, quando o uso dessa medida simples não produziu evidências para relações que os pesquisadores acreditavam "estarem ali", eles começaram à procurar outra medida que fosse mais sensível às realidades sociais, e a encontraram numa distinção antes comum: tom de pele. Dificuldades técnicas levaram à percepção de que outras medidas podiam fornecer evidências relevantes para a compreensão de realidades sociais mais complexas.

Mais problemas terminológicos: "latinos" e "ameríndios"

Acaso esse problema envolve apenas afro-americanos ou imigrantes europeus para os Estados Unidos, com os quais não precisamos mais nos preocupar? Não. Ele tampouco está limitado aos problemas de relações negros-brancos nos Estados Unidos. Dificuldades semelhantes se manifestam em muitas áreas que o Censo investiga, o suficiente para nos alertar quanto a uma série de dificuldades inteiramente esperáveis associadas às atividades básicas do recenseamento, algumas associadas a fenômenos sociais para os quais outros pesquisadores nos alertaram. Quais tipos de medida podemos usar para produzir evidências sobre quais tipos de diferenciação social e formação de comunidade?

LATINOS

Subcontagens de população têm consequências políticas, por isso é necessária ação política para fazer o Censo corrigi-las. Diz Harvey Choldin sobre subcontagens da população de fala espanhola (omiti suas citações da bibliografia de apoio):

> Mesmo antes que líderes hispânicos se fizessem ouvir na Agência do Censo no fim dos anos 1960, a Agência estivera sob pressão de políticos e cientistas para minimizar subcontagens diferenciais no recenseamento. Uma subcontagem é aquela fração da "população total real" que um censo deixa de incluir, variando nos Estados Unidos entre 3,3% em 1950 e 2,5% em 1970, e provavelmente menos em 1980. Uma subcontagem diferencial existe se o censo deixa escapar mais de um segmento da população que de outro. Desde 1940 demógrafos e estatísticos estão a par de subcontagens diferenciais, subcontagens que foram em geral maiores em bairros urbanos de baixa renda, entre negros, principalmente homens jovens. [...]
> Programas federais de subvenção proliferaram nessas décadas, frequentemente distribuindo fundos por meio de fórmulas que incorporavam estatísticas demográficas. Prefeitos de grandes cidades alegavam que as subcontagens prejudicavam a renda de suas cidades na medida em que indivíduos não computados diminuíam a posição de uma comunidade em determinada fórmula de financiamento. Muitas cidades estavam em sérias dificuldades econômicas nesse período, dependendo pesadamente de subvenções federais. [O então senador Pat] Moynihan falou em nome desses prefeitos quando estimulou a Agência do Censo a tentar superar a subcontagem nos recenseamentos futuros. Cientistas

sociais e estatísticos também exortaram a agência a aperfeiçoar a contagem.[23]

Esse é o quadro geral do cenário de surgimento do "novo" e até então não utilizado termo "latino". O estudo de Felix Padilla sobre o desenvolvimento desse conceito para cobrir as populações mexicana, porto-riquenha e cubana de Chicago, étnica e culturalmente muito diferentes, dá o detalhe final dessa invenção linguística.[24] Para resumir uma história complexa, cada um desses três grupos de fala espanhola tinha seus próprios problemas e queixas, centrando-se em questões de discriminação no emprego. Eles não eram unidos, nem mesmo particularmente amigos, mas os empregadores e as organizações governamentais e privadas que queriam ajudar a aumentar seu acesso ao emprego não queriam lidar com três diferentes grupos de fala espanhola, tendo muitas vezes se ocupado somente de um deles e descoberto que os outros sentiam que ninguém tinha ouvido *suas* preocupações.

Antes dos anos 1970, porto-riquenhos, mexicano-americanos e cubanos se autodenominavam segundo seus diferentes nomes ou identidades nacionais, embora o Censo dos Estados Unidos se referisse a eles invariavelmente como "de fala hispânica". Depois, com a chegada dos anos 1960 e 1970, e a promulgação de políticas de Ação Afirmativa, de par com a luta de diferentes grupos raciais e étnicos por sua "parte do sonho americano", ocorreu a alguém a ideia de que a melhor maneira de responder às exigências específicas dos grupos "de fala hispânica" era chamá-los de grupo étnico "latino". Organizações tinham dado recursos a um dos três grupos sob o nome "latino" e ignorado os outros, uma vez que, na sua visão, as queixas latinas já haviam sido atendidas. Se os porto-riquenhos recebiam financiamento para um programa educacional, mexicanos e cubanos estavam sem sorte, pois o financiamento latino já fora distribuído. A liderança dessas três comunidades decidiu se contrapor a esse estratagema criando uma identidade maior, pan-étnica, chamada "latina", termo que refletiria as necessidades e os interesses compartilhados dos três grupos.[25]

Em consequência, o que antes parecera uma dispersão de grupos pequenos, diversos, tornou-se um grupo político maior, mais reconhecível, mais *perceptível* e *computável*, e por conseguinte mais *forte*. A existência de uma categoria demográfica resultou de uma ação política que forçou os governos, tanto o federal quanto os locais, bem como organizações privadas, a reconhecer *e contar* essa nova entidade política oficialmente.

INDÍGENAS

Outra versão para o mesmo problema surge quando o Censo enumera a população ameríndia. C. Matthew Snipp diz:

> Atribuía-se a indivíduos que davam respostas multirraciais a raça de sua mãe, quando era possível determinar a raça da mãe. Isso só acontecia quando as mães de prole multirracial residiam na mesma casa que seus filhos, e tinha mais probabilidade de ser verdadeiro no caso de indivíduos mais jovens. Em outros casos, quando a raça da mãe não podia ser determinada, era atribuída aos indivíduos multirraciais a primeira raça que eles relatavam

em seu questionário. Por exemplo, pessoas que relatavam sua raça como "branca indígena" eram contadas como brancas.

Esses procedimentos têm consequências significativas para o modo como a população indígena é computada, especialmente os filhos mais jovens de casamentos racialmente mistos. Em particular, o procedimento em que a raça da mãe é atribuída à prole multirracial faz com que padrões de escolha de cônjuges sexuais específicos tenham efeito sobre o tamanho da população de crianças indígenas. Por exemplo, suponha que mais homens indígenas do que mulheres se casem com não indígenas. Isso resultaria num número menor de crianças indígenas do que haveria se mais mulheres indígenas, e não homens, se casassem com não indígenas. Crianças que relatam mais de uma raça e têm pais indígenas não são contadas como indígenas; isso diminui o número de crianças indígenas. Da mesma maneira, crianças que relatam mais de uma raça e têm mães indígenas são contadas como indígenas, aumentando a população de crianças indígenas.

Procedimentos do Censo, portanto, aumentam ou diminuem o número de crianças indígenas dependendo da extensão de relatos multirraciais para filhos de casamentos indígenas-não indígenas e das preferências de homens e mulheres indígenas por não indígenas na escolha do cônjuge. O grau em que os métodos do Censo afetam as estimativas de população não pode ser investigado. Há dados disponíveis para estudar padrões sexuais específicos de casamento interracial, mas não se fornecem dados para padrões de relato multirracial. De um ponto de vista político, os líderes indígenas e as autoridades federais deveriam estar preocupados com esse problema porque ele representa uma subcontagem potencial de pessoas que, como indígenas, seriam elegíveis para serviços federais e tribais, mas são identificadas como brancas nos dados do Censo.[26]

Para situar essa conclusão na estrutura mais geral deste capítulo, os dados coletados usando essas definições não podem ser apresentados como evidências sobre quantas pessoas podem razoavelmente ser contadas como indígenas, porque as definições oficiais só computam um grupo de pessoas entre os vários que poderiam de fato, de maneira igualmente razoável, ser considerados pertencentes à categoria indígena, e que dizem isso a respeito de si próprias de diferentes maneiras e em diferentes circunstâncias.

As perguntas do Censo de 1980 sobre raça e ascendência permitiram às pessoas identificar-se como ameríndias em dois diferentes lugares. Combinando essas respostas para criar várias categorias, Snipp mostra que muito mais pessoas (82%) relatam (quando respondem à pergunta sobre ascendência) ter ancestrais indígenas do que aquelas que se identificam como indígenas ou indígenas/outra raça (18%) quando respondem à pergunta sobre raça. O menor grupo é substancialmente mais pobre e tem menos instrução. Como disse Snipp:

> Americanos de ascendência indígena são, como o nome sugere, semelhantes à maioria dos outros americanos de classe média. Eles são em sua maioria brancos, não falam nenhuma língua exceto o inglês e são relativamente prósperos em termos materiais. Os membros desse grupo provavelmente não pensam em si mesmos como parte de uma população minoritária desfavorecida, porque na maior parte dos aspectos não são. Esses indivíduos diferem de outros segmentos da classe média branca sobretudo por se lembrarem de um ancestral indígena em sua história familiar.[27]

E ele estabelece essa "regra cardeal para os usuários de dados demográficos":

Muito simplesmente, usuário, tenha cuidado: dados demográficos não são sempre o que supostamente são. Usuários de dados para assuntos extremamente voláteis como raça e etnicidade deveriam ser duplamente cuidadosos. Raça e etnicidade não são ideias imutáveis, com significados bem definidos e comumente compartilhados. Menos de cem anos atrás, os britânicos encaravam os celtas e os anglo-saxões como raças distintas. Hoje, enquetes de opinião pública mostram que atitudes em relação a raça e etnicidade estão em constante estado de incerteza. Porque a maior parte da informação sobre raça e etnicidade é proveniente de autorrelatos, a mudança da opinião pública sobre esses conceitos deveria ser objeto de alguma preocupação para os usuários de tais dados. Como as percepções públicas de raça e etnicidade mudam e evoluem, deveria surpreender aos demógrafos que o significado de seus dados esteja também mudando?[28]

Em razão do status constitucional específico dos indígenas, essa classificação tem importantes consequências. Para a maioria das pessoas que fazem a afirmação, ser indígena não passa de um apego sentimental a uma versão romantizada da categoria. Para outras, ela indica um pertencimento significativo a uma categoria social e econômica diversa. Mas não podemos distinguir qual versão está em jogo em um caso ou casos particulares sem ir além de consultar alguns números numa tabela. Cada versão é sociologicamente significativa, mas de uma maneira diferente.

O inesperado aumento dos indígenas deu a Joane Nagel a oportunidade de reformular um problema técnico, imposto por um inesperado aumento no número de pessoas que disseram ao Censo ter algum ancestral ameríndio, como a evidência de um fenômeno previamente não nomeado que ela chamou de "renovação étnica", mais ou menos como Waters tinha transformado a confusão dos dados de origem nacional do Censo num avanço conceitual.²⁹

MALÁSIA

Todos esses casos exemplificam a observação de Desrosières de que os censos refletem o interesse do Estado em monitorar a população pela qual é responsável. Os interesses políticos e administrativos de diferentes Estados e seus administradores mudam à medida que a situação geopolítica muda, e as categorias usadas em seus censos mudam no mesmo passo. Charles Hirschman descreve a evolução de categorias raciais em sucessivos censos decenais na Malásia como resultado de tais mudanças políticas.

> Rastrear a evolução de uma classificação étnica é um exercício na sociologia do conhecimento; ele nos informa sobre as mudanças na etnicidade tal como vistas pelos olhos "oficiais". Neste artigo, analisarei o desenvolvimento de classificações étnicas nos censos da Malaia colonial desde sua "invenção" em 1871 até o fim da era colonial, em 1957, e depois ao longo da era pós-Independência (1957--80). Mudanças na medição da etnicidade refletiram mudanças na ideologia e na economia política ao longo do século passado.³⁰

Durante um período de cem anos, o rótulo para os grupos "diferentes" na área mudou de "nacionalidades" para "raça" e para "comunidade", foi e voltou entre estes últimos, e depois mudou para uma lista de palavras que eram empregadas de maneira intercambiável: "grupo étnico", "comunidade" e "grupo dialetal". Antigas classificações de residentes europeus, relativamente simples, de início eram listadas em separado, mas em anos posteriores foram interpoladas em posição alfabética entre todos os demais grupos étnicos e linguísticos listados.[31] Mudanças em categorias seguiram mudanças em situações, definições e compreensões políticas. Quando a Malásia se tornou um país independente, "europeus e eurasiáticos eram classificados como subcategorias sob 'outros' — uma prática continuada em 1970 e 1980".[32] Uma categoria "aborígenes" também apareceu ocasionalmente, e subgrupos linguísticos chineses e indianos foram listados de várias maneiras ao longo dos anos.

Um administrador citado por Hirschman, responsável por administrar o censo, confessou:

> É de fato impossível definir o sentido em que o termo "raça" é usado para objetivos do censo; ele é na realidade uma mistura judiciosa, para fins práticos, das ideias de origem geográfica e etnográfica, lealdade política e afinidades, simpatias raciais e sociais. A dificuldade de obter qualquer coisa semelhante a uma classificação científica ou logicamente congruente é acentuada pelo fato de que a maioria dos povos orientais não tem nenhuma concepção clara de raça, e em geral considera a religião o elemento mais importante, se não determinante. O malaio, por exemplo, toma habitualmente a adesão ao islã mais ou menos à mesma luz que um europeu considera uma distinção racial, e falará de um indiano maometano e de um hindu (mesmo que os dois tenham origem precisamente similar) como se a distinção entre eles fosse

semelhante em natureza e magnitude àquela existente entre um francês e um alemão.³³

Os administradores finalmente se decidiram por usar a identidade subjetiva, como as pessoas que estavam sendo enumeradas chamavam a si mesmas. Essa é a solução que os censos que encaram esse problema tipicamente adotaram como a única viável, sejam quais forem as dificuldades que isso cria para quem quiser usar esses dados como evidências para qualquer coisa. Hirschman conclui:

> Embora observadores possam acreditar que dados censitários sobre etnicidade na Malásia são oficiais — no sentido de que se conformam à política governamental ou a critérios constitucionais —, a realidade é mais confusa. Dados censitários mostram a identidade étnica tal como as pessoas percebem a si mesmas. Apesar do problema de confiabilidade, não há realmente nenhuma alternativa. [...] Os administradores do censo provavelmente pediram conselho a seus superiores e colegas no serviço governamental, mas quando não houve uma orientação clara disponível, eles seguiram seus próprios instintos — isto é, as atitudes de sua própria classe social e econômica.³⁴

Hirschman conclui que a ideia de raça, a princípio a racionalização de uma teoria que converteu o domínio europeu num dado biológico, passou a ser vista como antiquada e imprecisa.³⁵ E, por fim, a introdução da categoria de "malaio" como uma categoria censitária "coincidiu com o imperativo de formar uma comunidade malaia autoconsciente para participar efetivamente do sistema político pós-colonial".³⁶

Todos esses casos nos dizem para sermos muito cuidadosos em relação ao peso que atribuímos aos dados sobre as categorias em que o Censo inclui as pessoas, não os tratando como se seu sentido sociológico tivesse uma clareza conceitual imutável que nos permitisse contar habitantes da mesma célula numa tabela como tendo muitas outras características idênticas. É provável que não tenham.

Alguns outros problemas que temos há muito tempo, e alguns que teremos em breve

Religião

O Censo dos Estados Unidos coleta informação sobre muitas coisas, mas religião não é uma delas. Desde o começo do século XX leis federais proibiram o Censo de *exigir* que as pessoas respondam a perguntas sobre sua religião, por isso o recenseamento não as inclui. Na verdade, "coleta-se informação sobre práticas religiosas, em caráter voluntário". Assim, não existe uma estatística oficial para afiliação ou prática religiosa que tenha as mesmas garantias que itens do censo sobre educação ou idade.

Mas, assim como o governo quer saber outros fatos sobre os habitantes do país, autoridades e membros de grupos religiosos organizados querem saber quantas pessoas pertencem a uma religião específica ou a praticam de modo regular (em qualquer dos sentidos que estas palavras possam ter). Líderes religiosos querem saber se seu grupo está ganhando ou perdendo membros e o que significa "praticar" a religião em termos de coisas mensuráveis como comparecimento a serviços religiosos, prática diária de rituais religiosos, padrões de casamento, criação e formação religiosa dos filhos.

Os cientistas sociais gostariam de tratar a religião como uma variável mensurável que possam incorporar à explicação da vida social. Eles gostariam, por exemplo, de conhecer o impacto do "fator religioso"[37] sobre atitudes políticas, fertilidade, comportamento econômico, ou sobre praticamente qualquer outra coisa que a ciência social estude.

Como nenhum órgão governamental coleta essa informação, cabe aos representantes de grupos religiosos ou a organizações de pesquisa interessadas fazer o trabalho. Ambos os gêneros de organização descobrem que isso envolve alguns problemas insolúveis de um tipo que já vimos com a contagem de pessoas segundo "onde elas moram" ou como membros de um grupo racial ou étnico. Quando dizemos que alguém é judeu, católico ou pertence a um dos muitos grupos protestantes existentes, ou é muçulmano (para não mencionar hindu, budista, sique e os outros grupos menos expressivos nos Estados Unidos), que tipo de afirmação factual fazemos? O que alguém pode razoavelmente inferir de tal identificação? Que tipo de evidência essa informação fornece?

O catolicismo romano, entre todos esses grupos, tem a resposta mais segura e mais pronta para a questão da afiliação. A doutrina oficial define como católico alguém que foi batizado na Igreja (o que em geral acontece quando você é bebê, exceto para convertidos), fim, não há o que discutir. A palavra final de um órgão oficial decide a questão. Pessoas batizadas podem agora se intitular ateias, mas isso não convence as autoridades que controlam a definição. Evidentemente, a menos que a Igreja tenha algum tipo de representação oficial numa entidade geográfica particular, as opiniões de seu pessoal não mudam o status de ninguém aos olhos de não membros da Igreja. Essa é uma escolha pessoal, não um status legal.

E isso é só o começo. Porque a maioria das pessoas, inclusive as autoridades da Igreja, quer saber em *que tipo* de catolicismo as pessoas que foram batizadas se envolvem *agora*. São elas católicas "praticantes" ou "fiéis"? Os sociólogos gostariam de saber se, caso elas sejam qualquer dessas coisas, o catolicismo afeta seu comportamento ou cultura. Elas vão à igreja na Páscoa e no Natal e no mais ignoram a religião? Assistem à missa semanalmente e se confessam com regularidade? Casaram-se com alguém católico, e, quer a resposta a isso seja sim ou não, criam seus filhos como católicos? Um determinado pesquisador — como Joseph Fichter e sua equipe de pesquisa fizeram na paróquia de Nova Orleans que ele estudou em grande detalhe tantos anos atrás —[38] pode sentar-se nos bancos da igreja diariamente e contar e identificar cada pessoa que não somente aparece para a missa sempre que ela é celebrada, mas também se confessa. Os pesquisadores de Fichter chegaram a registrar com qual dos quatro padres disponíveis os paroquianos se confessavam. E fizeram isso durante um ano inteiro, produzindo um corpo de dados sem paralelo. (Infelizmente, o padre da igreja ofendeu-se com algumas das descobertas, e os dados de Fichter nunca receberam a plena exposição que teria respondido a essas questões.)

Nada disso toca nas questões para as quais os cientistas sociais querem respostas. Esses católicos resistiram à ética protestante descrita por Max Weber, tão frequentemente invocada como determinando uma atitude especial em relação à vida econômica? A forma como votam nas eleições locais e nacionais (conforme Gerhard Lenski procurou demonstrar) é decorrente da ou concomitante à identificação registrada pelos pesquisadores, em observações, ou entrevistas, ou como dado coletado com a ajuda de um formulário impresso preenchido pela pessoa que está sendo identificada?

Podemos não saber exatamente o que qualquer desses "dados" significa para as questões levantadas pelos sociólogos, mas sabemos muito mais sobre o comportamento religioso dos católicos do que sobre o comportamento das pessoas que respondem à pergunta sobre sua afiliação religiosa dizendo (ou ticando um quadrado que diz) "protestante". O protestantismo cobre uma variedade tão ampla de organizações, crenças e práticas que não temos realmente ideia de que área de comportamento ou crença uma simples pergunta sobre afiliação iria tocar. E não ajuda muito mais ter o nome de uma denominação específica. Já se sabe muito bem que alguns protestantes, ao se mudar para um novo bairro ou cidade, apenas ingressam na igreja de localização mais conveniente que pareça se aproximar do que eles têm em mente, como uma maneira de conhecer novas pessoas, encontrar um lugar para onde mandar os filhos no domingo de manhã, ou de fato satisfazer suas próprias necessidades religiosas, como quer que as definam.

O judaísmo suscita questões ainda mais difíceis. Os judeus sem absolutamente qualquer crença religiosa podem ainda ser muito apegados à identidade judaica e considerar "ser judeu" como uma parte essencial do quem eles são. Meu pai, confesso e vociferante exemplo de um tipo reconhecível, o judeu ateu, se associava quase inteiramente com outros judeus. Quando eu era criança, minha família morava numa parte de Chicago que exibia uma mistura comum, metade judaica e metade católica irlandesa unidas na esperança de que os temidos italianos não começassem a se mudar para a vizinhança e as "obrigassem" a se mudar. Estar no ramo da publicidade não exigia que meu pai tivesse muito contato com não judeus, porque a publicidade nos anos 1930 e 1940 ainda era muito segregada — firmas judaicas como a dele encontravam seus clientes entre os ramos de negócio judaicos. Ele só lidava com não judeus quando contratava um artista ou técnico ocasional que preparasse materiais de publicidade para serem impressos ou apresentados no rádio.

Mas ele era um caso à parte. Na época os judeus podiam ser (e alguns ainda são) convenientemente catalogados sob os cabeçalhos convencionais de ortodoxos, conservadores e reformistas. Hoje, penso eu, muitas pessoas se identificam como "judeus culturais" ou, talvez, "judeus seculares", querendo dizer que gostam da culinária e do humor judaicos, mas não compartilham nenhuma das crenças religiosas tradicionais e não realizam nenhuma das atividades rituais tradicionais. Eles não comparecem a serviços numa sinagoga, não observam as leis relativas à alimentação nem qualquer dos rituais associados às festas tradicionais, e não se casam necessariamente com outros judeus, embora possam fazê-lo. Ninguém sabe ao certo o que pensam sobre Israel.

(Há, para acrescentar mais um tipo, a espécie de judeu que identifico como o judeu Lennie Bruce.)[39]

Finalmente, temos as pessoas que poderiam responder a uma pergunta do Censo sobre religião, se indagadas, dizendo que pertencem ao Pacto da Deusa, organização baseada numa versão modernizada e não maléfica de bruxaria.[40]

Quem tiver objeções a que se leve essas religiões obscuras a sério deveria se lembrar de que pelo menos algumas leis estaduais especificam (como o fez o estado da Califórnia)[41] que cerimônias validando um casamento podem ser realizadas por qualquer pessoa que tenha sido ordenada segundo a prática comum de uma denominação religiosa, seja ela qual for, e o estado não se incumbe de decidir se a religião que faz a ordenação é uma "religião verdadeira" ou não.

A existência de todas essas variações problemáticas significa que, como no caso da etnicidade, não existe nenhum significado estável para os termos-chave. Nenhuma definição de quem e do que pertence à categoria pode ser aceita como "óbvia". Os termos "católico", "protestante" e "judeu" (sem falar dos outros) podem continuar existindo por muito tempo, mas os cientistas sociais nunca serão capazes de estabelecer um significado estável para eles, porque isso depende inteiramente do significado dado a eles por pessoas específicas em contextos sociais específicos. Os cientistas sociais nunca poderão usá-los como termos cujo significado é estável e fixo em sua pesquisa e suas teorias (como os químicos e físicos usam os nomes dos elementos físicos descritos na tabela periódica). Um cientista social que queira usar a religião como variável tem a minha simpatia, mas não podemos pôr isso numa regressão linear.

Esse significado incerto não impediu alguns pesquisadores de utilizar exatamente essa "variável religiosa" em seus questionários e análises sem resolver nenhum dos problemas que acabo de mencionar, sem demonstrar nenhum significado padronizado, comunicável, para o referente do termo, seja em comportamento observável ou em crenças privadas, e interpretando qualquer relação com outras variáveis como significativas sem apresentar justificação.

Status conjugal

Por um tempo muito longo, todas as possibilidades de um sistema de conexões entre um homem e uma mulher que moram na mesma casa ou apartamento giravam em torno da prática quase universalmente aceita do casamento. O pesquisador podia perguntar sobre o status conjugal das pessoas, insistir e obter (sem quaisquer discussões ou queixas) uma de quatro respostas: solteiro, casado, viúvo ou divorciado. Essa tipologia esgotava as possibilidades. Você ou tinha sido casado com uma pessoa do sexo oposto ou nunca tinha sido casado, e, se tivesse sido e não fosse mais, tinha ou se divorciado de seu cônjuge ou este tinha morrido. Mas essas categorias não esgotavam, por necessidade lógica, todos os tipos de arranjo doméstico existentes de fato. Em vez disso, elas refletiam um sistema legal vigente construído em torno da instituição do casamento heterossexual legalmente reconhecido. Na verdade, porém, as pessoas viviam numa variedade de outras relações familiares mais ou menos permanentes. Muitos casais viviam como se fossem casados: se eles mantivessem essa relação por um período legalmente especificado (em geral sete anos), um tribunal talvez julgasse que tinham criado um "casamento consensual", em nada diferente de outros casamentos. Os censos recentes reconheceram essa possibilidade e acrescentaram como resposta admissível à pergunta sobre status conjugal a opção "morando junto sem estar casado". Agora você podia estar casado com uma pessoa do sexo oposto, viver com essa pessoa ou viver só. (Essa classificação não fornecia, claro, uma categoria análoga ao divórcio para pessoas que antes viviam juntas mas não o fazem mais.)

Mais recentemente ainda, a possibilidade de pessoas do mesmo sexo criarem uma união legalmente reconhecida tornou-se realidade política e organizacional. Muitos estados americanos legalizaram os casamentos entre pessoas do mesmo sexo e estenderam leis e regulações sobre o casamento de tal modo que especifiquem os mesmos direitos e obrigações das partes que os estabelecidos para uniões entre pessoas de sexos diferentes. Como pais de mesmo sexo não podem gerar seus próprios filhos, novos reconhecimentos legais de relações de paternidade e maternidade estão necessariamente sendo criados. O Censo terá que planejar a inclusão de questões que permitam às pessoas relatar os fatos de sua situação social e familiar. O que exigirá que muitas análises de estrutura familiar, fertilidade e assuntos relacionados sejam repensadas, de modo que o Censo e os estados criem novos relatórios estatísticos adequados a seus propósitos. Apenas como um exemplo, projetar o crescimento da população e comparar de um Censo para o seguinte proporções da população envolvida em parcerias domésticas de vários tipos pode facilmente se tornar um problema demográfico tão complicado quanto a identidade étnica se tornou para o censo malásio.

Recenseamento como modelo

Recenseamentos em geral têm em vista cobrir populações inteiras, habitualmente de um país ou de alguma outra entidade geográfica/política. Mas se pensarmos na ideia de censo mais abstratamente, e estendermos a ideia de "contagem completa" para incluir algo menos que entidades geográficas inteiras, temos uma ferramenta interessante para usar quando estudamos muitos outros problemas.

Um oposto da "contagem total" é a "amostra", um número menor de casos que você faz representar o que teria encontrado se tivesse coletado informação sobre todas as coisas que correspondem à definição de seu tema de interesse. E estudos de entidades menores que populações inteiras são convencionalmente tratados dessa maneira, como amostras, a partir das quais você extrapolará os valores na população toda, baseando-se em métodos de amostragem que lhe permitem usar a lógica da probabilidade para chegar a estimativas do que seriam as descobertas equivalentes na população total de interesse.

Mas suponha que tratemos populações menores como o universo total em que estamos interessados. Não presumimos que os números e distribuições que encontramos nessa população menor serão necessariamente reproduzidos em qualquer outro lugar. Pelo contrário, sabemos que as descobertas desse censo menor podem nos mostrar alguma coisa sobre os processos e a dinâmica de um fenômeno que não aparece em nenhum outro lugar daquela forma exata, mas esperamos que as descobertas nos exibam coisas que poderíamos encontrar, talvez distribuídas de outra maneira ou assumindo uma forma diferente, em outras situações.[42]

Bruxos

Henry Selby foi a uma aldeia em Oaxaca, no sul do México, para estudar o clássico problema antropológico da bruxaria.[43] Ele não acreditava que bruxos ou bruxaria realmente existissem. Mas sabia que os habitantes dessa aldeia acreditavam que bruxos eram reais. De fato, tinham de acreditar neles, porque os bruxos e os encantamentos por eles lançados forneciam a única explicação culturalmente aceitável para eventos de outra maneira inexplicáveis, como doenças, casos de amor fracassados, reveses financeiros etc. Geralmente essas coisas ruins não acontecem com você. No mundo desses camponeses oaxacanos, elas só aconteciam quando alguém as fazia acontecer contratando os serviços de um bruxo, que invocava o necessário encantamento produtor do mal.

Selby começou procurando os bruxos que estavam causando todo aquele transtorno. Queria conversar com eles sobre o que faziam e como o faziam. Quando perguntou a seus vizinhos, na extremidade da aldeia onde ele e sua família foram residir durante o ano do trabalho de campo, se conheciam algum bruxo com quem pudesse conversar, eles responderam que lamentavam, mas nenhum bruxo vivia por ali. Se ele fosse à outra extremidade da aldeia encontraria muitos bruxos para lhe explicar tudo. Havia muitos por lá. Sua visita à outra extremidade da aldeia o decepcionou: as pessoas ali acharam estranho que ele lhes pedisse para mencionar bruxos, porque sua vizinhança não tinha nenhum. Mas a vizinhança dele, disseram, tinha muitos. Sua conclusão preliminar foi que os bruxos eram pessoas que viviam na outra extremidade da aldeia. Isso lhe serviu como hipótese orientadora, uma ideia a investigar.

Para afinar sua compreensão, ele decidiu fazer um censo sistemático de bruxos: encontrar todos eles. Sem esperar que alguém admitisse ser bruxo, Selby decidiu pedir a seus entrevistados para nomear todos os bruxos que conheciam, de modo que seu censo não enumerava bruxos autoproclamados, mas contava e listava os aldeões que outros nomeavam como bruxos. Isso foi quase tão difícil quanto encontrar os próprios bruxos. O assunto deixava os entrevistados embaraçados. Eles temiam que nomear alguém lhes trouxesse problemas, e tantas pessoas deram desculpas para evitar a entrevista que, no fim, ele só conseguiu recrutar seis informantes para nomear todos os bruxos que conheciam. Não era uma amostra lá muito boa para o que ele pretendera que fosse mais semelhante a um censo completo. Assim, ele fracassou na principal obrigação de um censo "real".

O procedimento, entretanto, produziu resultados que tiveram muito peso como evidências para ele e seus leitores. Todos os seis entrevistados nomearam facilmente outros que eles "sabiam" ser bruxos. E todos os bruxos que nomeavam compartilhavam duas características: não moravam na vizinhança imediata da pessoa que fazia a nomeação e não eram parentes próximos dos entrevistados. Os bruxos, em outras palavras, não eram pessoas que viviam nas proximidades, sobre as quais a intimidade amigável revelaria detalhes suficientes para dar certeza, a partir de observações diárias, de que eles não faziam nenhuma das coisas que os bruxos verdadeiros fazem, e portanto não poderiam ser bruxos. De maneira semelhante, as rotinas da vida diária numa pequena aldeia davam às pessoas conhecimento suficiente sobre seus parentes imediatos para convencê-las de que eles tampouco podiam ser bruxos. As relações de vizinho e parente tornavam efetivamente impossível que essas pessoas fossem bruxos.

É essa a mesma resposta que Selby teria obtido de uma enumeração mais inclusiva com todos os habitantes da aldeia? Ele não podia garantir que sim, nem nós podemos estar seguros, por mais plausível que parecesse. Mas a evidência era muito melhor do que absolutamente nada, porque sua conclusão se encaixava bem com tudo o mais que ele tinha aprendido sobre vida de aldeia em vários anos de trabalho de campo, e Selby a considerou forte o suficiente para sustentar sua conclusão. Acho que a maioria dos leitores não doutrinários concordaria. Você pode dizer que o ônus da prova se deslocou para qualquer pessoa que quisesse questionar sua ideia.

Por escassa que parecesse essa evidência (somente seis informantes!), o procedimento espelha exatamente as soluções para problemas comuns de se realizar um censo nacional. Como o trabalho deve ser feito, e como é inevitável que uma série de problemas interfira muito seriamente na execução de qualquer projeto de pesquisa censitária, a solução final sempre é: faça o melhor que você puder, continue procurando maneiras de superar os problemas existentes e contente-se com os dados que obtém. Páginas posteriores do capítulo dão mais argumentos para essa conclusão.

Músicos

Quantos músicos há numa dada área geográfica? A etnomusicóloga Ruth Finnegan, em seu livro *The Hidden Musicians*, fez essa pergunta em relação a Milton Keynes, uma "nova cidade" na Grã-Bretanha que tinha sido criada amalgamando várias comunidades menores contíguas. Ela queria encontrar todos os músicos dali procurando todos os grupos, não importava o tamanho, que faziam música, de qualquer tipo, dentro dos limites da nova cidade. Em outras palavras, ela buscava uma enumeração completa dos músicos na área que tinha definido.

Ruth Finnegan teve menos dificuldade para encontrar os músicos do que Selby para encontrar os bruxos. Música não é um assunto que demande cuidado ao ser mencionado ou ao se indagar a respeito. Por outro lado, não é um tema que necessariamente chame atenção para si mesmo anunciando ou promovendo seus feitos. Seguindo cada pista, cada anúncio no jornal local, perguntando em todos os lugares que poderiam provavelmente abrigar qualquer música (igrejas, bares), Ruth Finnegan descobriu dezenas de grupos de execução de música: tudo, de coros de igreja a sociedades musicais étnicas, a grupos de garotos que ensaiavam em garagens na busca de se tornar a próxima grande banda de rock britânica. (Pensei em incluir um número aqui, mas Finnegan não é completamente clara em relação aos números, pela boa razão de que as fronteiras da categoria são ambíguas. Mas ela claramente encontrou um número grande, que não precisava ser exato para sustentar seus principais pontos.)

Ruth Finnegan deixa claro que estudos mais convencionais das artes nas sociedades modernas sofrem de um severo viés convencional, equiparando "música" a organizações estabelecidas que têm um conselho de diretores, um orçamento, um programa anual, um esforço anual de levantamento de recursos — toda a parafernália de uma moderna "instituição de arte" equipada para submeter propostas de financiamento governamental, solicitar contribuições de membros do conselho e do público, ter suas execuções avaliadas pelo crítico de música do jornal local e pagar pela criação de software para processar vendas de ingressos e correspondência para assinantes. Em suma, uma organização que tem a intenção de atrair o grande público, um grupo cuja manutenção custa certa quantia e, portanto, tem de levantar esse dinheiro como parte de sua operação rotineira.

Os resultados de Ruth Finnegan — produzidos usando uma definição explícita, inclusiva e mais rigorosa do que constitui um grupo de "execução de música" — nos dá uma compreensão melhor da plena gama de música feita numa comunidade do que levantamentos convencionais de instituições de artes "conhecidas". E seus resultados conseguem isso recorrendo a uma definição mais semelhante à do censo acerca do trabalho a ser feito — enumerando *toda* música na comunidade, em vez de apenas as variedades "reconhecidas". (De fato, essa é a compreensão da etnomusicologia sobre o objeto de sua ciência, que ganha corpo na insistência de que seus pesquisadores estudam "músicos", e não "música"). O procedimento semelhante a um censo que Ruth Finnegan usou exemplifica exatamente essa insistência.

Essas duas operações semelhantes a um censo nos mostram um modelo que poderíamos empregar em vez de uma inapropriada noção de amostra: uma versão incompleta de uma enumeração completa. Algo em que vale a pena pensar.

Aprender com os erros

Os vários tipos de casos que considerei (e há outros; o mundo é muito mais complicado do que geralmente imaginamos) contêm importantes lições sobre como coletar dados sociológicos, como trabalhar com os resultados que obtemos e como usar os problemas que surgem ao fazermos isso para aprender mais, tanto como meio de resolver os problemas com que deparamos quanto, mais provavelmente, redefinindo o problema de modo a levar em conta a nova informação que agora temos.

O fenômeno que pretendemos medir com nossas perguntas pode não ser uma entidade estável, fixa, como as substâncias que os químicos põem em seus tubos de ensaio. Quando eles adicionam enxofre ou mercúrio a um tubo de ensaio, sabem o que é, sua descrição química é o que sempre foi e o que sempre será, e o fornecedor que a vende garante que aquele lote é exatamente como todos os outros (claro, ocasionalmente fornecedores não dizem a verdade, mas esse é outro tipo de problema). Quando psicólogos de laboratório compram ratos de uma casa fornecedora de animais para experimento, eles podem pedir, e obtêm, ratos criados para ter uma característica muito específica: um rato, por exemplo, que reaja ao álcool de certa maneira para alguém que está estudando as causas do alcoolismo. Ninguém pode fornecer populações de pessoas especialmente criadas e situações especialmente construídas para pesquisadores que estudam etnicidade ou raça. As respostas para a mesma pergunta em dois censos decenais sucessivos frequentemente falham em medir a mesma coisa, ainda que a pergunta consista exatamente nas mesmas palavras.

Isso torna difícil realizar um exercício demográfico favorito: comparar o mesmo fenômeno no mesmo lugar em intervalos de tempo sucessivos (nos Estados Unidos, geralmente dez anos). Se conhecermos a distribuição de renda entre pessoas com diferentes graus de instrução em 1930, 1940 e 1950, podemos, por exemplo, fazer algumas inferências sobre mudanças em padrões de mobilidade social durante um período de anos, vendo como os filhos de pessoas em várias categorias de "classe" estão distribuídos quando chegam à idade adulta. Não temos de nos perguntar o que as pessoas tinham em mente quando disseram que se formaram no ensino médio ou ganharam 40 mil dólares por ano (embora tenhamos de "corrigir" quantias em dólar pela inflação). Que correção deveríamos fazer para a variação de significados e consequências de diferentes níveis de instrução?

Mas a precisão de nosso estudo sobre a distribuição de renda ao longo de linhas raciais é muito prejudicada se as pessoas começam a se definir racialmente da maneira idiossincrática como hoje se descrevem etnicamente. Não distinguimos se as mudanças que observamos no último censo nos revelam novos padrões de distribuição de renda ou novas maneiras como as pessoas começaram a descrever seu pertencimento racial. Não temos certeza de que as diferenças entre contagens decenais adjacentes estão computando as mesmas coisas, porque pessoas que disseram que eram "negras" ou "afro-americanas" num censo talvez tenham decidido: "Que diabo, vamos dizer que somos brancos". Ou vice-versa.

Qual é a dimensão desse problema? Às vezes pesquisadores menosprezam tais preocupações, explicando que essas são essencialmente "variações aleatórias", que se anulam umas às outras. Talvez. Mas os cientistas naturais aprenderam muito tempo atrás que essas variações, embora possam ser aleatórias, também podem ser variações reais em algo que eles não sabiam estar envolvido no que estavam estudando. Sébastien Balibar aprendeu que ondas de rádio que entravam pelas janelas do prédio em que trabalhava; embora não fossem nada que ele queria estudar, eram não obstante parte de seu experimento. Ele tinha de ou incluí-las em suas equações ou — o que realmente queria fazer e finalmente descobriu como fazer

— livrar-se delas. Os cientistas sociais em geral não podem se livrar dessas outras influências, indesejadas, sobre os valores que suas variáveis assumem.

Se eu encontro um "inchaço" incomum numa distribuição de renda entre categorias raciais, análogo às anomalias que Balibar encontrou em sua pesquisa em temperaturas extremamente baixas não posso seguir seu exemplo, porque não posso fazer muita coisa para "melhorar" as respostas que as pessoas dão às perguntas sobre raça. As regras recomendadas pelo Censo às pessoas que preenchem os questionários exigem que eu, como usuário final desses dados, aceite qualquer coisa que as pessoas tenham dito quando perguntadas sobre sua raça. Imaginemos que pessoas que se identificaram como negras em 1980 decidiram dizer que eram brancas em 1990, e que essas pessoas tinham rendas mais altas que aquelas que continuaram a se declarar negras. Isso "mostraria" que a renda média da população "negra" diminuiu, embora essa média não fosse ter se alterado assim caso algumas pessoas não tivessem mudado a maneira como se identificaram racialmente. E isso não seria resultado de erros aleatórios que se anulam, mas de "erros" sistemáticos que produzem um resultado diferente (ainda que não pudéssemos saber ao certo que "sistema" estava produzindo o efeito).

Essa é a coisa negativa que aprendemos a partir da experiência com a pergunta do Censo de 1980 sobre etnicidade: seja muito cuidadoso quando faz inferências a partir de dados contendo dificuldades tão claras e óbvias. Não tente fazê-los ter mais peso do que realmente têm. Conheça os problemas e respeite-os. Acima de tudo, não os desconsidere com uma sugestão não comprovada de que eles "se anulam" porque são aleatórios. É possível que seja assim. Mas isso deve ser provado, e não aceito sem evidências, porque os erros muito frequentemente não são aleatórios.

Mas também aprendemos alguma coisa que nos ajudará a criar mais conhecimento. Essas dificuldades resultam de algum processo sociológico que justifica mais estudo. Assim, podemos tratar críticas técnicas a estratégias de coleta de dados como ideias sobre coisas que deveríamos estudar por elas mesmas. Desse modo, não apenas iremos compreender as debilidades de nossas técnicas como também aprender sobre alguma característica da sociedade que antes não tínhamos incorporado ao nosso pensamento. Podemos avaliar nossas ideias, tanto aquelas com que começamos quanto aquelas provocadas por problemas técnicos, vendo se e como elas nos ajudam na tarefa de estudar a vida social. Foi isso que Ellis Monk e outros fizeram ao reintroduzir as categorias de tom de pele e outros sinais visíveis de raça em nossas análises de desigualdade social, e o que Joane Nagel e C. Matthew Snipp fizeram para o estudo de populações indígenas.

5. Dados reunidos por funcionários do governo para documentar seu trabalho

Estatísticas governamentais e as pessoas que as coletam

As organizações governamentais coletam de forma rotineira dados estatísticos sobre suas próprias operações, registrando metodicamente o que a organização faz, todo santo dia. Assim, elas dispõem de dados tabulados, facilmente consultáveis, para fazer seu trabalho habitual, e ao mesmo tempo têm a munição de que necessitam, ocasionalmente, para provar aos outros que realmente realizam o trabalho que afirmam realizar. Organizações que têm de produzir essas informações, para fins tanto operacionais quanto de relações públicas, desenvolvem padrões rotineiros de trabalho que asseguram que alguém colete os dados necessários e os ponha numa forma utilizável. Essas rotinas moldam a maneira como os coletores de dados fazem a coleta. Compreender as situações de trabalho e as pressões sobre os trabalhadores que elas geram nos dão pistas acerca da precisão dos dados assim produzidos.

Um pouco do que os produtores de dados fazem maximiza o dinheiro que ganham e o tempo ou esforço que têm de despender para ganhá-lo. Às vezes suas ações promovem os objetivos da organização, mas outras vezes elas cuidam dos interesses individuais dos trabalhadores. Os casos que vou descrever sugerem como a ampla variedade de situações de trabalho e de interesses profissionais encontrados em organizações oficiais que coletam dados interfere na precisão dos dados. Esses casos nos alertam para não aceitarmos registros ou relatos oficiais como evidências para coisa alguma sem empreender uma verificação séria e uma vigilância crítica, levando em conta o que as pessoas que criam os dados querem maximizar, o que quase certamente não será o que querem os cientistas à procura de dados confiáveis para serem usados como evidências.

Alguns antecedentes históricos

Agências estatísticas governamentais oficiais ajudaram os Estados nacionais em formação a lidar com problemas que seu crescente envolvimento na vida comum produzia. Desrosières nos dá alguns importantes antecedentes históricos para esses sistemas de produção de dados oficiais:

> A estatística em seu sentido mais antigo, do século XVIII, era uma descrição do Estado por e para si mesmo. Durante o início do século XIX, na França, na Inglaterra e na Prússia, uma prática administrativa ganhou forma em torno da palavra "estatística", assim como de técnicas de formalização centradas em números. Agências especializadas eram encarregadas de organizar censos e compilar registros administrativos tendo em vista fornecer descrições do Estado e da sociedade apropriados para seus modos de interação recíproca. As técnicas de formalização incluíam sumários, codificação, cálculos e a criação de gráficos e tabelas.

Tudo isso permitia que os novos objetos criados por essa prática estatal fossem compreendidos e comparados rapidamente. Mas não se podia separar logicamente o Estado da sociedade e da descrição de ambos fornecida pela agência estatística. O Estado era constituído em formas particulares de relações entre indivíduos. Essas formas eram organizadas e codificadas em diferentes graus e podiam, portanto, ser objetificadas, principalmente por meio da estatística. Desse ponto de vista, o Estado não era uma entidade abstrata, externa às sociedades particulares, nem idêntica de um país para outro. Era um conjunto particular de laços sociais que tinham se solidificado, e que os indivíduos reconheciam como "coisas" sociais. Na medida em que faziam isso, pelo menos durante o período em que o Estado se mantinha unido, esses fatos sociais eram efetivamente coisas.[1]

Desrosières prossegue descrevendo como os produtores desses materiais estatísticos tinham de encaixar o que faziam numa complexa rede de departamentos governamentais, centros de pesquisa universitários e organizações oficiais de coleta de dados, tudo no contexto dos "problemas" de desenvolvimento histórico que seus governos enfrentavam. Os leitores americanos estarão especialmente interessados no contexto de problemas relacionados com as conexões entre números oficiais da população e representação no Congresso, no contexto de escravidão, imigração, colapso econômico e outras questões semelhantes, analisadas no capítulo 4. Essas ideias e pistas nos ajudam a compreender os registros locais mais comuns criados e mantidos por agentes como policiais, médicos legistas e outros funcionários semelhantes, que tão frequentemente produzem dados sociológicos.

As estatísticas reunidas por funcionários do governo tiveram, por longo tempo, uma espécie de status sagrado na sociologia. O suicídio — problema enfrentado pelo pensamento sociológico, que se apoiava em dados coletados em estatísticas oficiais de causa de morte, reunidas pelo Estado, em respeitosa imitação da obra clássica de Émile Durkheim, *O suicídio* — tornou-se um problema disciplinar canônico (um dos primeiros), cuja solução demonstrou para os céticos o poder do pensamento sociológico e da pesquisa, revelando como as ações em aparência mais solitárias tinham uma base profundamente social. A nova ciência, tal como ela se desenvolveu em Chicago e outros lugares dos Estados Unidos na virada do século xx, abordou o crime, ansiosa por mostrar como a sociologia podia produzir maior compreensão acerca das causas de atividade tão indesejável e sugerir formas de livrar-se dela. Pesquisadores usaram os números produzidos pela polícia e pelos tribunais para testar suas explicações e recomendações.

Outros tipos de material reunidos para fins investigativos acabam ocasionalmente por ter inesperados usos para a pesquisa também, em especial quando investigações rotineiras de assuntos sociologicamente interessantes geram um corpo de informações detalhadas que, de alguma maneira, se aproximam dos tipos de dados etnográficos ou estatísticos que os estudiosos da organização social consideram úteis.

Em todos os casos, contudo, os sociólogos que usam esses materiais como dados que fornecem evidências para suas ideias têm de prestar atenção ao *tipo* de evidência que eles fornecem. Têm de considerar como sua utilidade depende dos arranjos sociais para a fabricação dos dados e ao mesmo tempo é moldada por eles. Desde que deem atenção às possíveis influências deletérias sobre a sua precisão, os sociólogos ainda podem utilizar tais dados, mas não sem alguma reflexão cuidadosa sobre aquilo para o que eles podem fornecer evidências razoáveis.

Causas de morte: informes de médicos legistas

Na classificação legal padronizada de causas de morte — a coleção de opções nas certidões oficiais de óbito, uma das quais deve ser preenchida pelo funcionário apropriado —, a morte pode ter apenas uma entre quatro causas. Ela resulta de um acidente, de causas naturais, de atos criminosos de homicídio ou de suicídio. Essas categorias mutuamente excludentes esgotam todas as possibilidades, exceto a "indeterminada", que se aplica quando nenhuma das outras pode ser demonstrada. A maneira como os investigadores da morte (termo criado por Stefan Timmermans para designar tanto médicos legistas quanto médicos emissores de atestado de óbito que fazem o mesmo tipo de trabalho, mas obtêm seu emprego de maneiras diversas e podem ter formação muito diferente)[2] atribuem as causas de óbito afeta a compreensão sociológica tanto de casos individuais quanto das taxas dessas causas entre populações bem definidas. Os sociólogos estudaram tanto o suicídio quanto o homicídio desde que a disciplina teve início e debateram bastante suas causas. Os investigadores ainda não concordam quanto à maneira de estudá-los.

Suicídio

Entre as quatro causas, alguns sociólogos se concentraram no suicídio como tópico de pesquisa particularmente importante, sem dúvida pelo elevado prestígio do pioneiro sociólogo francês Émile Durkheim. O livro de Durkheim, *O suicídio*, de 1897, encarou questões teóricas abstratas sobre a integração na sociedade com sofisticadas (para a época) análises estatísticas e gerou problemas teoricamente curiosos e importantes, assim como métodos para estudá-los, o que forneceu um programa para sucessivas gerações de pesquisadores. Ele ainda era influente quando cheguei à pós-graduação, em 1946.

Durkheim distinguiu três tipos de suicídio: egoísta, altruístico e anômico. Mas irei examinar apenas o primeiro, porque os problemas que quero sugerir se aplicam aos três da mesma maneira. Vou tomar emprestado o resumo de Richard Sennett, de sua introdução à tradução de 2006 para o inglês de *O suicídio*, dos dois tipos de evidências que Durkheim empregou para explicar o suicídio egoísta.

> Um deles diz respeito à família: ele considera pessoas solteiras mais propensas ao suicídio que casais, e membros de famílias pequenas mais propensos que os de famílias grandes. Ele raciocina que, quanto mais densa a rede de associações de família, mais provável é que as pessoas sejam preservadas do desespero egoísta.
>
> O outro bloco de evidências é estranho. Durkheim tira partido do fato de que protestantes têm muito maior probabilidade de se autodestruírem que católicos ou judeus, e tenta encaixar esse fato estatístico na estrutura do desespero "egoísta". A solidez das instituições da Igreja católica supostamente alivia seus adeptos do excessivo questionamento sobre seu lugar no mundo, ao passo que o protestantismo impele seus crentes a uma busca solitária de autoconhecimento. Embora o judaísmo também privilegie o

conhecimento, o status marginal dos judeus os une em solidariedade, e assim alivia a ameaça de desespero egoísta.³

As estatísticas disponíveis em que Durkheim apoiou as evidências para esses argumentos tinham muitas falhas. Isso não surpreendia ninguém, mas, em termos gerais, as ideias pareciam se confirmar. Pesquisadores discutiram os detalhes, mas não questionaram a estratégia de utilizar a informação coletada por agências encarregadas de reunir e relatar as chamadas "estatísticas vitais", que incluíam as causas de morte.

Depois, em 1967, Jack Douglas, influenciado pela etnometodologia e (talvez) pela teoria da rotulação, propôs que as estatísticas que todos usavam como evidências eram tão imprecisas que não podíamos testar adequadamente as teorias rivais. Sua detalhada revisão da literatura pertinente (e ela era vasta!) deixou claro que nenhuma série de estatísticas disponíveis atendia aos critérios mais básicos de clareza e comparabilidade para ser útil à pesquisa,⁴ e que a maioria dos estudiosos nesse subcampo especializado tinha concordado de maneira mais ou menos tácita em aceitar o que estava disponível como bom o bastante em relação aos fins para os quais o empregava, conclusão que eles não sustentavam com nenhuma evidência.

A questão ficou nesse pé até que Timmermans publicou um estudo definitivo acerca do ofício de médico legista, encarregado (entre outras coisas) de estabelecer causas de morte quando as pessoas falecem em "circunstâncias suspeitas".⁵ O suicídio é uma das várias controvérsias que esses profissionais têm de resolver diariamente, como parte rotineira de seu trabalho. O capítulo de Timmermans sobre o suicídio explica claramente as complexidades.⁶

Quando alguém morre fora da cena de morte padronizada do hospital, "a ordem social da morte é perturbada". Quando um óbito ocorre num lugar e sob circunstâncias não previstos nos roteiros aceitáveis habituais de morte, o médico legista ou o médico emissor de atestado de óbito vai trabalhar no necrotério. "Esses profissionais são parte de uma infraestrutura invisível de saúde pública e justiça criminal cuja única tarefa é investigar mortes suspeitas."[7]

Timmermans observou o pessoal de um departamento de emissão de atestados de óbito decidindo sobre as causas de morte numa seleção de casos que exibia a grande variedade e ambiguidade de detalhes de que suas decisões frequentemente dependiam. Ele enfatiza que esses funcionários públicos designam tais casos como algo diferente de suicídios "estatísticos", "construídos por critérios sociológicos e de saúde pública", ou "suicídios biográficos", "baseados nas memórias de longo prazo e experiências pessoais de parentes e amigos", que têm seus próprios significados especializados servindo a outros tipos de usos para outros tipos de pessoas em outros tipos de relação com o morto. Os funcionários criam um *suicídio médico-legal*,

> uma classificação profissional feita de acordo com critérios investigativos. Ela é construída indutivamente a partir de elementos de evidência, e funciona sob a aura das ciências empíricas e da autoridade legal. [...] Uma classificação de suicídio profissional é parcialmente uma opinião médica, um *julgamento*, baseada nas evidências disponíveis. [...] O médico que atesta o óbito confia principalmente nos tipos de evidência produzidos por procedimentos convencionais de avaliação do paciente e anamnese.[8]

Ao que o examinador acrescenta qualquer informação disponível a partir de médicos (especialmente psiquiatras) que possam ter tratado o morto, e de autópsias e testes bioquímicos. Timmermans conclui, de maneira importante para o uso que quero fazer de sua pesquisa:

> A coexistência de três noções de suicídio significa que o suicídio como uma entidade independente de reivindicantes não existe. *Seja qual for o fenômeno que classificamos como "suicídio", ele reflete os critérios e práticas de trabalho do classificador.* [...] A presunção, nos muitos informes estatísticos mencionando "causas ocultas", de suicídio parece ser que a melhor solução para lidar com o problema não é mudar as práticas de registro dos investigadores da morte, mas encontrar uma medida estatística para corrigir supostos erros. Por conta dos problemas insolúveis de tentativas de suicídio e autoinflicção, nenhum método alternativo pode estabelecer a validade das estatísticas de suicídio (em contraste, atestados de óbito por câncer preenchidos por clínicos podem ser comparados a dados de autópsia), tornando impossível determinar conclusivamente o tamanho de uma possível correlação estatística. Sociólogos e epidemiologistas continuam, portanto, a confiar nas classificações dos examinadores da morte [médicos legistas e emitentes de atestado de óbito [p. 109]. [...] Em suma, *quando os médicos legistas escrevem "suicídio" numa certidão de óbito, a morte foi, de sua perspectiva profissional, um verdadeiro suicídio, mesmo que parentes e funcionários da saúde pública discordem deles.*[9]

As classificações de casos específicos por parte dos examinadores refletem os diferentes processos de coleta, diferentes interpretações de evidências e diferentes respostas a pressões de outras partes interessadas encontradas em casos específicos dentro do mesmo departamento, bem como em comparação com departamentos de outros examinadores da morte. (A situação se assemelha àquela em que um árbitro de beisebol decreta que um dado arremesso foi "bola fora" ou "rebatida", decidindo possíveis divergências entre uma série similar de partes interessadas.)

Um tipo de problema na atribuição de suicídio como causa de morte ocorre quando as famílias se recusam a aceitar essa conclusão por uma variedade de razões compreensíveis, mas legalmente irrelevantes. Em tais casos, a opinião dos investigadores da morte predomina:

> *Qualquer fenômeno que classificamos como "suicídio" reflete os critérios e práticas de trabalho do classificador.* Quando parentes ou epidemiologistas discordam da classificação médico-legal oficial, a divergência pode irromper, mas eles estão em desvantagem quando se trata de influenciar diretamente o resultado da investigação da morte. [...] Parentes em geral estão despreparados para a investigação e praticamente desconhecem os detalhes que importam. Eles têm poucas oportunidades de oferecer sua interpretação diretamente, e qualquer coisa que digam é vista como suposto viés e filtrada por policiais, psiquiatras ou investigadores da cena.[10]

As famílias, que não têm nenhuma participação frequente na vida de trabalho do examinador médico, não podem influenciar as conclusões a que ele chega.

Timmermans acrescenta um pensamento final: "Plausibilidade é a medida em que a opinião oferecida [do patologista forense testemunhando como médico emitente de atestado de óbito] se coaduna às culturas de crença dominantes".[11]

Essas afirmações e as amplas evidências que Timmermans apresenta para elas significam que as explicações sociológicas do suicídio, concebidas para testar as teorias de Durkheim e de pesquisadores que trabalham na mesma tradição que ele, não podem confiar em tabulações de causas de morte publicadas pelas jurisdições de que essas determinações provêm.

Parece provável que pesquisadores anteriores, confrontados com esses dados confusos e inconclusivos, tenham decidido reconhecer a existência de sérios problemas e depois continuar recorrendo aos mesmos dados como se eles fossem "bons o bastante" para sustentar qualquer conclusão que os examinadores consideravam razoáveis.

Mas o trabalho de Timmermans nos mostra outra maneira de compreender, e usar, os dados disponíveis: não como um recurso para resolver quebra-cabeças científicos,[12] mas como uma atividade levada a cabo por profissionais que trabalham em situações de cooperação e conflito que inevitavelmente afetam seus julgamentos acerca de que nome dar às coisas com que trabalham: nesse caso, a atribuição de uma morte suspeita a uma das quatro categorias permitidas. Em outras palavras, Timmermans trata a forma como os examinadores trabalham como um quebra-cabeças a ser estudado por si mesmo.

Homicídio

Os mesmos tipos de problema de definição afligem o emprego de casos de homicídio, definidos como tal por funcionários, e não pelo pesquisador, para fins de pesquisa. Como todas as outras taxas de crimes, as taxas de homicídio frequentemente deixam de satisfazer os pesquisadores, para não mencionar políticos, cidadãos preocupados e outros.

Os pesquisadores, bem como a polícia e os políticos, muitas vezes confiam nas mudanças nas taxas de homicídio como evidências aceitáveis para a avaliação das políticas que eles propõem e implementam. Timmermans diz, sobre o uso de estatísticas de morte numa controvérsia política atual:

> Defensores da teoria das janelas quebradas* [do crime] usaram taxas de homicídio em queda para apoiá-la. A suposição aqui é que as estatísticas de homicídio medem verdadeiramente mortes causadas por outras pessoas. Os pesquisadores admitem que não sabem muito sobre a classificação forense dos homicídios, mas as taxas de homicídio — diferentemente das estatísticas de suicídio, cuja exatidão é debatida em detalhe — permanecem em geral incontestadas. [...]
>
> A queda nas taxas de homicídio foi, assim, uma pedra angular da justificativa da teoria das janelas quebradas e das consequentes iniciativas de policiamento, de não tolerância e de promoção da qualidade de vida. [...] Embora a correlação entre tal vigilância policial agressiva e a queda do número de homicídios continue controversa, pode-se lançar ainda mais dúvidas sobre as políticas apoiadas pela teoria das janelas quebradas se nos damos conta de que somente uma entre duas tendências homicidas se torna o centro da atenção pública. As estatísticas de mortalidade perpetuam

---

* Teoria das janelas quebradas, ou *broken windows theory*: modelo americano de política de segurança pública no enfrentamento e combate ao crime, tendo como visão a desordem enquanto fator de elevação dos índices da criminalidade; caso não se reprimam os pequenos delitos, diz a teoria, eles darão origem a condutas criminosas mais graves. (N. T.)

uma "visão de mundo" que minimiza os homicídios cometidos pelas equipes médicas e pelas forças de segurança.[13]

O capítulo de Timmermans intitulado "The perfect crime" [O crime perfeito] debate a outra tendência homicida, aquela que, segundo ele, é provavelmente subavaliada: os assassinatos que *podem ter sido* cometidos por equipes médicas ou policiais. Esse subgrupo especializado de mortes revela o que torna as conclusões oficiais dos médicos legistas inúteis para fins de pesquisa.

Tanto policiais quanto médicos trabalham com base na presunção de que os procedimentos internos de suas profissões são suficientes para controlar qualquer possível transgressão legal. Evidentemente, ocorrem casos eventuais em que médicos e policiais aparentemente cometem assassinatos e, menos frequentemente, em que membros dessas profissões são de fato condenados por homicídio intencional. Timmermans explica:

> Clínicos e policiais têm a prerrogativa profissional de usar meios letais nas pessoas, e se uma transgressão potencial ocorre, eles são avaliados internamente, dentro da profissão. Como profissionais médico-legais, os emitentes de atestado de óbito dependem em grande medida da colaboração de seus aliados clínicos e de agentes da lei nas investigações de mortes rotineiras. A aplicação agressiva da categoria de homicídio forense a mortes causadas por agentes da lei e médicos não somente põe em risco essa colaboração muito necessária, mas pode também levar à severa contestação de evidências forenses que talvez destruam a credibilidade dos médicos legistas que emitem atestado de óbito.

Uma investigação forense de morte causada por agentes da lei ou médicos não possui a independência requerida dos médicos legistas que atestam o óbito em investigações rotineiras. A investigação de homicídios rotineiros requer que os médicos legistas tomem as informações dadas por policiais e clínicos ao pé da letra. Ainda mais importante que a informação é a colaboração com clínicos e colegas policiais em *qualquer* investigação forense, desde o momento em que o departamento é alertado até que a certidão de óbito é assinada. Quando confrontados com a possibilidade de uma morte causada por seus aliados, a reação instintiva dos médicos legistas é proclamar que a determinação da culpabilidade de policiais e clínicos é tarefa do sistema de justiça criminal. Entretanto, em homicídios rotineiros, os médicos legistas não têm problemas em escrever "homicídio forense" na certidão de óbito. O que os investigadores da morte querem dizer é que, pela relação profundamente simbiótica, eles são incapazes de emitir pronunciamentos independentes.[14]

Em outras palavras, as pessoas que têm de decidir se a causa de uma morte é assassinato têm boas razões para não chegar a essa conclusão quando o criminoso em potencial é alguém — policial ou médico — de quem eles dependem para realizar seu próprio trabalho diário de maneira eficiente e sem atritos.

Isso tem uma consequência óbvia para os pesquisadores que, não envolvidos nesse tipo de drama interprofissional, querem usar os resultados do processo — as estatísticas sobre crimes (nesse caso, assassinatos) — como evidências para uma teoria sobre causas de crime. "Quando mortes que parecem ser homicídios forenses não são contadas como tal, podemos questionar se uma redução na criminalidade realmente ocorreu."¹⁵ Quando não conhecemos todas as causas das variações nas taxas de crimes — nesse caso, o número exato de homicídios —, não podemos atribuir mudanças às poucas variáveis de que temos conhecimento sem risco de erro. Embora a categoria que Timmermans explora aqui não seja responsável por grandes variações nas taxas totais de crime (mas quem realmente sabe?), ela nos alerta para variáveis fundamentais que afetam todas essas taxas: o processo pelo qual classes específicas de pessoas realmente decidem em que categoria inserir um evento, a maneira como suas interações com outros tipos de atores profissionais afetam suas situações de trabalho e a forma como tudo isso, por sua vez, afeta os dados que usamos para avaliar nossas teorias.

Timmermans nos ensina isso: médicos legistas oficiais podem atribuir casos a categorias de modo que otimizem seu fluxo de trabalho e mantenham seus benefícios institucionais intactos. Esse tipo de atividade frequentemente produz coleções de casos que têm somente isso em comum: acabam naquela categoria não por causa de alguma característica intrínseca, mas porque colocá-los ali facilitou o dia do trabalhador. Se conhecermos esses padrões de influência, podemos usar as classificações que os trabalhadores fazem para generalizar suas atividades, embora não necessariamente, ou mesmo provavelmente, sobre os próprios casos. As estatísticas que esses trabalhadores produzem podem servir como evidências para alguma coisa — mas para o quê, isso tem de ser demonstrado, e não presumido.

Taxas de crime e definições processuais

Assim como os médicos legistas atribuem casos de morte suspeita a categorias de uma forma que faz sua vida de trabalho transcorrer suavemente, assim introduzindo dificuldades para os cientistas sociais que querem usar os números resultantes como dados de pesquisa, os policiais, promotores e juízes definem a atividade de seus "clientes" de um modo que torna fácil para eles levar a cabo *seu* trabalho, evitando atrito com seus colegas de ofício na atividade de lidar com crimes e criminosos. Mas as maneiras habituais de fazer o trabalho diário daí resultantes não produzem categorias cujos ocupantes tenham necessariamente alguma coisa em comum que permitisse aos analistas produzir generalizações científicas úteis. Em geral, as categorizações são boas o bastante para seus fins, mas não tão obviamente boas para os nossos objetivos como cientistas sociais. Como o trabalho policial e judiciário produz dados e estatísticas que usamos para nosso trabalho científico, devemos ter em mente as motivações que orientam seu comportamento.

Nós cientistas sociais queremos produzir teorias que expliquem uma classe bem definida de comportamento. Para fazer isso, nossos casos deveriam ser todos da "mesma coisa". Mas no caso do crime existem diferenças substanciais entre o que as pessoas fazem e as maneiras como as autoridades (policiais, promotores e juízes) o nomeiam e definem. Policiais prendem, promotores acusam e juízes condenam e sentenciam as pessoas com que lidam de formas que lhes permitem (tal como os médicos legistas) levar a cabo seu trabalho. Eles não têm nenhuma razão para querer que suas definições sejam as mesmas para todos os casos numa dada categoria legal. E, para piorar as coisas, eles simplesmente não lidam com alguns tipos de crimes.

Crime do colarinho branco

Edwin Sutherland, criminologista americano pioneiro, cunhou a expressão "crime do colarinho branco" para designar uma grande área de delitos que seus colegas tinham ignorado completamente. Quando eles formulavam teorias sobre o que levava as pessoas a infringir as leis existentes, confiavam em registros da atividade policial que havia levado a prisões, julgamentos e condenações em tribunais de justiça. Mas esses mesmos criminologistas, Sutherland insistiu, nunca levavam em conta os muitos crimes graves cometidos por homens de negócios no curso de suas atividades profissionais, que jamais se incluíam nesses registros porque eram legalmente tratados de maneiras diferentes. Isso levava, disse Sutherland, a erros flagrantes. A citação que se segue vem principalmente de seu discurso como presidente na American Sociological Association, em que ele identificou o problema e o expôs cruamente aos colegas (eu adoraria ter estado lá!):

> As estatísticas criminais [baseadas em registros policiais] mostram inequivocamente que o crime, tal como popularmente concebido e oficialmente medido, tem alta incidência na classe mais baixa, e baixa incidência na classe alta; menos de 2% das pessoas encarceradas em um ano pertencem à classe alta. Essas estatísticas referem-se a criminosos tratados pela polícia, pelos tribunais criminais e juizados de menores e prisões, e a crimes tais como homicídio, agressão, assalto, roubo, furto, crimes sexuais e embriaguez, mas excluem infrações de trânsito.[16]

Mas, disse ele, as amostras de crimes incluídas nesses argumentos eram enviesadas porque não incluíam

> o comportamento criminoso de homens de negócios e profissionais, [...] demonstrado repetidamente nas investigações de cadastros imobiliários, ferrovias, seguros, provisões, bancos, serviços públicos, bolsas de valores, a indústria petrolífera, bens imobiliários, comitês de reorganização, sindicâncias, falências e política.[17]

Repetindo: nenhuma dúvida quanto à criminalidade dessas atividades. As evidências apresentadas nos julgamentos civis que lidavam com tais atividades mostravam isso. Mas os perpetradores, os homens de negócios que planejavam e ordenavam os crimes, estavam ausentes das estatísticas em que os criminologistas baseavam suas teorias, porque não eram eles, mas suas empresas, os acusados pelos crimes. A amostragem inadequada (o nome certo para esse erro) daí resultante invalidava as associações estatísticas apresentadas como evidências comprobatórias para teorias que associavam crime e pobreza. Sutherland parafraseou assim essas teorias:

> Como o crime está concentrado na classe mais baixa, ele é causado pela pobreza ou por características pessoais e sociais que se acredita estarem estatisticamente associadas à pobreza, inclusive deficiência mental, desvios psicopáticos, bairros miseráveis e famílias "deterioradas".[18]

Assim que acrescentávamos as informações sobre crime corporativo, não incluídas em relatórios policiais e de tribunais, as associações estatísticas e os argumentos nelas baseados desabavam.

> É muito claro que o comportamento criminoso de homens de negócios não pode ser explicado pela pobreza no sentido usual do termo, por habitação precária, por falta de instalações recreativas, deficiência mental ou instabilidade emocional. Dirigentes de empresas são capazes, emocionalmente equilibrados e de maneira alguma patológicos. Não temos nenhuma razão para pensar que a General Motors tem um complexo de inferioridade, que a Aluminium Company of America tem um complexo de frustração-agressão, que a U.S. Steel tem um complexo de Édipo, que a Armour Company tem um desejo de morte ou que os Duponts desejam regressar ao útero.[19]

E ele chegou a essa irrefutável conclusão:

> O crime não está de fato estreitamente associado à pobreza ou à psicopatia e a condições sociopáticas associadas à pobreza, e [...] uma explicação adequada do comportamento criminoso deve seguir ao longo de linhas muito diferentes. As explicações convencionais são inválidas principalmente porque derivam de amostras enviesadas. As amostras têm viés na medida em que não incluíram vastas áreas de comportamento criminoso de pessoas que não são da classe baixa. Uma das áreas negligenciadas é o comportamento criminoso de homens de negócios e profissionais.[20]

O resto do artigo, e o grande livro que se seguiu alguns anos depois,[21] sustentava essas acusações gerais em descrições e análises detalhadas, demonstrando que homens de negócios, médicos e advogados infringem a lei com tanta frequência que o comportamento ilegal deveria ser considerado uma característica comum na vida de negócios americana. Mas... eles quase nunca vão para a cadeia pelo que fazem (tão verdadeiro em 2016, quando escrevo isso, quanto em 1940).

O aparato legal do Estado, quando vai atrás desses infratores, depende quase sempre de acusações, procedimentos e penalidades civis. Os colegas de Sutherland na criminologia queixaram-se de que isso não produzia imprecisões porque, alegavam eles, as ações desses infratores não eram "realmente" crimes, apenas violações do procedimento civil, o que não era em absoluto o mesmo tipo de coisa. Ele contra-argumentou que esses "fatos" resultavam de escolhas feitas pelos promotores, que estavam mais interessados em recuperar danos financeiros que em infligir penalidades criminais, e que se sentiam constrangidos tentando mandar pessoas iguais a eles para a prisão, pessoas que certamente poderiam pertencer aos mesmos clubes e frequentar as mesmas faculdades que eles. Além disso, dirigentes empresariais faziam campanha e pressionavam ativamente, e em geral com sucesso, para impedir a aplicação de leis que interferissem com aquelas de suas atividades já legalmente definidas como delitos graves.

Sutherland influenciou uma geração de pesquisadores em criminologia, tornando-os conscientes de vieses de classe na lei e em sua aplicação, mas também, de uma maneira mais geral, do modo como os promotores usavam o poder de decisão de que dispunham para agir de forma que tornasse as definições oficiais de crime e as estatísticas que delas fluíam inúteis para fins de pesquisa. Suas inadequações as tornavam impróprias para o uso como evidências. O que não impediu a utilização continuada dessas estatísticas falhas nas ciências sociais e em debates políticos sobre as "causas do crime".

Desfalcadores

Donald Cressey, aluno (e mais tarde colaborador) de Sutherland, queria estudar a prática de desfalques a fim de fazer generalizações acuradas sobre como esse crime ocorria no caso de todos os desfalcadores que ele conseguisse entrevistar na Prisão Estadual de Illinois, em Joliet. Para fazer isso, Cressey tinha de assegurar que todos tinham "feito a mesma coisa", que ele tinha isolado um fenômeno comportamental cujos exemplos individuais eram semelhantes tal como o são as amostras de uma substância química no laboratório de pesquisa.

Cressey queria que todos os casos apresentassem o mesmo comportamento real a ser explicado por ele. Por fim ele definiu o fenômeno que queria tornar claro como "a violação criminosa da confiança financeira",[22] em que as pessoas que assumiam uma posição de confiança financeira (caixas de banco, por exemplo) de boa-fé, sem nenhuma intenção de furtar, acabavam se apossando de muito dinheiro que não lhes pertencia.

O pesquisador sabia o que estava procurando. Mas não era fácil encontrar pessoas que tivessem feito a coisa que procurava. Desfalcadores cometem seus crimes de maneira isolada. Eles não pertencem a um submundo de pessoas que cometem esse tipo de crime, portanto Cressey não poderia encontrar casos infiltrando-se em grupos criminosos, como teria feito se estivesse estudando ladrões. Ele teve de descobrir seus entrevistados na prisão, porque ninguém sabe quem está cometendo desfalques até que eles sejam apanhados e jogados na cadeia.

Embora Cressey quisesse que todos os casos apresentassem o mesmo fenômeno para ele explicar, os promotores não tinham acusado as pessoas de uma forma que lhe permitisse obter esse dado. Em vez disso, eles asseguravam que as evidências que possuíam lhes valeriam a condenação... por alguma coisa. Se não desfalque, então por um dos tipos de crime correlacionados que variavam nos detalhes, como fraude ou apropriação indébita por fiador (seja lá o que isso for). Como as leis pertinentes explicavam em detalhes precisos o que o promotor tinha de provar para cada uma dessas acusações específicas, qualquer caso da vida real podia não ter todos os detalhes necessários para sustentar a acusação de desfalque. Mas podia ter evidências que sustentassem a condenação por uma das acusações correlatas. Não há problema para o promotor, que fica feliz, contanto que obtenha a condenação pretendida, mas para Cressey, o sociólogo, há. Como as pessoas fazem muitas coisas diferentes quando furtam dinheiro de um empregador, e algumas delas não fazem todas as coisas necessárias para corresponder à definição legal de desfalque, os criminosos que Cressey procurava, alguns dos quais tinham se envolvido exatamente no comportamento que ele queria estudar, seriam excluídos de sua amostra, ao passo que outros, que tinham sido acusados pelo crime, não tinham realmente feito as coisas que ele queria explicar, ainda que a estrita fidelidade à definição legal do crime exigisse que ele os incluísse. Ele justificou como resolveu o problema de método que essa peculiaridade do poder de decisão do promotor criava:

A definição legal [de desfalque], como tal, foi abandonada, e em seu lugar dois critérios para a inclusão de qualquer caso particular foram estabelecidos. Primeiro, a pessoa tinha aceitado uma posição de confiança com boa-fé. Isso é quase idêntico à exigência da definição legal de que a "intenção criminosa" no desfalque deve ter sido formulada *após* o momento de tomar posse. Todas as definições legais estão de acordo a esse respeito. Segundo, a pessoa deve ter violado essa confiança cometendo um crime. Esses critérios permitem a inclusão de quase todas as pessoas condenadas por desfalque e apropriação indébita por fiador e, ademais, uma proporção daquelas condenadas por fraude e falsificação. Cada uma dessas quatro infrações envolve uma violação de confiança financeira, e algumas das infrações em cada categoria são violações de posições de confiança que foram aceitas com boa-fé. O fenômeno sob investigação foi portanto definido como "violação criminosa da confiança financeira". O uso desse novo conceito teve o efeito de fornecer uma definição rigorosa do comportamento sob investigação, de modo que foi possível fazer uma generalização sobre todos os casos do comportamento, mas ele não violou a definição legal de "desfalque" ou dos três outros crimes.[23]

Os promotores desses casos não registraram acusações de tal modo que configurasse um grupo homogêneo de infratores sobre os quais Cressey pudesse criar uma teoria sociológica interessante. Eles os acusaram de infrações pelas quais poderiam condená-los. Isso distribuiu as pessoas em grupos específicos de infrações cujos membros muitas vezes nada tinham em comum além de serem postos ali para tornar o dia de trabalho do promotor mais fácil. Cressey teve de examinar e depois redistribuir os infratores em grupos cujas atividades mostrassem um padrão similar de comportamento e se encaixassem num padrão comum de causalidade em relação ao qual ele pudesse proceder, e procedeu, a uma generalização útil.

Fazendo isso, ele criou um método que outros poderiam usar para resolver problemas similares, surgidos em conexão com pesquisas sobre outros crimes.

Detenções e crime: estatísticas policiais

Departamentos de polícia compilam e conservam registros abrangentes das detenções que seus policiais fazem, e esses registros tradicionalmente forneceram dados para fins administrativos, para manobras políticas e para o pesquisador ocasional que quer obter informações sobre crimes e assuntos correlacionados numa grande escala, sem ter muito trabalho. Mas... isso é o que se recebe qundo se paga pouco.

As estatísticas policiais demonstram as dificuldades criadas por um objeto de estudo instável. Cientistas sociais, e muitos outros, sabem há muito tempo que as estatísticas policiais são fontes de dados instáveis e não confiáveis. Os problemas conhecidos incluem relatos incorretos e manipulação dos números, tanto para fins políticos (para fazer parecer que um departamento está realizando seu trabalho quando na verdade não está, por corrupção ou incompetência) quanto para fins econômicos (impedir que as taxas de seguro aumentem rapidamente em consequência do grande número de furtos relatados, prejudicando assim as lojas locais). As ferramentas de manipulação incluem informes errados e aplicação seletiva.

Além disso, os pesquisadores com frequência também suspeitam de que o viés racial corrompe as estatísticas e os registros de detenção, produzindo uma variedade de imprecisões flagrantes e tornando-os inúteis para as análises sociológicas que usem raça e crime como variáveis explicativas.

(Lembre-se da crítica de Sutherland acerca de todas as teorias sustentadas por estatísticas de detenção e condenação, cujo fracasso em incluir crimes de colarinho branco destruía a sua utilidade para fins científicos.)

Alguns pesquisadores tentaram superar os problemas de informes errados da polícia substituindo-os por dados de levantamentos de vitimização, que registram, analisam e apresentam o número de crimes individuais relatados a um entrevistador como tendo sido realizados no ano anterior. Os resultados mostram invariavelmente taxas maiores de muitos crimes, bem como diferentes tipos de criminosos em relação aos exibidos pelas estatísticas policiais. Evidentemente, tais dados ainda estão a um ou dois passos de distância das contagens diretas da atividade que supostamente indexam. (Outra variante pede aos entrevistados de levantamentos para relatar suas próprias atividades delinquentes em questionários anônimos, ou a usuários de drogas e álcool para relatar as quantidades e ocasiões do uso que fazem dessas substâncias.)

Estatísticas de drogas (reunidas por unidades especializadas de polícia)

Detenções e condenações por drogas constituem uma proporção considerável da "taxa de crimes" e das pessoas atualmente na prisão. Muitos estudos descrevem a vida e as práticas das pessoas envolvidas na venda e distribuição de heroína, cocaína, maconha e metanfetamina, descrições pontuadas por episódios de interação com a polícia.[24] Mas os sociólogos não fizeram muitas pesquisas sobre as pessoas que praticam as detenções. Em consequência, a atividade policial continua a fazer para nós o trabalho de contar a atividade ligada às drogas, o número de detenções representando o que uma medida mais direta da quantidade de uso de drogas e dos números de usuários mostraria.

Dois estudos relatando a forma como a polícia lida com o uso de drogas e usuários e vendedores de drogas nos permitem ver de perto os problemas dos informes policiais (e das análises neles baseadas), e sugerem como poderíamos evitar esses problemas e ainda usar números coletados oficialmente como evidências para algo de interesse.[25]

Lois DeFleur analisou amplas amostras dos registros policiais oficiais de detenções realizadas pela Brigada de Narcóticos do Departamento de Polícia de Chicago, cuja única missão se concentrava em crimes ligados a drogas, em três décadas: os anos 1940, 1950 e 1960. Ela encontrou enormes diferenças ao longo do tempo na distribuição geográfica das detenções e, inevitável numa cidade racialmente segregada como Chicago, na composição racial da população detida. E essas diferenças variaram substancialmente ao longo dos trinta anos que ela estudou.

> Nos anos 1940, [...] poucos brancos eram detidos por infrações ligadas a drogas. A maioria dessas detenções ocorria no Near West Side (área urbana pobre de Chicago) e em seções do "cin-

turão negro" do South Side. Essas duas áreas têm uma tradição de uso e venda de drogas. [...]

[Os registros para as detenções de brancos nos anos 1950] indicaram substancial aumento no número de detenções em relação à década anterior. Novamente, estas ocorreram sobretudo no Near West Side e no Near South Side da cidade. Entretanto, novas concentrações de detenção apareceram no Near North Side. Essa seção de Chicago inclui a área boêmia e tem uma população continuamente flutuante.

[Os registros] para os anos 1960 e 1970 [indicam] maior número de brancos detidos por crimes ligados a drogas. De maneira mais destacada, os brancos estavam sendo cada vez mais detidos no North Side da cidade, uma área densamente povoada consistindo em alguns dos grupos recém-chegados à cidade (porto-riquenhos, cubanos e brancos sulistas), com uma pesada concentração de jovens. Nessa área, havia também alguns arranha-céus de apartamentos muito caros ao longo da margem do lago.[26]

Lois resume essas tendências:

1) Em 1960 as detenções de brancos não eram mais frequentes nas áreas negras da cidade; 2) maiores números de brancos estavam sendo apanhados pela polícia sob acusações ligadas a drogas; 3) detenções recentes de brancos ocorriam principalmente em várias áreas de composição populacional em transformação; 4) durante trinta anos numerosas detenções de brancos ocorreram em duas áreas — o Near West Side e o Near North Side.[27]

Os registros mostram, por outro lado, que o número de detenções de negros tornou-se muito maior, e sua localização se espalhou pelos lados oeste e sul durante os anos 1950, e depois caíram drasticamente nos anos 1960.

Tudo isso ocorreu tão depressa que é improvável que o número de detenções refletisse uma mudança no número real de crimes cometidos ligados a drogas, mostrando, em vez disso,

> mudanças nas políticas e nos tipos de atividade de aplicação da lei. [...] Números muito grandes de não brancos foram detidos durante esse período, e eles eram frequentemente acusados de vagabundagem ou outros pequenos crimes. Muitos eram presos repetidamente no mesmo lugar. Comecei a fazer perguntas a veteranos na unidade de narcóticos sobre esses períodos. Eles, por sua vez, me encaminharam para outras pessoas que estavam na unidade durante esse tempo. Comecei a prestar mais atenção em como a atividade de aplicação da lei era conduzida e a relacionar essa atividade com as estatísticas sobre drogas. Estudei registros policiais, entrevistei policiais aposentados da unidade de narcóticos, tive conversas com policiais ativos mais velhos, e observei diretamente muitas políticas e procedimentos efetivos de aplicação da lei.[28]

Para descobrir como e por que essas mudanças tinham ocorrido, Lois DeFleur começou a coletar dados de uma maneira diferente, observando diretamente o trabalho da polícia que produzia esses registros desconcertantes:

> Durante muitos meses observei e participei intensamente de várias atividades da polícia. Isso significou trabalhar em diferentes turnos com o maior número possível de policiais. Acompanhei equipes de policiais da unidade de narcóticos em encontros com

informantes; envolvi-me em missões de vigilância; presenciei batidas à procura de drogas e detenções feitas na rua. Fui também ao tribunal com a polícia, ouvi suas palestras educacionais e compareci às reuniões com eles. Uma de minhas melhores fontes de informação eram as rodadas de bebida após o trabalho, em que os homens, relaxados e à vontade, conversavam livremente sobre suas políticas, valores e crenças.[29]

Aqui está o que ela descobriu. A divisão de narcóticos, definindo usuários de drogas como pessoas sem força de vontade, que mereciam o que recebiam, sentia-se à vontade para violar sistematicamente os direitos legais dessas pessoas. Essas definições legitimavam, aos olhos deles, que pegassem pesado ante as pressões públicas, principalmente os esforços da imprensa, para prender usuários e traficantes.

No caso de crimes ligados a drogas, os próprios policiais podem inflamar os esforços de aplicação da lei para seus fins políticos ou orçamentários pessoais. Assim, vários tipos de empreendedores morais podem gerar pressões que se tornam a base para mudar as políticas e práticas de aplicação da lei. Em Chicago, essas pressões levaram claramente às elevadas taxas de detenção dos anos 1950 (particularmente em áreas negras).[30]

Policiais mais velhos e vários aposentados disseram que durante os anos 1950 eles simplesmente prendiam as pessoas nas ruas para gerar atividade policial. "Sim, todo mundo ficava enchendo nosso saco para fazer alguma coisa em relação às drogas — o prefeito e todos os outros 'bons cidadãos' da cidade. [...] Era realmente fácil ir até as ruas Madison ou Maxwell, levá-los e fazer o que quiséssemos com eles. Ninguém se importava com o que fizéssemos com aqueles negros [*niggers*].³¹

Em consequência de tantas dessas pressões, a polícia redefiniu que tipos de drogas justificavam a detenção. Além disso, ocorreram outras mudanças históricas acerca dos tipos de trabalho que trariam recompensas para os policiais da unidade de narcóticos: "Eles mudaram quem era detido, onde, pelo que e de que maneira".³²

O mais relevante, se estamos preocupados com a precisão dos dados, Lois DeFleur diz: "Para compreender as estatísticas oficiais de detenção por drogas em Chicago, devemos examinar as características da principal agência responsável por compilá-las",³³ e conclui que sua pesquisa tornou insustentável a sugestão comum de que variações em tais estatísticas são variações aleatórias em torno de um "valor verdadeiro" para o fenômeno que está sendo medido. Ela acrescenta que seus dados também mostram que os pesquisadores não podem usar essas estatísticas como uma série temporal pela qual avaliar mudanças no comportamento que os números supostamente medem sem investigar em primeira mão as pressões e situações que afetam a maneira como os números nascem: as pressões, por parte do público, da imprensa e de seus superiores, sobre os oficiais que fazem as detenções; e a maneira como tudo isso varia durante o período em questão.

Uma forma mais geral de expressar as conclusões poderia enfatizar que as estatísticas refletiam claramente a situação de trabalho das pessoas que as produziam, e não a realidade que supostamente registravam. Lois DeFleur estudou uma unidade especializada cuja única tarefa era deter violadores das leis de drogas. A principal medida disponível da extensão do crime que lhes cabia policiar era o número de detenções que faziam, e isso não refletia a verdadeira extensão do uso de drogas, resultando antes das pressões de sua situação de trabalho. As detenções que eles faziam e as estatísticas assim criadas *eram independentes da realidade da qual supostamente elas eram evidências.*

Estatísticas de drogas no nível local (dados coletados por policiais de bairro não especializados)

Cerca de trinta anos mais tarde, Peter Moskos (um estudante de pós-graduação em sociologia em Harvard) ingressou na Academia de Polícia de Baltimore: fez o curso de treinamento e tornou-se agente juramentado do Departamento de Polícia da cidade. Ele trabalhou por mais de um ano numa área particularmente conhecida por venda e uso intenso de drogas. Moskos coletava sistematicamente estatísticas sobre o número de detenções feitas por seus colegas policiais, bem como sobre sua própria atividade. Todos os policiais cujos registros de detenções ele contabilizava trabalhavam na mesma área, povoada pelas mesmas pessoas, fazendo as mesmas coisas. Qualquer pessoa detida por qualquer policial poderia ter sido detida por qualquer dos outros policiais *se* os oficiais que faziam as detenções operassem todos de maneira semelhante. Todos eles deviam, portanto, ter feito aproximadamente o mesmo número de detenções por infrações ligadas a drogas. Como não é de surpreender, isso não acontecia dessa forma. O trabalho de Moskos mostra a realidade por trás das estatísticas policiais numa situação diferente daquela estudada por Lois DeFleur, acrescentando profundidade e complexidade à nossa compreensão de para que coisas estatísticas sobre drogas podem servir como evidência.[34]

A imersão diária de Moskos na atividade rotineira de uma unidade de polícia de bairro (que não é especializada naquilo de que se ocupa como o era a Brigada de Narcóticos que DeFleur estudou) lhe deu dados em primeira mão sobre registros de detenção criados pela atividade de seus colegas. A produtividade em termos de detenção por drogas desses policiais variava consideravelmente. Alguns prendiam muitas pessoas por infrações ligadas a drogas, outros prendiam poucas pessoas ou ninguém. E o mais importante: Moskos não podia explicar as variações como erros aleatórios resultantes de coincidência ou de fatores casuais. Cada número resultava de uma história complicada em que muitas coisas tinham de acontecer exatamente de certa maneira para que a detenção ocorresse.

Em poucas palavras, como Moskos explica, uma detenção ocorre quando um policial acha que vê um civil fazendo alguma coisa pela qual a pessoa pode ser detida. Mas todas as detenções são arbitrárias. Os policiais veem muitas coisas pelas quais poderiam prender alguém, e nem todas elas envolvem drogas, e os policiais individuais têm uma variedade de razões para ir ao encalço de alguns potenciais detentos e ignorar outros. Uma detenção que se torna estatística ocorre quando o caminho de um civil cruza o do guarda num momento em que a atividade do civil poderia ser interpretada como merecedora de detenção, *e* a situação de trabalho do guarda lhe dá razões para efetivar a prisão — que de outro modo ele talvez não efetivasse. As restrições nessa última frase enfatizam o caráter quase aleatório de qualquer detenção individual. A situação poderia sempre ter terminado de outra maneira.

Da parte da polícia, as detenções mostram — para os superiores, para políticos, para jornais e estações de TV — que ela está agindo de alguma maneira em relação ao crime. Os policiais poderiam, claro, deter pessoas por muitas coisas diferentes: se não por drogas, por assalto, violência doméstica, furto, agressão, conduta desregrada etc. Detenções por drogas têm de disputar a atenção com todas as outras detenções que a polícia poderia fazer e frequentemente faz. Os policiais escolhem seus alvos e as acusações para detê-los à luz de suas próprias prioridades: o que eles estão tentando maximizar entre as muitas coisas que poderiam levar a cabo. A participação diária de Moskos na vida da delegacia, durante um ano, deu-lhe a oportunidade de aprender como os policiais reconhecem as possibilidades de ação e como decidem agir... ou não.[35]

Policiais individuais podem deter pessoas por quase nada, usando uma variedade de artimanhas para estabelecer a base legal da ação, a fim de resolver problemas imediatos de manutenção da ordem e prevenção de problemas. Um policial pode, por exemplo, prender um marido por conduta desregrada como maneira de evitar a violência doméstica em potencial. Ou alguém parado na rua que se recusa a fornecer identificação, o que o policial interpreta como contestação de sua autoridade, que não deve ficar impune. Ou alguém que dá a impressão de ter feito algo que talvez fosse tráfico de droga. Uma resposta educada e obediente às perguntas do policial pode degenerar em detenção ou se dissolver numa decisão de que "não é nada" ou "não vale a pena se aborrecer por isso".

Alguns policiais têm outras razões para realizar ou não detenções. Toda detenção envolve passar algum tempo às voltas com papelada, e o policial pode preferir isso a patrulhar o bairro por mais algumas horas. Alguns casos requerem passar algum tempo no tribunal esperando o caso ser ouvido e depois a possibilidade de ter de testemunhar, ganhando assim muitas horas extras remuneradas. O policial que precisa do dinheiro extra pode fazer uma detenção para receber a remuneração pelas horas extras, enquanto outro que possui um pequeno negócio que demanda sua atenção e lhe paga mais ignora a detenção potencial. Alguns simplesmente não querem se incomodar. O tempo que uma detenção requer pode variar bastante, e assim muitos oficiais não prenderão ninguém quando seu turno está prestes a terminar.[36]

Policiais que sabem que os promotores talvez tenham muitas razões para não se dedicar a um caso (uma delas sendo que eles têm mais casos envolvendo drogas do que são capazes de lidar no tempo e com o pessoal disponível), de modo que seu tempo fazendo a detenção é "desperdiçado", procuram outras formas de fazer o que consideram sua tarefa sem realizar detenções. Policiais em jurisdições com altas taxas de crimes ligados a drogas (o tipo de situação em que os promotores frequentemente se recusam a atuar) irão deter usuários de drogas por uma acusação menor, mais fácil de sustentar, do que aqueles em jurisdições com taxas mais baixas. Essa preferência, que tem pouco a ver com o número real de crimes cometidos, explica algumas diferenças raciais em taxas de detenção por drogas entre áreas da cidade.[37]

Moskos tabulou o número de detenções feitas por cada policial em sua unidade durante seis meses:

Entre diferentes policiais da mesma brigada, os números de detenção variavam extremamente [entre os treze policiais na sua unidade, os números iam de um máximo de 77 a um mínimo de quatro]. Se as variáveis baseadas em suspeitos — raça, comportamento, até comportamento criminoso de baixo nível — eram os fatores-chave que determinavam a prisão, seria de esperar estatísticas similares de detenção para todos os policiais de patrulha que trabalhavam na mesma brigada e policiavam as mesmas pessoas na mesma área sob o comando do mesmo sargento. [Mas] um pequeno percentual de policiais faz a maioria das detenções.[38]

Alguns que tinham baixos escores disseram que ser ativos apenas os expunha a queixas e problemas.[39] Outros se cansaram de policiar no "estilo caubói". Mas quando a administração enfatizava "produtividade", emitindo repreendas pelo não cumprimento de cotas de detenção, mesmo os que obtinham altos escores paravam de fazê-las, e as detenções da unidade se reduziam ainda mais. Moskos resume assim suas observações:

> Para produzir estatísticas, violações ligadas a drogas em áreas de alto consumo são similares a infrações de trânsito. Policiais não se perguntam se podem registrar uma infração de trânsito[;] eles simplesmente têm de querer encontrar uma pessoa cometendo a infração de trânsito. Notificações por infrações de trânsito refletem a presença de policiais muito mais do que a distribuição de infrações de trânsito. De maneira similar, numa área de elevado consumo de drogas, as detenções são incrivelmente aumentadas pela maior presença de policiais.[40]

Em outras palavras, podemos identificar isso como um caso da Lei de Campbell, proposição geral sobre o efeito do uso de estatísticas para conferir recompensas e punições para os trabalhadores que as produzem: "Quanto mais qualquer indicador social quantitativo (ou mesmo algum indicador qualitativo) é usado para a tomada de decisão social, mais sujeito ele estará a pressões de corrupção e mais propenso estará a distorcer e corromper os processos sociais que pretende monitorar".[41]

A combinação das descobertas de DeFleur e Moskos nos dá uma melhor compreensão do que as estatísticas de detenção realmente medem, de para que podemos usá-las como evidências. Pense numa detenção ligada a drogas como o resultado de várias linhas convergentes de atividade, levadas adiante por diversos atores no departamento de polícia e na comunidade em que eles trabalham. Quando essas linhas de atividade convergem no tempo, em lugar e pessoal, a detenção pode ocorrer e ser registrada num formulário oficial que o policial que faz a detenção preenche e depois deposita em algum lugar, de modo que outra pessoa o pegue e combine com outros formulários semelhantes num todo oficialmente certificado de detenções por esse motivo por parte desse policial ou grupo de policiais, a fim de ser combinado com outros desses relatórios num resumo oficialmente certificado de atividade policial com respeito a narcóticos nessa área geográfica.

Seria um grave erro científico aceitar esses números de maneira acrítica, como uma síntese precisa da "incidência real" de uso de drogas ou transações com drogas, o número de pessoas que usou essas drogas num dado período de tempo, o número de vendas feitas e que pessoas elas envolveram, sem saber a contribuição de cada passo na história das atividades convergentes (confiando em DeFleur e Moskos para nos orientarem para os fatos relevantes) para o número final apresentado como "a quantidade de uso de drogas".

Para objetivos científicos, deveríamos ver os números finais como o que realmente são — o número de formulários que policiais preencheram relatando uma detenção que fizeram —, em especial não tratar esses números como um índice perfeito da atividade de uso de drogas, apenas talvez (embora isso tampouco seja certo) como um registro perfeito do que a polícia relatou.

Em outras palavras, os dados que Lois DeFleur e Moskos nos dão decerto podem ser usados como um índice da atividade policial com respeito ao relato de tais números. Isso é alguma coisa. Mas, para frisar, os resultados da atividade policial não devem ser tomados como evidências da atividade dos habitantes da área policiada. Antes de tratá-los dessa maneira, teríamos de verificar como os registros de detenção são criados e depois transformados de modo a finalmente se tornarem partes de uma "estatística policial". Poderíamos pensar nisso como uma versão da preocupação legal com a custódia de um item de evidência, em que o analista leva em conta qualquer ponto em que o paradeiro da evidência não pode ser determinado, já que esse ponto põe em questão a aceitabilidade do item como evidência. Semelhante lacuna desloca o ônus da prova para a pessoa que está apresentando o objeto ou registro como evidência, presumindo-se que, no tempo envolvido numa lacuna no registro, é possível que sua integridade tenha sido comprometida.

A combinação das descobertas dos dois estudos não produz esclarecimento sobre as causas do uso de drogas, mas certamente nos ajuda a explicar os detalhes das "causas" do *registro da atividade policial nos registros estatísticos dos departamentos de polícia*, o que não é a mesma coisa que as causas da adição a drogas, ou mesmo as causas da participação no tráfico de drogas, duas coisas relacionadas, mas diferentes.⁴² Essas descobertas nos dão as ferramentas para avaliar a contribuição de muitas linhas convergentes de atividade para a criação de um registro oficial de detenções que aparece como parte de um número numa tabela de "detenções ligadas a drogas". Se esses números podem também ser usados como um índice de uso real de drogas, isso depende de como eles foram tratados em cada passo do caminho, desde as interações entre policial e cidadão até o registro público acabado.

Uso sociológico de dados investigativos

As agências governamentais às vezes investigam assuntos de potencial interesse sociológico, ocasionalmente em áreas relevantes para a atividade criminal. As pessoas em geral, em diversas circunstâncias, podem ter acesso a esses registros investigativos, inclusive para propósitos de pesquisa, e usá-los para estudar interessantes problemas. Wayne Baker e Robert Faulkner descobriram exatamente um desses esconderijos de registros, útil para o estudo de conspirações comerciais ilegais, que lhes permitiu chegar aos mecanismos que autorizavam as grandes empresas de equipamento elétrico a fixar os preços de seus produtos numa violação criminosa da Lei Antitruste Sherman.⁴³ Economistas e sociólogos interessados nesses crimes tinham se contentado em ignorar tais mecanismos, que intervinham nas condições do mercado, e as conspirações daí resultantes, como uma caixa-preta que eles nunca seriam capazes de abrir.

Não vou entrar nas complexas e fascinantes teorias que Baker e Faulkner criam para explicar as atividades dos conspiradores; antes, vou me concentrar numa operação de pesquisa, o bem-sucedido esforço desses dois pesquisadores para usar o "grau de centralidade" dos atores a fim de explicar a atividade criminosa deles e seu destino nos julgamentos antitruste que por fim se instauraram. (Leitores interessados podem satisfazer a curiosidade lendo o relatório completo. "Grau de centralidade" é uma medida básica usada em teoria de redes, cujos resultados podem fornecer evidências sobre os papéis que as pessoas desempenharam numa atividade coletiva. Nesse caso, ele é medido pelo "testemunho ocular direto da participação de uma pessoa em eventos de fixação de preços". Quanto mais pessoas o viram fixando preços, mais central você é.) Uma investigação desses temas apresentava grandes dificuldades porque, como dizem Baker e Faulkner, "essas redes ilegais envolviam apostas elevadas, grandes corporações, compradores governamentais, a carreira e a reputação de dezenas de administradores e executivos corporativos, muitos dos quais eram esteios de suas comunidades locais e membros da elite".[44] Mas os registros da investigação do Comitê Kefauver do Senado sobre a fixação de preços na indústria de equipamentos elétricos pesados continham exatamente aquilo de que precisavam:

> O relatório do Comitê Kefauver é uma transcrição literal de três meses de audiências do Comitê sobre fixação de preços na indústria de equipamentos elétricos pesados. Cada testemunha depôs sobre sua participação e a de outras pessoas em atividades de

fixação de preços, inclusive contatos interpessoais, comunicações diretas e datas de comparecimento a reuniões conspiratórias. [...] O Comitê teve acesso completo a transcrições literais dos procedimentos do júri de instrução, listas detalhadas de acusações, memorandos do Departamento de Justiça dos Estados Unidos e outras fontes essenciais de informação confidencial sobre as conspirações. Um dos objetivos do senador Kefauver era ler nas entrelinhas do registro público informações sobre atividades de fixação de preços a partir dessas fontes.[45]

E isso significou que Baker e Faulkner tiveram excelentes evidências exatamente sobre as matérias requeridas pela teoria de redes que eles usaram, excelentes porque consistiram em testemunho juramentado de 38 participantes nas conspirações sobre as quais eles teorizavam; o testemunho desses participantes incluía as atividades de outros, perfazendo um total de 78 pessoas envolvidas, e todas essas infelizes testemunhas tinham deposto sob juramento. Mentir em semelhante situação constitui perjúrio e somente aumentaria as prováveis sentenças de prisão daí decorrentes. Portanto, temos boas razões para aceitar os relatos desses participantes como dados factuais, ótimas evidências da presença de pessoas nas reuniões em que a conspiração foi planejada e executada, e de sua participação nelas. Os assuntos abordados nas entrevistas incluíam: datas de reuniões em que os participantes discutiram que companhia "venceria" a próxima rodada de licitação para um contrato de fornecimento de equipamentos para uma grande empresa; quanto o "vencedor" iria cobrar e quanto mais do que isso os outros cobrariam, assegurando que o vencedor escolhido obtivesse o contrato; e os nomes, companhias e posições de todos os participantes em cada reunião. Isso forneceu dados detalhados e precisos (presumivelmente, dadas as possíveis consequências legais de mentir sobre qualquer dessas coisas) do tipo que o mais cauteloso defensor da análise de redes poderia desejar.

Esses dados permitiram a Baker e Faulkner avaliar explicações rivais de conspiração, derivadas de teorias das sociedades secretas e da teoria dos pequenos grupos e das organizações, sobre a maneira como os conspiradores organizavam e levavam a cabo suas atividades criminosas, usando dados sobre atos específicos de presença em reuniões e participação, processados com fórmulas derivadas da teoria formal dos gráficos (uma teoria matemática útil no estudo das redes) para produzir seus resultados.

Esse corpo de dados não convencional, mas extremamente preciso, deu a Baker e Faulkner uma maneira de avaliar ideias cujo valor, antes, os estudiosos poderiam apenas ter conjecturado:

> A estrutura de sociedades secretas intercorporativas não segue a mesma lógica de eficiência subjacente da organização de atividades comerciais legais. A eficiência impele a estrutura de redes legais, mas o sigilo impele a estrutura de redes ilegais. Para redes ilegais com baixa necessidade de processamento de informação, o sigilo resulta em estruturas descentralizadas, ainda que as estruturas centralizadas fossem mais eficientes na execução de tarefas. Essa descentralização protege os altos executivos da vulnerabilidade legal. Redes ilegais com grande necessidade de processamento de informação, contudo, requerem que os altos executivos estejam mais envolvidos em operações ilegais, criando redes centralizadas, ainda que redes descentralizadas fossem mais

eficientes na execução das tarefas. A centralização é a única maneira de operar uma conspiração de alta informação, porque a interação face a face é necessária para as tomadas de decisão complexas em segredo. Mas essa estrutura tem um custo: a centralização aumenta a vulnerabilidade legal de altos executivos.[46]

Os dados que Baker e Faulkner usaram empolgariam qualquer um que estude as grandes organizações, além dos entusiastas da teoria de redes. Seu exemplo revela a esses caçadores de emoções onde procurar dados de qualidade comparável.

Uso de registros escolares

O monumental estudo realizado por Jane Mercer sobre o processo que levava à rotulação psicológica de estudantes em Riverside, Califórnia, nos anos 1960 usa os registros do sistema escolar local — tudo, de recomendações de professores aos resultados de testes de inteligência que os psicólogos administraram a estudantes e à alocação dos estudantes em classes especiais — para examinar como as crianças se tornam "mentalmente retardadas".[47] Não no sentido psicológico, marcado por severos déficits físicos e intelectuais e tudo o que isso acompanha em estudantes assim rotulados, mas no sentido organizacional: diagnosticados pela escola como tendo tais problemas, e subsequentemente tratados de maneira diferente. O livro contém muitas tabelas e cálculos estatísticos, mas não os usa para estabelecer correlações entre o diagnóstico e outros traços das crianças assim rotuladas; em vez disso, utiliza-os para pôr a nu o processo que leva à rotulação de retardado. (Embora o livro trate de muito mais do que essa questão, estou me concentrando na maneira como Jane Mercer usa os registros escolares, combinados com outros materiais que ela e sua equipe coletaram no estudo, para revelar passos decisivos no processo.)

Jane Mercer descreve oito passos que crianças que acabam sendo oficialmente declaradas "retardadas" pela equipe da escola atravessam em seu caminho para o diagnóstico final. Crianças que não atravessam esses passos não se tornam "retardadas". São eles:[48]

1. A criança tem de estar matriculada no sistema escolar público, a única organização que tem a equipe e as rotinas para emitir julgamentos definitivos de "retardo". Crianças que frequentavam escolas católicas ou outras escolas privadas não podiam, portanto, se tornar "retardadas", fosse qual fosse sua sintomatologia.
2. Depois de matriculada, a criança se torna um "aluno normal", o que acarreta "receber constantemente notas" por desempenho acadêmico e comportamento interpessoal: por exemplo, ser classificada, de acordo com a capacidade demonstrada, em um de vários grupos de leitura. É nesse ponto que algumas crianças impressionam o professor o bastante para merecer atenção especial como aluno potencialmente "bem-dotado", ao passo que outros são enviados para aulas de recuperação em leitura e outras atividades estigmatizadas (que são, contudo, somente intermitentes e ainda não afetam o status da criança como "normal").
3. O desempenho ocasional de um aluno faz com que ele seja "retido", obrigado a repetir o ano, embora os professores balan-

ceiem a necessidade disso com uma política geral que favorece a "promoção social".

4. Em algum ponto, o professor pode recomendar que o aluno seja colocado numa classe de "educação especial" (assim como os alunos que se mostram muito inteligentes podem ser transferidos para classes adiantadas, para os "bem-dotados"). Até esse ponto, o professor faz todas as transferências decisivas, iniciando mudanças de status de alunos, escrevendo os relatórios baseados em observações e recomendações que levam a mudanças de colocação dos alunos em termos organizacionais e de reputação. Mas agora o diretor da escola assume o controle e decide se transfere a criança para uma classe ou outra, ou, de maneira mais crucial, se envia a criança para avaliação e diagnóstico por um "psicólogo certificado no Departamento de Recursos Humanos para Alunos".

Até esse momento, a distribuição das crianças nas três categorias de "bem-dotadas", "normais" e "retardadas" foi bastante informal. E — uma das descobertas decisivas de Mercer — a proporção de crianças dos principais grupos étnicos/raciais escolhidas para esse tipo de atenção não difere daquelas proporções na população geral de alunos. Meninos e meninas de famílias relativamente abastadas e de famílias anglo-americanas latinas e negras aparecem nas mesmas proporções entre os testados e entre a população total de alunos. Por enquanto, nenhuma disparidade étnica marca o processo diagnóstico.

5. Diferenças em proporções étnicas e raciais aparecem pela primeira vez quando os psicólogos administram testes de diagnóstico padronizados às crianças. Com base nos resultados dos

testes, os psicólogos escolares mais frequentemente definem as crianças de famílias anglo-americanas abastadas (cujos escores de QI não eram mais elevados que a média para todas as crianças) como "normais" e as enviam de volta para suas salas de aula regulares, e as crianças de minorias raciais e étnicas (latinas e negras) com escores similares mais frequentemente são definidas como aquelas que demandam tratamento especial.

6. O passo seguinte, crucial no processo, é ser rotulado como retardado. Alguns alunos escapam desse rótulo porque seus pais os transferem da escola pública para uma escola particular, e as mulheres anglo-americanas tinham maior probabilidade de escapar do rótulo desabonador. Essas outras escolas não tinham psicólogos em seu pessoal, e por isso não administravam testes nem faziam achados diagnósticos.

7. Os outros não escapam do rótulo: tornam-se "MR" (mentalmente retardados). Nesse ponto do processo, aparecem diferenças substanciais entre os grupos étnicos. Anglo-americanos, especialmente meninos e de famílias abastadas, são enviados de volta para suas salas de aula, enquanto os outros, agora rotulados de MR, recebem tratamento especializado, segregado. Jane Mercer verificou as proporções para as populações de alunos em outros anos, e essas diferenças apareceram na coorte de estudantes testados de cada ano.

8. O passo final no processo é deixar o status de retardado mental, formando-se, abandonando a escola, sendo expulso ou retornando à classe regular. De maneira bastante interessante, escapar da rotulação dessa maneira não era uma função das características sociais, mas das características clínicas e comportamentais. Aqueles com menores problemas neurológicos e com QI mais elevado escapavam com mais facilidade.

Jane Mercer conclui que "o anglocentrismo, institucionalizado e legitimado pelos procedimentos diagnósticos usados nas organizações formais da comunidade, parece constituir o padrão mais generalizado na rotulação dos mentalmente retardados na comunidade".[49]

Em cada passo de sua argumentação, ela se baseia em registros criados e armazenados pelas próprias escolas. Sua relação com as escolas lhe deu livre acesso a todo esse material. Isso lembra a todos os pesquisadores que devem procurar esses esconderijos de materiais relevantes nas organizações que estudam.

Há uma lição adicional. Jane Mercer não apenas sabia que esses registros existiam: ela também tinha acesso às pessoas que os faziam e, embora não relate essas coisas em detalhe, conhecia os tipos de pressão exercida sobre professores, psicólogos e diretores que os levavam a diferentes estratégias para lidar com as crianças que não eram iguais às outras, de certa maneira tornando o trabalho da escola mais difícil.

Mais uma coisa. O que acontecia com esses "retardados" quando eles deixavam a escola, a organização que assim os rotulara? Como o estudo intensivo das atividades escolares de Jane Mercer estava inserido num estudo mais amplo sobre o retardo mental na comunidade mais vasta de Riverside, ela pôde localizar pessoas que tinham sido rotuladas dessa maneira na escola e que agora, findas as suas carreiras estudantis, estavam vivendo na comunidade como adultas. Os que sofriam dos tipos de dificuldade neurológica e física que com frequência acompanham baixos escores de QI ainda tinham dificuldades. Mas outros, que haviam se tornado MR unicamente com base em testes psicológicos, estavam desempenhando papéis adultos normais como pais, donas de casa e assalariados. Seus mundos sociais centram-se na família, em vizinhos, amigos e, talvez, na igreja. Cerceados por educações limitadas e experiência limitada na sociedade americana, a palavra impressa mal existe para eles. Embora não saibam as respostas para perguntas em medidas clínicas comuns, estão vivendo suas vidas dentro do sistema social de sua comunidade, não estigmatizados e não incapacitados.[50]

Isso é o que você pode aprender a partir de um uso judicioso e bem informado de registros organizacionais relevantes.

Contentar-se com dados mínimos

Algumas fontes de informação coletada pelo governo abrangem populações inteiras com relativamente pouca dificuldade, mas, em razão da natureza do fenômeno que está sendo registrado, não dão ao pesquisador muito com que trabalhar. Diversos pesquisadores desistiriam em face da escassez de informação contida, por exemplo, numa certidão de nascimento. Esse não é o caso de Stanley Lieberson, competente demógrafo que sabia como fazer pouco render muito quando confrontado com uma fonte de dados tão parca. Ele queria estudar moda, tema clássico na teoria do comportamento coletivo elementar, tal como esta tinha sido definida por Herbert Blumer e outros.[51]

Lieberson foi levado a esse interesse não por uma análise teórica (esta veio depois), mas por experiência pessoal:

Minha mulher e eu somos um casal convencional; quando nossa primeira filha nasceu, nós lhe demos um nome. Embora não soubéssemos, outros pais estavam escolhendo o mesmo nome para suas filhas. Descobrimos isso, porém, bastante cedo; da escola maternal em diante, nossa Rebecca quase invariavelmente encontrou colegas com o mesmo nome. O que me intrigava era que nem minha mulher nem eu tínhamos tido qualquer ideia de que estávamos escolhendo um nome tão em voga. Nós e esses outros pais, sem conversar sobre isso, chegamos "independentemente" à mesma decisão ao mesmo tempo. Obviamente, a escolha não era independente — ela tinha de refletir influências sociais. Mas parecia haver alguma coisa "no ar" que estava levando diferentes pais a fazerem a mesma escolha. Sendo sociólogo, claro que isso me fascinou. Ao contrário de muitos outros gostos sociais, a popularidade do nome Rebecca não refletia interesses comerciais ou organizacionais: não havia nenhuma campanha patrocinada pela ANR — a Associação Nacional das Rebeccas —, muito menos um esforço para rebaixar aqueles que preferiam um concorrente. A ascensão de Rebecca e o declínio de outro nome não era igual à intensa competição entre a Pepsi e a Coca-Cola. Nem a Walmart e a Neiman Marcus estavam promovendo o nome como parte do guarda-roupa elegante de uma filha recém-nascida. E não havia nenhum abatimento de fábrica para batizar sua filha de Rebecca.[52]

Tendo assim descartado muitas das principais teorias que poderiam explicar essa estranha experiência, Lieberson seguiu em frente para descartar as demais teorias que tentassem relacionar a escolha de nomes de crianças a forças sociais externas: influência dos meios de comunicação de massa, desenvolvimento de interesses baseados em classe etc. Ele decidiu avançar na outra direção e procurar mecanismos internos, processos independentes dessas externalidades.

Para isso, modas de prenomes constitui um tema de pesquisa perfeito. Essas mudanças ocorrem em períodos de tempo muito curtos — mudanças de ano para ano são tipicamente substanciais — e, portanto, não podem refletir a operação de todas as causas sociais convencionais usualmente oferecidas para explicar mudanças de gosto e moda. Lieberson considera a popularidade do nome "Marilyn", frequentemente atribuída à fama da atriz Marilyn Monroe, e observa algumas dificuldades óbvias: por exemplo, o nome tornou-se popular antes que Norma Jean Baker o assumisse, e já tinha começado a declinar em popularidade antes que ela se tornasse atriz.

Além disso, "não há nenhum esforço comercial para influenciar nossas escolhas de nomes".[53] Isso torna os prenomes um tema ideal para o estudo de mecanismos de moda em sua forma pura. Lieberson escolheu estudar esse caso puro, em que a operação de processos internos ao fenômeno da moda constituía o principal — de fato o único — fator que afetava o que ele queria explicar.

Mas certidões de nascimento geralmente contêm uma seleção muito limitada dos tipos de dado que os sociólogos acham interessantes. Não que não tenham nada, mas não possuem um rico sortimento de indicadores do que poderíamos conceber como "variáveis relevantes", relevantes para explicações baseadas em classe social, culturas de classe ou mobilidade social. O que está registrado na certidão depende das exigências da jurisdição que a expede. Alguns itens aparecem de maneira mais ou menos universal: o nome dado ao bebê, o lugar e a data do nascimento, o nome dos dois pais (mas às vezes apenas o da mãe), e, também não garantido em todos os lugares, possíveis marcadores de posição social como "raça [...], etnicidade, status conjugal da mãe e sua instrução (em geral inferida através de outras características), e idade dos pais".[54] Lieberson, que sempre teve uma natureza lúdica, pode ter escolhido o tema não só por seu evidente interesse como estudo de caso sobre moda e mudanças históricas no gosto, mas também exatamente porque a escassez dos dados disponíveis criava um verdadeiro desafio analítico. É claro que temos muitos dados, no sentido de listas publicamente disponíveis (colhidas de certidões de nascimento) dos nomes atribuídos a todas as crianças nascidas nos Estados Unidos num determinado ano, e séries cronológicas completas (dependendo do estado) para essas listas, ocasionalmente remontando até 1880. Algumas outras características aumentam o valor de dados relativos a prenomes: por exemplo, sobrenomes em geral são permanentes, continuam os mesmos quando as modas mudam (com exceção feita à ocasional mudança idiossincrática de nome).

E, o que torna o caso tão interessante aqui, ninguém que coleta esses dados tem qualquer razão para fazer qualquer coisa senão registrar a informação dada pelas pessoas que dão nome ao bebê. Nenhum benefício do emprego ou vantagem possível em qualquer dimensão da vida de trabalho depende do conteúdo da informação no formulário. Quem faz o registro não se importa com o nome que os pais dão ao bebê. Ele ou ela deveria se preocupar! Assim, o item na certidão de nascimento de maior interesse para a pesquisa de Lieberson — o nome do bebê — sempre conta a verdade exatamente como os relatores poderiam contá-la para qualquer pessoa em qualquer circunstância. Ou, em outras palavras, depois de registrada na linha apropriada do formulário, essa inscrição *é* o nome do bebê. E, assim, Lieberson ou qualquer outro pesquisador pode usá-lo como evidência para qualquer coisa que ele afirme que esse formulário testemunha, sem jamais pôr em questão sua validade e confiabilidade. A certidão de nascimento diz que meu prenome é Howard? É isso! É Howard. (Embora não para tudo. Como sempre digo para todo mundo, só minha mãe me chamava de "Howard". Insisto em que todos os demais me chamem de "Howie".)

Em suma, a certidão de nascimento nos revela um pouquinho sobre o universo completo de um fato social particular — que nome uma ou duas pessoas deram a seu filho — de uma maneira que não pode ser questionada, circunstância muito rara para pesquisadores sociais. Contudo, repito, essa confiabilidade absoluta custa caro, porque o documento contendo essa valiosa evidência não revela muito mais. Ele contém poucos dos fatos em que os sociólogos rotineiramente se baseiam quando criam suas histórias teóricas. O experimento de Lieberson consistiu em ver até onde podemos ir com tão poucos dados, o que é possível fazer essa escassa porção de fatos testemunhar, para que tipos de ideias eles podem servir como evidências.

A caminho de suas principais conclusões, que apresentam mecanismos internos de moda como agentes das mudanças na distribuição de prenomes, Lieberson analisa e atribui limitada importância a algumas causas externas: a mudança na identificação de mulheres de "Sra. John Smith" para "Sra. Jane Smith", certamente relacionada a transformações gerais na posição social das mulheres durante o século xx; o aumento de prenomes africanos, islâmicos e singulares (nomes que aparecem somente uma vez nos registros nacionais em um dado ano) entre crianças afro-americanas, concomitante a mudanças nas relações entre raças a partir dos anos 1960, especialmente o enorme aumento de prenomes inventados e singulares nesse grupo; e o crescente uso, por políticos e até por líderes empresariais, de apelidos em lugar de seus prenomes — Bill Gates e Bill Clinton, por exemplo.[55]

Mudanças como essas, aparentemente causadas por eventos históricos externos, na verdade muitas vezes começam antes dos eventos que supostamente as causaram. As evidências para isso encontram-se nas contagens anuais de prenomes dados em todo o país, que sustentam irrefutavelmente o conselho de Lieberson de ser cauteloso quanto a aceitar explicações ad hoc sem cuidadosa avaliação (preferivelmente em dados expressos como séries cronológicas) da validade da conexão causal alegada. (Ele cita onze "explicações" concorrentes para a enorme redução do número de homens que usam chapéu após a Segunda Guerra Mundial e constata que todas são "não comprovadas" e muito obviamente falsas).[56] Em geral, as evidências provenientes de registros de nascimento mostram que

> a influência de [...] desenvolvimentos sociais externos é zero tanto para a concentração de nomes (tal como medida pela porcentagem de recém-nascidos com os vinte nomes mais comuns dados a bebês meninos ou meninas em um ano) quanto para a continuidade entre os nomes dados a crianças num dado ano com aqueles nomes dados cinco anos antes.[57]

Embora, por exemplo, bebês negros recebessem mais nomes singulares do que crianças brancas, a maioria dos nomes de bebês negros mostra as mesmas mudanças de ano para ano que os nomes de bebês não negros. A característica distintiva distingue apenas um número muito pequeno.

De maneira similar, nomes de meninos mudam muito de ano para ano, mas nomes de meninas mudam ainda mais maciçamente de um ano para o outro (como ilustrado pelo Diagrama 3.9 de Lieberson).[58] Nenhuma das explicações históricas ad hoc típicas oferece qualquer esclarecimento sobre essa importante diferença.

Lieberson recomenda — como mais estáveis e sustentadas por evidências mais numerosas, provenientes de séries cronológicas de registros de nascimento — explicações baseadas no que ele chama de mecanismos internos, que produzem mudança por meio de processos independentes de eventos históricos específicos. "Os mecanismos internos de gosto são os elementos fundamentais subjacentes a praticamente todas as mudanças no gosto."[59]

Mecanismos internos são o que outros (eu, por exemplo) poderiam chamar de "processos": sequências de eventos, cada passo no processo recebendo vários inputs e produzindo algum tipo de output a partir deles. A natureza do output depende do que eram os inputs, e o processo é neutro com respeito a isso; ele funciona com qualquer coisa que você (ou a história) lhe entregue. Em consequência, você não pode prever muito bem os detalhes do output; depende do que é o input, e isso pode variar de uma iteração do processo para outra. (Expus em detalhes minha versão dessa ideia, em *What about Mozart? What about Murder? Reasoning from Cases*. Usei uma linguagem diferente, mas penso que a ideia central é a mesma, ainda que Lieberson pudesse não concordar com isso.)

Lieberson identifica muitos mecanismos internos, e se você estiver interessado em todos eles deveria ler o livro (mesmo que não esteja interessado, deveria lê-lo; ele é fundamental para o pensamento sociológico). Vou me concentrar em um, para lhe dar o gosto desse tipo de explicação e alguma compreensão do que a engenhosidade pode fazer com dados tão escassos e simples quanto os que certidões de nascimento contêm.

O principal mecanismo interno é identificado por Lieberson como *moda*. E a principal dinâmica do processo da moda, que produz os padrões de mudança característicos observados em prenomes, é o "efeito catraca" [*rachet effect*]. Seja como for que esse processo tenha começado, ele agora funciona da seguinte maneira: algum segmento da população "quer alguma coisa nova simplesmente porque é *nova*, ou porque o velho tornou-se maçante ou comum".[60] Depois a coisa nova, por sua vez, torna-se maçante ou comum, e as pessoas procuram substituí-la, e... a mudança continua vindo porque cada mudança serve como estímulo para outra. E nenhum evento externo histórico precisa ocorrer para pressionar a mudança; a própria mudança produz a necessidade de mais mudança. É isso que é a moda: "um mecanismo que impele a mais mudanças sem transformações externas adicionais".[61]

Eis como ele funciona. A cada ano, alguns itens na área particular da moda que estamos investigando "envelhecem". As pessoas ficam cansadas de ouvi-los e querem ver algo novo. Algumas séries cronológicas — Lieberson trabalha com estudos de Kroeber sobre mudanças a longo prazo na medida da cintura dos vestidos femininos —[62] deixam claro que características específicas avançam numa direção por um longo período, depois avançam na direção inversa, e de volta outra vez, repetidamente. Ele chama isso de "efeito catraca", e o explica com duas ideias: "Novos gostos são em geral baseados em gostos existentes; o que é mais atraente é uma modesta variante em relação a gostos existentes. [...] [Assim], de ano para ano as mudanças costumam ser modestas", embora na época pareçam notáveis. Mas depois modas mais velhas começam a parecer cada vez mais datadas, de maneira que as mudanças continuam a avançar na mesma direção, de modo a se distanciar do que é atual. Por fim o movimento deve mudar de direção: a cintura das mulheres não pode ser infinitamente comprimida. Mas essas alterações são acompanhadas por mudança acentuada em alguma outra característica (comprimento da saia, por exemplo), de modo que a mudança direcional não confunda os fregueses por sua similaridade com o que veio antes, e modas antigas possam ser reintroduzidas como novas.[63] O resto do capítulo usa dados de certidões de nascimento como evidências para essa explicação relativa a características de nomes como os tipos de sons no início e no fim dos nomes (por exemplo, quase não há nomes de menino que comecem com H após 1950), e na língua em que os nomes se originam (por exemplo, latim, grego, hebraico etc.).

Lieberson encontra na incidência de nomes bíblicos para meninos evidências especialmente convincentes da relativa irrelevância de variáveis históricas externas.[64] Se a crença religiosa fosse a responsável pelo aumento observado nessa porcentagem entre os anos 1918-87 em Illinois (uma fonte que ele usa frequentemente), ela deveria estar correlacionada a outras medidas de religiosidade, tais como ir à igreja. Mas o gráfico dos dois números não mostra essa relação. A mesma coisa ocorre com dados de nomes e frequência à igreja por um período muito mais longo (1800-1985) na Inglaterra e no País de Gales. E dados do General Social Survey mostram que dar a um bebê um nome bíblico não tem absolutamente nenhuma relação com ir à igreja ou com a intensidade dos sentimentos religiosos dos pais.

O livro prossegue identificando muitos outros mecanismos internos e seus resultados, o que deixarei para os leitores buscarem por si mesmos, pelo prazer e a utilidade que eles podem fornecer.

Lieberson nos dá um modelo para usar dados escassos como evidências para importantes ideias sociológicas. E os dados, embora escassos, lhe servem bem porque as pessoas que os recolhem não têm razão para fazer nada senão registrar os nomes tal como os pais os declaram.

E assim...

Dados coletados por funcionários do governo existem por toda parte à nossa volta e nos vemos tentados a tirar proveito de sua onipresença e de seu relativo baixo custo (sobretudo para copiá-los e prepará-los para análise). Mas as pessoas que coletam os dados o fazem por suas próprias razões, algumas das quais, mas não todas, refletem as razões oficiais para sua atividade, as razões que poderiam fazer deles bons dados de ciências sociais. As outras razões incluem (mas não estão limitadas a) fornecer evidências aos superiores ou ao público de que eles estão "fazendo seu trabalho", influenciar a opinião pública e manter boas relações com outros trabalhadores de cuja cooperação necessitam para fazer com que seu trabalho transcorra sem percalços. Qualquer uma dessas coisas pode afetar a utilidade da informação disponível, e o pesquisador meticuloso verificará cuidadosamente as fontes de seus dados ao utilizá-los.

Ao mesmo tempo, lembre-se de que elementos da situação em que os dados ganham forma apresentam oportunidades para aprender coisas de substancial interesse sociológico. Estatísticas policiais podem apresentar informação bem pouco confiável sobre os crimes que supostamente enumeram, mas são ótima informação sobre alguns aspectos da atividade policial. E isso leva a outros tipos de comparações de coleta de informação em outros tipos de situações de trabalho, e... Você provavelmente pode imaginar onde isso vai dar.

6. "Coletores de dados contratados" e não cientistas

Um evento instrutivo

Quando os Estados Unidos entraram na segunda década do século XXI, os sociólogos começaram a debater e a se preocupar com o que parecia ser o crescente isolamento social no país, fenômeno que o conhecido *Bowling Alone* (2000), de Robert Putnam, havia transformado em tema de discussão nacional. Miller McPherson, Lynn Smith-Lovin e Matthew Brashears usaram dados do General Social Survey — um levantamento a princípio anual e depois bienal, pago pela National Science Foundation e realizados pelo National Opinion Research Center, conhecida e extremamente respeitada organização de pesquisa por levantamento no campus da Universidade de Chicago — para tratar dessa questão.[1] Eles relataram uma redução muito grande no número de pessoas mencionadas pelos entrevistados como aquelas com quem discutiam assuntos importantes. Aqui está a pergunta (o "gerador de nomes") que produziu esses dados surpreendentes, que cito na íntegra, da página 355 (acredite-me, o fraseado é importante):

> Ocasionalmente, a maioria das pessoas discute assuntos importantes com outras pessoas. Rememorando os últimos seis

meses — quem são as pessoas com quem você discutiu assuntos importantes para você? Diga-me apenas seus prenomes ou iniciais. SE MENOS DE 5 NOMES FOREM MENCIONADOS, PENSE BEM. Há mais alguém?

Por favor, pense nas relações entre as pessoas que você acaba de mencionar. Algumas delas podem ser completas estranhas no sentido de que não se reconheceriam mutuamente se topassem uma com a outra na rua. Outras podem ser especialmente próximas, tão próximas ou mais próximas umas das outras do que são de você.

Elas são especialmente próximas? PENSE BEM: Tão próximas ou mais próximas do que são de você?

Em seguida, o levantamento perguntava pelas características demográficas dos parceiros de conversas que os entrevistados citaram: se eram homens ou mulheres, a raça, o nível de instrução e a idade, e alguns aspectos da relação dos entrevistados com eles. Depois os entrevistadores pediam mais informação sobre o caráter da relação:

Aqui está uma lista de maneiras pelas quais as pessoas se relacionam. Algumas pessoas podem estar relacionadas a você de mais de uma maneira. Por exemplo, um homem poderia ser seu irmão e pertencer à sua igreja e ser seu advogado. Quando eu ler um nome para você, por favor diga-me todas as maneiras pelas quais essa pessoa está relacionada com você.

Como (NOME) está relacionado com você? PENSE BEM: De que outras maneiras?

As opções eram apresentadas num cartão: Cônjuge, Pai ou Mãe, Irmão, Filho, Outro parente, Colega de trabalho, Membro de grupo, Vizinho, Amigo, Conselheiro, Outro). O General Social Survey tinha feito essa pergunta em 1985 e novamente em 2004, e as respostas tinham mudado drasticamente durante esse período. Mais uma vez, vou citar longamente, agora a partir do resumo do artigo, que apresenta as principais descobertas de maneira bastante clara:

> Terão as redes centrais de discussão dos americanos mudado nas duas últimas décadas? Em 1985, o General Social Survey (GSS) coletou os primeiros dados nacionalmente representativos sobre os confidentes com quem os americanos debatem assuntos importantes. No GSS de 2004 os autores replicaram essas perguntas para avaliar mudanças sociais em estruturas de rede centrais. As redes de discussão são menores em 2004 que em 1985. O número de pessoas dizendo que não há ninguém com quem discutam assuntos importantes quase triplicou. O tamanho médio da rede diminuiu em quase um terço (um confidente), de 2,94 em 1985 para 2,08 em 2004. Na resposta modal o entrevistado agora relata não ter nenhum confidente, enquanto em 1985 tinha três confidentes. Confidentes, tanto parentes quanto não parentes, foram perdidos nas duas últimas décadas, mas a maior redução de vínculos com não parentes leva a mais redes de confidentes centradas em cônjuges e parentes, com menos contatos através de associações voluntárias e vizinhos. A maioria das pessoas tem confidentes densamente inter-relacionados similares a elas. Algumas mudanças refletem a flutuação demográfica norte-americana. A heterogeneidade educacional de laços sociais diminuiu, a heterogeneidade racial aumentou. Os dados podem superestimar o número de isolados sociais, mas essas redes cada vez menores refletem uma importante mudança social dos Estados Unidos.[2]

Os resultados geraram considerável debate e uma explosão de preocupação com o que os telefones celulares e a internet estavam fazendo com o tecido social americano. Muitos céticos tentaram explicar os alarmantes resultados de outras formas, porque eles pareciam surpreendentes demais para serem verdadeiros. Os céticos procuraram artefatos, maneiras pelas quais os resultados tinham ocorrido independentemente de serem os marcadores inevitáveis de uma importante mudança histórica. Por exemplo, será que os resultados refletiam alguma peculiaridade de certos entrevistados que teria levado a citar esses números surpreendentemente baixos de pessoas com quem sentiam que podiam conversar?

Revelou-se que os céticos estavam procurando no lugar errado. Anthony Paik e Kenneth Sanchagrin, dois pesquisadores ainda mais céticos, reanalisaram cuidadosamente os dados do levantamento, procurando características dos *entrevistadores* (e não dos entrevistados) que pudessem explicar os achados anômalos.[3] Eles descobriram que os resultados surpreendentes podiam ser atribuídos a um pequeno número de entrevistadores do General Social Survey que aparentemente não quiseram despender o tempo necessário para fazer as perguntas suplementares requeridas quando os entrevistados citavam muitas pessoas com quem geralmente discutiam assuntos sérios. Ou, talvez, pensaram que repetir a mesma pergunta sobre muitas pessoas seria enfadonho ou até embaraçoso. Ninguém sabe por que fizeram isso, ninguém lhes perguntou nada a esse respeito. Assim, em vez disso, Paik e Sanchagrin conjecturaram (na maioria dos casos, eles não tinham dados em que basear suas conjecturas) que esses entrevistadores apressados interrompiam os entrevistados quando eles começavam a dar nomes "demais" em resposta à pergunta "filtro". Talvez esses entrevistados fossem de fato socialmente isolados. Mas isso seria apenas conjectura, e não a pesquisa séria pela qual a National Science Foundation havia pagado.

De qualquer maneira, embora muitos entrevistadores não tenham tido dificuldade em conseguir que seus entrevistados citassem muitas pessoas com quem podiam conversar sobre problemas, esse seleto grupo de entrevistadores produziu pequenos números estatisticamente incomuns desses nomes. Seus entrevistados, cuja única característica comum era terem sido questionados por esse pequeno subgrupo da equipe de entrevistadores, citaram pouquíssimas pessoas, em muitos casos absolutamente ninguém. A produção anormalmente baixa (estatisticamente falando) de pessoas sobre as quais fazer perguntas adicionais decerto reduziu o tempo que os entrevistadores levaram para completar as entrevistas. Um número suficiente deles fez isso com a frequência necessária para gerar os números que chocaram os pesquisadores, que não esperavam um aumento do isolamento tão sério quanto o medido pelas perguntas.

Assim, no fim das contas, o aumento no isolamento social *era* um resultado forjado, resultante de alguns entrevistadores que, por uma razão qualquer, não fizeram todas as perguntas que deveriam ter feito. Quando eles pediram aos entrevistados para citar pessoas com quem podiam conversar sobre coisas sérias, talvez tenham se lembrado de que cada pessoa citada exigia que eles passassem por outra rodada de perguntas para identificar quem essa pessoa era em relação ao entrevistado. Fazer muitas rodadas de perguntas demandava muito tempo. Nenhum dos documentos disponíveis para mim especificava que os entrevistadores tenham sido pagos por entrevista, mas isso parece provável, nessas circunstâncias.

Algumas das pessoas (e coisas, numa outra história que contarei adiante) que coletam os dados em que os cientistas sociais se baseiam como evidências não têm nenhum interesse em sua exatidão. Elas participam na atividade de coleta de dados por razões pessoais, mas a precisão dos dados que coletam provavelmente não está entre essa razões, já que, até onde sabemos, isso não afeta nada do que eles consideram importante. Isso cria problemas para aqueles de nós que precisamos de dados que convencerão outras pessoas quando os oferecermos como evidências para alguma ideia, porque esses outros interesses desviam a atenção e a energia dos entrevistadores do esforço de assegurar o valor científico da informação que fornecem. Eles não se importam tanto quanto nós com a precisão ou validade da informação que as respostas às entrevistas nos oferecem.

Essas pessoas (e coisas) se apresentam sob diversas variedades.

Coletores de dados voluntários: pessoas que relatam dados sobre si mesmas

Em geral não nos damos conta — ou não conferimos a isso peso suficiente — da quantidade de dados (seja qual for a forma de pesquisa que consideramos) que consistem, afinal, em alguém (informante, sujeito, entrevistado ou alguém sendo "observado") revelando a outra pessoa o que fez ou pensou em alguma ocasião. Há algumas exceções. Quando os pesquisadores estão no evento de interesse da pesquisa e veem por si mesmos as coisas sobre as quais querem saber, eles não estão confiando na palavra de ninguém a respeito de coisa alguma, embora nós tenhamos de confiar na palavra deles a respeito do que viram e ouviram (esse é o tema do próximo capítulo). E quando o evento em questão deixa seus próprios rastros, como a certidão de nascimento considerada no capítulo anterior, os dados sociais se assemelham aos rastros deixados por eventos geológicos (embora esse exemplo lembre que esses traços raramente falam por si mesmos, caso em que estamos novamente um tanto à mercê de uma terceira parte).

Pessoas que concordaram em participar de um estudo muitas vezes agem como seus próprios entrevistadores. Ninguém se aproxima delas com um plano de entrevista na mão, nem pede informação. Elas simplesmente leem as perguntas no formulário e ticam ou anotam as respostas solicitadas. "Qual era a sua idade em seu último aniversário?" "Qual foi o último ano da escola que você concluiu?" "Você é casado, solteiro, viúvo ou divorciado?" Quase qualquer instrumento de levantamento pergunta sobre essas "variáveis contextuais" comuns, e a pessoa que inclui tais perguntas no formulário espera que quem o preencha conheça as respostas possíveis e registre a correta. Outros temas favoritos semelhantes incluem perguntas sobre indicadores de classe social (a ocupação do pai frequentemente serve como índice para isso) e sobre posicionamento quanto a questões políticas atuais (por exemplo, "Você é a favor da legalização do uso da maconha?") ou atividades próximas ("Em quem você votaria nas próximas eleições presidenciais? Escolha um nome da lista."). Algumas questões perguntam sobre coisas que os informantes já fizeram: "Quantas vezes você visitou um museu de arte no ano passado?", ou foi a uma ópera ou concerto, ou pegou um livro emprestado na biblioteca local (questões frequentemente usadas para avaliar o apoio às artes em grupos sociais diferenciados pelo grau de instrução ou outras medidas relacionadas a classe social). Dependendo dos interesses do pesquisador, quase qualquer coisa pode ser objeto de um item de questionário, e as perguntas assumem formas que permitem a qualquer pessoa responder, e a maioria o fará (embora sempre haja uma categoria residual para pessoas cujas respostas "não se encaixam").

Mesmo quando um entrevistador da vida real formula as perguntas, ainda cabe dizer que as pessoas interrogadas fazem a coleta de dados para a pesquisa. "Com que frequência você foi ao cinema no ano passado?" requer que os entrevistados reexaminem suas atividades e contem cada filme a que assistiram, ou, mais provavelmente, avaliem um número aproximadamente correto. Em contraposição, por exemplo, a um procedimento que pede ao entrevistado para guardar os canhotos dos ingressos de cada filme que viu e mantê-los disponíveis de modo que o entrevistador possa contá-los e obter uma resposta mais precisa — bem, pelo menos uma resposta baseada em evidência física.

As pessoas que respondem a essas perguntas coletam dados precisos (sobre seu próprio comportamento)? Tivemos alguns exemplos (em capítulos anteriores) de pessoas fornecendo dados falhos: os membros de sindicatos que Lois Dean estudou, que relataram incorretamente seu comparecimento a reuniões mensais da agremiação; e as crianças que não conseguiram relatar informação suficiente sobre o trabalho dos pais (ou pelo menos não o fizeram) para Wallin e Waldo obterem uma ocupação que pudessem usar para avaliar a posição de classe social.

Nesses dois casos, eu facilmente imagino (qualquer pessoa imaginaria, na verdade) maneiras de obter dados mais precisos do que os produzidos pela pessoa que realmente os forneceu. Se as crianças que estamos estudando não sabem o que o pai faz para ganhar a vida ou não podem descrevê-lo de uma forma que possamos codificar — lembre-se da descrição das dificuldades com esse problema (discutidos nos primeiros parágrafos deste livro) —, podemos interrogar o pai; e, se não confiamos nele, é possível descobrir onde trabalha e ir ver o que ele realmente faz. Se quisermos usar o trabalho do pai como um índice de classe social para inferir alguma coisa sobre a cultura em que as crianças estão crescendo, podemos saltar a indexação de classe e simplesmente ir até onde a família mora e observar essa cultura em ação em primeira mão, tal como as crianças a experimentam, como fez Annette Lareau em seu estudo comparativo das experiências de crescimento de crianças de classe média e da classe trabalhadora (ver a análise no capítulo 8).[4] Evidentemente, isso torna mais difícil obter uma grande amostra para análise, e requer mais dinheiro e tempo do que a maioria dos pesquisadores tem à disposição. Mas, se quisermos realmente conhecer a resposta e ter nossos dados servindo como evidência crível do que dizemos, temos de considerar realizar coisas desse tipo. Veja os esforços que Sébastien Balibar fez para baixar a temperatura do refrigerador a quase zero absoluto Kelvin (como descrito no capítulo 3)! A precisão que a ciência exige pode não sair barato.

Quando Lois Dean quis saber quais membros de sindicato "dissimularam" (isto é, deram um número incorreto) quando um item de questionário lhes perguntava a quantas reuniões sindicais tinham ido no ano anterior, ela descobriu um registro mais precisamente calculável nas notas de campo de um colega que assistira a todas as reuniões e pudera ver por si próprio, e registrar, quem estava lá.[5] Isso custa mais, também, e requer um tipo diferente de estratégia e organização de pesquisa. Mas pense nos esforços que os pedólogos franceses fizeram no Brasil (ver capítulo 3) para obter seus números corretamente.

Bourdieu sobre diferenças de classe em capital cultural

David Halle relata um teste mais complexo da diferença entre pedir um dado a entrevistados e ir você mesmo ver e contar.[6] Ele pôs em dúvida a validade das ideias de Pierre Bourdieu sobre capital cultural e, em particular, a afirmação de Bourdieu de que havia distinções substanciais no gosto artístico de diferentes classes sociais, diferenças entre a apreciação da arte visual impressionista, "fácil de gostar" (Bourdieu escolheu Pierre-Auguste Renoir para exemplificar essa categoria), e as pinturas abstratas "mais difíceis" de Wassily Kandinsky. Bourdieu afirmou que a capacidade de ao menos fingir que gosta das pinturas de Kandinsky dava aos membros de classes sociais mais elevadas um meio de demonstrar e impor sua superioridade ("capital cultural").

Stanley Lieberson já tinha chamado atenção (aqui citando Bourdieu, *A distinção*) para os graves defeitos nos dados de levantamento que Bourdieu apresentou como apoio empírico a essas ideias:

> Ao longo de sua análise, Bourdieu indicou que há essas diferenças de classe. Ele comparou os gostos "intelectuais", ou "da margem

esquerda", com os gostos "da margem direita", ou dos burgueses, em termos de preferências pelas obras de pintores contemporâneos versus mais antigos (p. 292, também pp. 267, 304, 341). Para Bourdieu, o estado de espírito favorável a Renoir em oposição a Kandinsky condensava diferenças de classe em termos de gosto (p. 292). Quais são suas evidências? Diagramas incompreensíveis (Figuras 11, 12 e 13 e pp. 262, 266) mostravam as preferências por Renoir, mas não há nenhuma informação simples relatada nesse denso livro que faça a tabulação cruzada de maneira direta desses tipos de gosto com as populações das margens esquerda e direita. A Tabela A.2 do Apêndice 3 de Bourdieu mostrou esses gostos, embora não no detalhe da subclasse sobre a qual ele escrevia. Mantendo essa limitação em mente, entretanto, a tabulação disponível mostra que 49% da classe trabalhadora escolheu Renoir como um de seus pintores favoritos, comparados aos 51% da classe trabalhadora e 48% da classe alta. Vou ignorar questões sobre testes de significância, mas a diferença de um ponto percentual entre a classe trabalhadora e a classe alta está longe de ser forte evidência em apoio à teoria. O outro lado da equação também não é convincente. Ninguém da classe trabalhadora escolheu Kandinsky, ao passo que 2% da classe média e 4% da classe alta o indicaram. Para cada membro da classe alta francesa que escolheu Kandinsky, houve doze membros da classe alta que escolheram Renoir. Simplesmente não há evidências que indiquem uma divergência substancial de classe nas preferências por esses dois pintores: os profissionais liberais eram os mais propensos a escolher Kandinsky (10%), mas eram também os mais propensos de qualquer das classes a escolher Renoir (61%)![7]

Halle foi mais longe e criou um novo corpo de dados muito mais próximo da expressão real de gosto individual. Ele visitou pessoas em suas casas e pediu para ver todo tipo de arte que possuíam, indo com eles de cômodo em cômodo e catalogando tudo o que estava à vista em paredes, aparadores e estantes. E o que viu reproduzia essencialmente os resultados de levantamentos que constavam das tabelas que Bourdieu tinha relegado a um apêndice, bem como aqueles de muitos outros levantamentos feitos nos Estados Unidos, que Halle resumiu assim:

> A alta cultura frequentemente atrai apenas uma minoria [das classes dominantes]. Um levantamento realizado no início dos anos 1970, sobre a exposição às artes em doze grandes cidades americanas não só mostrou pouco interesse entre os operários pela alta cultura (somente 4% tinham ido a um concerto sinfônico no ano anterior, somente 2% vão ao balé, somente 1% à ópera), mas revelou também que os administradores e profissionais liberais pesquisados eram apenas um pouco mais interessados. Entre gestores, somente 14% tinham ido a um concerto sinfônico no ano anterior, 4% ao balé e 6% à ópera. Entre os profissionais liberais, somente 18% tinham estado num concerto sinfônico, 4% tinham ido ao balé e 5% à ópera.[8]

Quando Halle examinou as obras de arte que pessoas das várias classes exibiam em suas casas, descobriu as mesmas similaridades através das linhas de classe, os mesmos tipos de pintura, com pequenas variações, em todo lugar que examinou: casas em áreas de classe alta de Manhattan e Long Island, e em áreas da classe trabalhadora no Brooklin e em Long Island. Por exemplo (tomo os números da sua Tabela 1, p. 216), na área urbana de classe alta, ele encontrou arte abstrata (supostamente algo que as pessoas com alto nível de instrução achariam interessante) em apenas 12,1% das casas, e o número foi menor nos outros lugares. Encontrou paisagens em 30,4% das casas de classe alta e em essencialmente a mesma fração de casas nas outras amostras. Nesse caso, sua inspeção detalhada confirmou o que os resultados de levantamentos de Bourdieu, se realmente examinados e levados a sério, já revelavam. Ela também deu substância a uma simples declaração de preferências, mostrando que essas pessoas pelo menos agiam com base nas preferências que outras como elas tinham revelado aos entrevistadores nos levantamentos.

Mercklé e Octobre sobre séries cronológicas

Pierre Mercklé e Sylvie Octobre tiveram acesso a dados coletados de uma grande amostra de adolescentes franceses que tinham sido perguntados, num questionário, em quatro ocasiões (começando quando tinham, em média, onze anos) separadas por dois anos (portanto até terem, em média, dezessete anos) se *até então* tinham ido a atividades de lazer de tipos variados: museu, circo, concerto, evento esportivo, discoteca etc. (o número de entrevistados variou de 4700 a 6700 nas diferentes etapas).[9] Mercklé e Octobre observaram "inconsistências" nas respostas, querendo com isso dizer que as crianças, ao responderem às perguntas do formulário inicial, declaravam ter ido a tal e tal lugar ou evento, mas negavam em uma ou mais etapas posteriores que o tivessem feito. Muitas vezes as discrepâncias foram consideráveis, chegando a 70% em alguns casos, e ocasionalmente foram muito pequenas (surpreendentemente, como no caso de ir a uma discoteca, menos de 10%, mas essa foi uma rara exceção). Todos os tipos de relação entre variáveis como gênero ou classe social e comparecimento aos eventos foram fortemente afetados por essas inconsistências. Portanto, não houve dúvida quanto à importância das diferenças ou seu efeito sobre questões a que os sociólogos queriam responder.

Os pesquisadores demonstraram facilmente que os efeitos dessas discrepâncias não sustentavam o método mais comum de justificá-las, a afirmação de que estavam aleatoriamente distribuídas. Não estavam. Eles consideraram então cinco métodos de "simplificar os dados", nenhum dos quais produziu resultados que pudessem ser usados como evidências para grande coisa sobre adolescentes. Não vou entrar nos detalhes dessas demonstrações — as tabelas estão facilmente disponíveis para consulta no artigo publicado.

Finalmente, tendo desarmado os queixosos em potencial, eles se propuseram a lançar mão dessas "inconsistências" como evidências *de proposições para cuja testagem elas podiam ser usadas*: a tendência dos jovens a criar narrativas sobre si mesmos que eles acham atraentes. Assim, as inconsistências deixam de ser críticas ao método, coisas a serem superadas ou explicadas como desimportantes, para se tornarem um tema de investigação para o qual as mesmas inconsistências constituem evidências aceitáveis. Mas a demonstração arruína as justificativas padrão para esses problemas convencionais de pesquisa por levantamento. E, com base no princípio de que tudo o que aconteceu uma vez pode acontecer de novo em circunstâncias similares, cria um grande problema para os defensores do statu quo.

Mercklé e Octobre ilustram um padrão de pesquisa que seria bom ver com maior frequência. Confrontados com uma inconsistência que ameaçava sua análise convencional, eles a trataram como oportunidade para aprender algo novo, e assim demonstraram que (como pesquisadores de campo, conforme veremos no capítulo 7) é possível usar problemas de método para revelar e explorar novas e importantes questões. O título do artigo deles revela como o fizeram. "Inconsistências em respostas e ilusões biográficas num estudo longitudinal de atividades de lazer entre jovens" parece o tipo de tema que animaria muitas reuniões científicas sobre métodos.

Dados de coletores contratados

O caso puro, as pessoas que Julius Roth chamou de "coletores de dados contratados",[10] oferece a versão mais simples da disparidade entre o que os cientistas querem e necessitam, como evidências, e o que as pessoas que realmente coletam os dados querem e necessitam, e os resultados dessas diferenças para a ciência. Trabalhadores contratados — os entrevistadores de levantamentos são o exemplo mais importante e facilmente compreendido, mas há muitas outras variedades — aceitam um emprego que lhes paga para abordar estranhos com um questionário impresso, a partir do qual eles leem perguntas formuladas por alguém e, com muita frequência, uma lista de respostas possíveis (como renda ou categorias de idade) entre as quais o entrevistado escolhe uma. O entrevistador marca um quadrado no formulário, passa para a pergunta seguinte e, quando o formulário está preenchido com respostas, envia-o para a sede da pesquisa, a fim de ser analisado. Depois que o formulário chega lá, outros trabalhadores contratados registram as respostas numa tela de computador, atribuindo tudo o que o entrevistado disse ou fez a uma de um número limitado de categorias. O acúmulo dessas categorizações produz os resultados impressos nas tabelas que os cientistas depois expõem como evidências para provar qualquer ponto que consideram que elas demonstram.

Nada no arranjo entre os coordenadores e os coletores de dados contratados garante que os trabalhadores compartilhem os desejos dos cientistas por precisão, clareza e as outras características que, se presentes, tornam esses dados plausíveis como evidências: desejo, por exemplo, de que os entrevistados tenham espaço suficiente para expressar suas respostas com clareza para os entrevistadores; de que nada que os entrevistadores façam afete as respostas que os entrevistados dão, que assim não consistem em nada senão as respostas "corretas"; e, acima de tudo, de que os entrevistadores de fato entrevistem pessoas reais em vez de inventar a coisa toda. As instituições de pesquisa tipicamente recorrem (se mencionam tais questões de alguma maneira) a programas de treinamento que se encarregam dessas questões, e ocasionalmente indicam que realizam algumas entrevistas de "acompanhamento" para verificar se uma entrevista relatada a eles realmente aconteceu.

Roth afirma que os entrevistadores frequentemente (ou ao menos algumas vezes) deixam de agir da maneira requerida por esses projetos e planos de pesquisa. Não vi nenhuma declaração formal dos institutos de pesquisa por levantamento sobre como elas pagam os entrevistadores; suponho que seja por entrevista. Se esse for o caso, então é do interesse do entrevistador terminar as entrevistas tão rapidamente quanto possível. Eles têm alguns outros interesses a satisfazer também. É plausível, penso eu, conjecturar que os entrevistadores tentam evitar fazer qualquer coisa que irrite ou afaste os entrevistados, e por isso preferem não fazer muitas questões aborrecidas ou perguntas sobre assuntos potencialmente embaraçosos. Se essa minha conjectura estiver correta, então é plausível imaginar que os entrevistadores de levantamento se envolvem de vez em quando no tipo de "restrição da produção" que o sociólogo Donald Roy descreveu entre mecânicos que trabalhavam numa oficina que lhes pagava por peça.[11] Como Roth descreve as descobertas de Roy:

> O produto que o trabalhador assalariado fabrica não é seu em nenhum sentido. Ele não o projeta, não toma qualquer das decisões quanto à sua produção ou às condições sob as quais será produzido, ou sobre o que será feito com ele depois que for produzido. O trabalhador está interessado em fazer apenas o suficiente para sobreviver. Por que deveria se preocupar com quão bem o produto funciona ou quanto tempo é necessário para fazê-lo? Isso é problema da empresa. A empresa é seu adversário e alvo fácil para qualquer trapaça de que ele possa se safar. O objetivo do trabalhador é tornar seu trabalho tão fácil e agradável quanto permitido pelos recursos limitados e ganhar tanto dinheiro quanto possível sem representar uma ameaça para seus colegas de trabalho ou para seu próprio futuro. A empresa, por sua vez, é colocada na posição de ter de estabelecer um sistema de inspeção para tentar impedir que os piores de seus produtos deixem a fábrica (esforço frequentemente malsucedido — os inspetores também são trabalhadores assalariados) e de planejar alguma forma de supervisão para limitar as formas mais extremas de corpo mole e execução descuidada.[12]

Anthony Paik e Kenneth Sanchagrin extraíram algumas conclusões inevitáveis de suas descobertas, não sobre isolamento social, mas sobre fontes potenciais de erro em pesquisas por levantamento de maneira geral.[13] É assim que o National Opinion Research Center (Norc) descreve seus procedimentos em relação ao pessoal:

> O GSS e o Norc atribuem elevada prioridade ao controle de qualidade e o buscam de várias maneiras. Os entrevistadores são amplamente treinados em tópicos que incluem seu papel e suas responsabilidades, a importância da confidencialidade e da segurança dos dados, métodos para listar domicílios e selecionar entrevistados, abordagens para obter a cooperação dos entrevistados, fazer perguntas e registrar respostas, e sondagem neutra das respostas. Eles são também submetidos a treinamento específico para cada projeto sobre o próprio GSS. Supervisores monitoram o trabalho dos entrevistadores estreita e regularmente. Depois que os entrevistadores apresentam os dados, o Norc volta a entrar em contato com 20% dos entrevistados para verificar se as entrevistas de fato ocorreram.[14]

Pesquisadores por levantamento, e talvez especialmente pessoas que representam organizações cuja principal atividade é conduzir grandes levantamentos, em geral desprezam fenômenos que produzem erros, como golpes do acaso, erros aleatórios e fenômenos "naturais" incontroláveis similares — ver, por exemplo, a resposta do pessoal do Norc para o relato de Jean Peneff sobre seu estudo acerca de entrevistadores para uma organização francesa de levantamentos.[15]

Evidentemente, as explicações do Norc sobre as medidas que tomava para preservar a qualidade de seus dados não funcionaram para as questões do levantamento sobre isolamento social, e Paik e Sanchagrin dão uma série de recomendações gerais que os pesquisadores por levantamento fariam bem em adotar: 1) desconfie de questões de levantamento que usam perguntas de filtro como o "gerador de nomes", o que aparentemente leva alguns entrevistadores a poupar tempo; 2) tome cuidado ao fazer grandes inferências a partir de dados potencialmente falhos gerados dessa maneira; 3) os mais recentes estudos conduzidos pelo Norc sugerem que essa instituição começou a encontrar formas de contornar tais problemas — não perca a esperança, mas continue a ser cuidadoso; 4) como muitas outras questões se parecem com aquelas que geraram problemas nesse estudo, procure pelos mesmos tipos de problema sempre que tais questões são usadas; 5) "Simples apelos por um treinamento adicional para os entrevistadores não construírem redes pessoais são insuficientes, e [...] talvez seja necessário adotar abordagens mais radicais".[16]

Christopher Winship (um metodologista), comentando de maneira geral os problemas de replicação de descobertas de pesquisa, sugere uma abordagem mais drástica. Quando um jornalista lhe sugeriu que "muitos pesquisadores acham que a exigência inflexível de total privacidade [para pessoas que fornecem dados] tem um efeito prejudicial sobre a qualidade do conhecimento que resulta das ciências sociais (em parte porque a garantia do anonimato torna impossível verificar a precisão real do trabalho)", Winship respondeu: "Isso torna realmente difícil verificar — não sabemos nem se as pessoas existem. [...] A disciplina pensa que isso é ótimo, e é totalmente errado".[17]

Isso sugere implicitamente que todos os dados das ciências sociais sejam tirados do anonimato geralmente prometido aos informantes e apresentados, em vez disso, com os nomes dos entrevistados em anexo, de modo que os colegas céticos possam verificar mais facilmente a validade dos dados. Decerto isso é ir longe demais. Com base nos dados apresentados por Paik e Sanchagrin, essa política poderia exigir que os nomes e endereços dos entrevistadores fossem anexados aos dados que eles coletaram, de modo que os entrevistados fictícios inventados por entrevistadores trapaceiros pudessem ser mais facilmente identificados.

Mas o fim que se busca aqui — a ideia de que podemos repetir as mesmas observações se tivermos os nomes reais e os dados identificadores para as pessoas originalmente observadas — se choca com uma dificuldade ainda mais fundamental, expressa de maneira reveladora pelo historiador Anthony Grafton. Ele fala de notas de rodapé, mas o problema é mais geral:

> Algumas das novas formas de história [leia-se: "ciências sociais"] baseiam-se em evidências que as notas de rodapé não podem acomodar — como as enormes análises de dados estatísticos empreendidas por historiadores demógrafos, que só podem ser verificadas quando eles concordam em deixar os colegas usarem seus arquivos de computador. Outras baseiam-se em evidências que as notas de rodapé normalmente não incluiriam — como as notas de campo dos antropólogos que registram eventos efêmeros, dos rituais até as entrevistas, e documentam costumes que mudam no momento mesmo em que são descritos. Essas coisas não podem, em princípio, ser verificadas: como Heráclito diria, nenhum antropólogo pode viver e trabalhar na mesma aldeia duas vezes. Dois antropólogos não podem descrever a mesma transação em termos idênticos, nem analisar e codificar a mes-

ma descrição de uma transação em categorias idênticas. O mais grave de tudo, mesmo um conjunto de notas de campo normais avoluma-se demais para ser publicado de maneira normal.[18]

Roth, escrevendo sobre trabalhadores contratados como aqueles que geraram o pânico do "isolamento social", recomendou sem rodeios que reconheçamos que, se tratamos os entrevistadores como contratados, podemos esperar que ajam como meros contratados:

> "Restrição da produção" e desvio das instruções do trabalho não são mais encarados pelos estudiosos da sociologia do trabalho como uma questão moral ou uma forma de delinquência social. Em vez disso, é o comportamento esperado de trabalhadores numa organização de produção. O único problema para o investigador das práticas de trabalho é descobrir os detalhes de expedientes para poupar tempo, falsificar planilhas de horário, definir cotas de trabalho, esquivar-se da supervisão e ignorar instruções num dado ambiente de trabalho.
> Não há nenhuma razão para acreditar que um assalariado no campo da pesquisa científica irá se comportar de maneira diferente daqueles em outras atividades produtivas. É muito mais sensato supor que seu comportamento será similar. Eles querem ganhar tanto dinheiro quanto possível, e podem rechear sua cota ou planilha horária se forem pagos com base nisso, mas esse tipo de comportamento é um problema menor para a presente discussão. Eles também querem evitar situações difíceis, embaraçosas, inconvenientes, que consomem muito tempo, bem como aquelas atividades que não fazem nenhum sentido para eles. (Assim, deixam de fazer algumas observações prescritas ou algumas per-

guntas da entrevista.) Ao mesmo tempo, querem causar boa impressão a seus superiores — pelo menos boa o bastante para que seu material seja aceito e eles sejam mantidos no emprego. (Por conseguinte, modificam ou fabricam porções dos relatos para dar ao chefe o que ele parece desejar.) Não querem "parecer estúpidos" perguntando demais, por isso tentam fazer o que pensam que o chefe quer — por exemplo, chutam uma categoria de codificação, em vez de confirmá-la junto aos canais competentes.[19]

Roth se recusa a ver a pesquisa de grande escala, tal como organizada hoje, como a única maneira pela qual essas atividades poderiam ser exercidas, e passa a sugerir formas mais cooperativas de relação entre o coordenador de pesquisa e os coletores de dados, cuja implantação nas grandes instituições de pesquisa atuais eu tenho dificuldade em imaginar. (A propósito, ele está bem consciente de que semelhante divisão desigual de responsabilidades e recompensas também ocorre nas formas de pesquisa muito menores e menos sistemáticas. A descrição que faço, no capítulo 7, de minhas relações com Everett Hughes na pesquisa que realizei com ele não estabelece de maneira nenhuma um padrão a que todas essas relações de pesquisa mais personalizadas correspondam. Longe disso. O capítulo 7 descreve outra dessas formas cooperativas que a pesquisa assumiu no passado.)

Outra categoria de contratados, a que Roth também dedica alguma atenção, consiste nos codificadores: pessoas que empreendem a tarefa ingrata, enfadonha e repetitiva de atribuir respostas livres a um conjunto de categorias preestabelecidas, ou às vezes simplesmente transferir o que está no papel para a mesma categoria na tela do computador (antigamente, transferir a informação perfurando um cartão). Qualquer dessas operações pode ser feita de maneira atenta e hábil, ou distraidamente e sem nenhum interesse real em realizar direito o trabalho. Um estudo clássico, "The case of the Indians and the teen-age widows" [O caso dos indianos e das viúvas adolescentes], de Ansley Coale e Frederick Stephan, ilustrou esse problema.[20] Coale e Stephan têm uma história de detetive para contar:

> Nossa primeira pista [de que alguma coisa estava errada] foi a descoberta, no Censo Populacional dos Estados Unidos de 1950, de números alarmantes sobre o status conjugal dos adolescentes. Ali encontramos um número surpreendente de meninos de catorze anos viúvos e, igualmente surpreendente, uma redução no número de viúvos adolescentes de mais idade.

O que poderia explicar isso?

A busca por pistas os levou ao modelo do cartão em que as informações pertinentes tinham sido perfuradas para a classificação e tabulação mecânicas do tipo então em uso (abandonado há muito tempo por métodos mais eletrônicos). E eles pensaram que talvez os codificadores tivessem saltado uma coluna de modo involuntário, e não de modo intencional, de tal forma que um número que deveria ter sido perfurado na coluna 24 (relação com o chefe da família) era na realidade perfurado na coluna 25 (raça). Nesse caso, uma marca indicando "chefe da família" seria perfurada para indicar "branco", e se a coluna 25 era erroneamente perfurada no número equivalente na coluna 26 (sexo), "branco" se tornava "homem", e assim por diante, enquanto a confusão persistisse. Quando eles reclassificaram todas essas atribuições falhas, os resultados antes estranhos tornaram-se perfeitamente normais e esperáveis.

"E daí?", você talvez pergunte. Coale e Stephan se perguntaram a mesma coisa:

> Esses erros foram tão infrequentes que seu efeito sobre o número de cartões nos grupos de que foram extraídos é completamente desprezível. *Entretanto, em três casos em que os grupos nos quais os cartões errados foram classificados eram muito pequenos, o efeito não foi nada desprezível.* Por exemplo, na distribuição etária de indígenas no Censo de 1950, o número de homens nas faixas etárias de 10-14 e 20-24 está aumentado em mais de 15%; e o número de homens brancos com menos de dezessete anos relatado em outras categorias de status conjugal que não "solteiro" foi determinado mais por cartões perfurados em colunas erradas que por casamentos, divórcios e viuvez reais.[21]

Não nos esqueçamos dos tipógrafos, que são sempre os intermediários entre coletores de dados e codificadores, por um lado, e os leitores e usuários finais de uma tabela, por outro. Oskar Morgenstern (em seu compêndio clássico sobre o erro, *On the Accuracy of Economic Observations* ([Sobre a precisão das observações econômicas], 1963), observa que "erros de impressão em material impresso são [...] em princípio impossíveis de eliminar completamente":

> Um livro de, digamos, quinhentas páginas com textos, tabelas e fórmulas pode facilmente conter um total de 1,5 ou 2 milhões de signos (incluindo sua posição). As leis estatísticas da natureza tornam praticamente impossível que uma primeira impressão

não contenha erros. Tampouco o manuscrito a partir do qual ela é feita pode estar isento de erros. Diz-se, contudo, que as tabelas astronômicas estão livres de erros da quarta ou quinta impressão revisada em diante; mas mesmo isso é incerto. Uma comparação, sem qualquer erro, teria de ser feita com um documento-mestre livre de erros, mas algo assim não existe. Material de fonte econômica [poderíamos acrescentar material de fonte sociológica também] dificilmente passa por várias edições corrigidas. Tendo em vista as montanhas de papel envolvidas, isso seria uma clara impossibilidade.[22]

Acho que é justo pedir que todos nós mantenhamos essas fontes de erro em mente quando falamos sobre nossos dados, que reconheçamos suas fraquezas quando os fazemos funcionar como evidências, e que sejamos apropriadamente cautelosos ao extrair conclusões deles. Não sugiro que não podemos usar dados que contenham esses erros, mas que avaliemos nossos resultados de forma mais realística do que a simples aplicação dos testes estatísticos de significância convencionalmente empregados.[23] "Talvez" pode ser o mais longe que chegamos com segurança lidando com dados que dependem tanto de pessoas que afinal têm de fato muito pouco interesse em que tudo saia direito.

A precisão científica custa mais, e se você quer os benefícios do método científico tem de pagar o preço (como os cientistas naturais cujo trabalho descrevi no capítulo 3 faziam rotineiramente). Colaboradores mal pagos ou não remunerados têm de encontrar algo que os motive a fazer o trabalho necessário para obter informações precisas. Senão, por que se incomodariam?

Instrumentos de coleta de dados

Os cientistas naturais descritos no capítulo 3 usaram muitos instrumentos. Que mais poderiam fazer? Seus "sujeitos" não podiam falar, não podiam lhes dizer o que estavam sentindo ou o que tinham feito, nem o que mais alguém ou mais alguma coisa tinham feito para eles. Os cientistas sociais não têm os instrumentos complexos que automatizam a coleta de dados de seus sujeitos, e dependem ou de interação humana em grande escala, com todas as dificuldades que isso acarreta, ou de instrumentos mais simples, que "medem" os pensamentos, desejos e ações dos sujeitos da pesquisa.

Para falar de maneira apenas ligeiramente metafórica, essa classe de auxiliares consiste nos formulários impressos (ou telas de computador com as mesmas questões) que os pesquisadores dão às pessoas para comunicar as questões para as quais querem uma resposta, e (em geral) para listar as respostas específicas entre as quais os sujeitos devem escolher (restrição que torna mais fácil codificar a resposta). Como todos os outros auxiliares analisados até agora, esses contêm, e muitas vezes sem que os seus autores o pretendam, pistas e influências que afetam o modo como os sujeitos da pesquisa compreendem as questões específicas e respondem a elas. Psicólogos e metodólogos identificaram uma gama de problemas associados a esses instrumentos, maneiras como eles influenciam os sujeitos que os preenchem a responder de uma forma que provavelmente não teriam respondido se estivessem registrando seus próprios dados a seu próprio modo. Talvez seja um pouco forçado atribuir "motivações" a um questionário. O que quero dizer é apenas que esses instrumentos podem ter (e com frequência têm, de maneira demonstrável) características inerentes que pressionam os entrevistados a preenchê-los numa direção ou em outra (assim como os motivos de outros tipos de trabalhadores que coletam dados pressionam os entrevistados para um ou outro tipo de atividade que afeta os dados coletados). Especialistas no campo costumam se referir às respostas que tais instrumentos evocam como "artefatos", em vez de "fatos".

Muitas pessoas escreveram muitos artigos sobre artefatos de questionários, e não vou catalogar todas as possibilidades; dou só uma prova do tipo de fator que pode interferir na mensuração de qualquer coisa com um questionário.[24]

"Respostas padrão" incorporam todas as características importantes para o presente argumento. A *Encyclopedia Britannica* on-line, no verbete "Avaliação de personalidade", descreveu o fenômeno da seguinte maneira:

> Muitos estudos se dedicaram a examinar as maneiras pelas quais as *respostas padrão* e as atitudes ao ser submetido a testes influenciam o comportamento no MMPI* e outras medidas de personalidade. A *resposta padrão* chamada aquiescência, por exemplo, refere-se à tendência da pessoa a responder com "verdadeiro" ou "sim" a itens de questionário, seja qual for o conteúdo do item. É concebível que duas pessoas sejam muito parecidas em todos os aspectos, exceto por sua tendência à aquiescência. Essa diferença na resposta padrão pode levar a escores enganosamente diferentes em testes de personalidade. Uma pessoa pode ser propensa a dizer "sim" (alguém que tende a responder "verdadeiro" a itens de

---

* Minnesota Multiphasic Personality Inventory, um teste psicométrico de personalidade e psicopatologia. (N. T.)

teste); outra pode ser propensa a dizer "não"; um terceiro indivíduo talvez não tenha uma tendência à aquiescência pronunciada em nenhuma das direções.

Em linguagem mais simples, as palavras que o autor do questionário usa e seu arranjo afetarão as respostas que as pessoas que preenchem o formulário escolhem. "Resposta padrão" refere-se às tendências das pessoas a responder a aspectos de uma questão diferentes de seu conteúdo real. Por exemplo, uma tendência a concordar com qualquer declaração fortemente expressa, a chamada inclinação de resposta "aquiescente" (ou, no caso de seu oposto, a discordar) exemplifica o problema. Três psicólogos, Douglas Jackson, Samuel Messick e Charles Solley,[25] pensaram que esse problema poderia ocorrer com o uso da escala F, uma medida de atitude hoje quase esquecida mas muito popular na época, projetada por Theodor Adorno para medir um tipo de personalidade "fascista", tal como ela se mostra em concordância ou discordância em relação a declarações fortemente expressas que seriam consideradas "fascistas" (daí "escala F"). Por exemplo:

– Obediência e respeito à autoridade são as virtudes mais importantes que as crianças devem aprender.
– Homossexuais não são muito melhores que criminosos e deveriam ser severamente punidos.
– As pessoas podem ser divididas em duas classes distintas: as fracas e as fortes.[26]

Jackson, Messick e Solley, reconhecendo que todas as declarações na escala F expressavam sentimentos fortemente autoritários, julgaram que algumas pessoas que respondiam às questões poderiam estar respondendo à forma fortemente decisiva das declarações, e não ao conteúdo que elas expressavam. Assim, eles construíram uma escala F "inversa", mudando a direção dos conteúdos das questões, ao mesmo tempo que conservavam tanto quanto possível do conteúdo original, e os espalharam entre as questões originais. Seus sujeitos experimentais marcaram os quadrados no formulário para todas as questões (tanto as asserções positivas das posições "fascistas" quanto as asserções igualmente positivas de seus opostos não fascistas) e, como os pesquisadores tinham previsto, "a correlação entre concordância com itens da escala F originais e invertidos foi +0,35, e não significativamente negativa, como respostas coerentes com o conteúdo exigiriam".[27] Isto é, algumas pessoas, exibindo uma "inclinação de resposta aquiescente", respondiam à assertividade das declarações e diziam "sim" a declarações de cunho fascista e às declarações opostas antifascistas, em vez de responder com mais sensibilidade e mais discriminação às ideias afirmadas. Outras exibiram uma "inclinação de resposta não aquiescente", discordando das declarações fortemente expressas, fosse qual fosse o seu conteúdo ideológico. Outras ainda deram respostas ideologicamente coerentes, concordando com declarações antifascistas e discordando de seus opostos, ou concordando com declarações fascistas e discordando de seus opostos.

Isso significa que as respostas a qualquer das questões, quando reunidas, continham uma mistura: algumas pessoas que realmente concordavam com o sentimento expresso (ou discordavam dele) e outras que não compartilhavam o sentimento, mas concordavam ou discordavam apenas porque a declaração era fortemente expressa. Quando você recebia os resultados do levantamento, não tinha como desemaranhar as duas forças em ação e, em consequência, não podia usar as respostas à escala F para estabelecer que alguém exibia um traço "autoritário": algumas pessoas realmente acreditavam naquelas coisas e outras estavam apenas concordando (ou não) com alguém que falava com firmeza.

Seria possível levar em conta esse artefato apresentando o mesmo conteúdo em duas formas diferentes, como esses experimentadores fizeram — uma declaração original forte de uma posição em relação a algo e uma segunda declaração (em outro lugar no instrumento) com a posição oposta de maneira igualmente forte —, e incorporando as duas no mesmo questionário, afastadas o bastante uma da outra para que a pessoa que estava preenchendo o formulário não percebesse a manobra dissimulada. Como dizem os autores: "Quando cada extremidade de uma escala autoritária é definida por itens tanto positiva quanto negativamente afirmados, importantes relações ainda aparecem, e em tal caso é possível separar crença e resposta padrão".[28]

Isso resolve a questão, mas cria outro problema: cada item extra aumenta sensivelmente o número de itens no questionário, o que, por sua vez, aumenta a dificuldade de fazer com que as pessoas o preencham com seriedade (questionários longos sempre criam problemas). Portanto, os pesquisadores não podem resolver todos os problemas dessa maneira.

"Efeitos de ordem", para falar de outro exemplo muito estudado, referem-se a diferenças nas respostas a itens destinados a descobrir uma gradação em atitudes em relação a alguma coisa, de modo que uma coleção de questões que supostamente mensuram diferentes graus de sentimento ou crença poderia produzir algo análogo a um termômetro que registra diferentes graus de calor, e seria possível situar os entrevistados numa escala desse tipo sobre qualquer coisa que se estivesse investigando. Mas os pesquisadores que elaboram questionários descobriram um sério artefato: se as declarações mais fortes da atitude apareciam no questionário antes das mais fracas, obtinha-se uma leitura diferente nesse termômetro do que se a ordem fosse invertida ou randomizada. Não era possível resolver o problema de modo tão fácil quanto no caso da resposta padrão, porque não se podia pôr as questões em duas ordens diferentes no mesmo questionário. Em vez disso, é preciso criar duas diferentes versões do formulário e dar uma delas a metade dos entrevistados, aleatoriamente selecionada, e a outra versão à outra metade.

Isso logo cria grandes problemas logísticos, mais bem expressos na conversa que tive anos atrás com o diretor de um centro de pesquisas por levantamento do Canadá. Ele caçoava de mim, sugerindo que as pesquisas de campo não eram muito científicas. Assim, num espírito de amistosa troca de ideias, eu lhe perguntei se, quando construía um questionário para um estudo, ele incluía questões de atitude que lhe permitissem testar respostas padrão aquiescentes. Ele disse que não, seu instituto não fazia isso. Em seguida perguntei-lhe se tomava precauções contra efeitos de ordem, tendo duas diferentes versões do questionário em que as atitudes fossem apresentadas em pelo menos duas ordens diferentes. Não, tampouco faziam isso. Levantei questões similares sobre outros conhecidos artefatos que exigiriam que o pesquisador construísse e administrasse duas diferentes versões do instrumento, e ele disse "não,

não fazemos isso", para todas elas. Finalmente, ele disse algo assim: "Ora, vamos! Você sabe que cada uma dessas correções requer duas diferentes versões do formulário. E cada nova correção duplica o número de versões diferentes do formulário de que você precisa. Assim, se você tem três problemas desse tipo contra os quais se precaver, você tem de ter 2 × 2 × 2, em outras palavras, oito diferentes formulários. Se você tiver quatro coisas assim, precisa de dezesseis". E em seguida acrescentou: "E não se esqueça, é o Canadá, portanto tudo tem de estar em inglês *e* francês, o que significa 32 diferentes versões. Seja razoável!". Bem, evidentemente, sendo uma pessoa muito razoável, eu apenas pedi que, em troca, ele fosse igualmente razoável em relação a todas as críticas sobre o tipo de pesquisa de campo que eu fazia!

Mesmo que pudéssemos implementar todas essas correções, alguns efeitos produzidos por artefatos subsistiriam, porque eles resultam de mudanças históricas no significado de palavras e conceitos. Howard Schuman demonstra que certas questões mudam na maneira como criam esses tipos de efeito porque, dez ou vinte anos mais tarde, por exemplo, não significam o que significavam num período anterior, e nada que você possa fazer antecipa ou supera esses problemas.[29] (Essa é uma versão generalizada das dificuldades criadas para o Censo por mudanças históricas no significado social de designações étnicas e arranjos de vida doméstica.)

Esses problemas, ao que me parece, exigem medidas mais drásticas do que as fornecidas pelos recursos do levantamento típico. Especialmente quando lembramos que, como Paik e Sanchagrin mostraram, tanto entrevistadores quanto entrevistados reagem aos tipos de pergunta, e que esses dois tipos de reação provavelmente afetam um ao outro também. Os pesquisadores de levantamentos, de alguma maneira, devem levar em conta todos esses problemas, enquanto continuam a dirigir, de forma pragmática, uma grande instituição que tem uma folha de pagamento a honrar. Esses problemas fazem parecer fáceis as dificuldades de Balibar para evitar que fontes aleatórias de radiação impedissem que seu refrigerador chegasse a 0°K.

Objetos físicos e arquivos como testemunhas

Eugene Webb e colaboradores, num livro que infelizmente não encontrou seu merecido lugar na bibliografia sobre como fazer pesquisa, recomendaram "medidas que não criem interferência" nos fenômenos sociais, coisas e pessoas que registram dados; ou seja, que ninguém envolvido tenha interesse pessoal neles que possa prejudicar o uso do material como evidência para alguma ideia de um pesquisador.[30] Esses objetos se apresentam em duas versões muito diferentes: objetos físicos cujo estado observável atesta algo de interesse; e arquivos e documentos que registram rotineiramente certos eventos para algum objetivo não científico.

Objetos físicos

Queremos saber quais objetos num museu despertam maior interesse nos visitantes? Webb e colaboradores julgaram que esse incidente apontava para uma fonte de dados amplamente disponível:

Formou-se um comitê para instalar uma exposição psicológica no Museum of Science and Industry de Chicago. O comitê constatou que o piso de vinil em torno da exposição que mostrava pintinhos vivos, saindo do ovo, devia ser substituído a cada seis semanas, aproximadamente; o piso em outras áreas do museu passava anos sem substituição. Um estudo comparativo da taxa de substituição do piso em torno das várias exposições do museu deu uma ordem aproximada da popularidade das exposições.[31]

(Eles advertem que "o conhecimento da taxa de desgaste vem da verificação dos registros do departamento de manutenção do museu".)

O estudo sugere outras prováveis fontes físicas que os cientistas sociais poderiam utilizar sem muito trabalho ou despesa. "O desgaste em livros de bibliotecas, particularmente nos cantos em que as páginas são viradas, é um exemplo de uma abordagem possível."[32] E ressaltam que, embora os registros de circulação da biblioteca contenham informação sobre a popularidade de livros específicos, somente o método acima permite ao investigador distinguir entre levar o livro para casa e realmente lê-lo.

Lendo o livro deles, pensei que os autores às vezes cediam a um impulso de ser espertos mas a esperteza revelava alguns fatos estranhos e interessantes. Um dos autores, Lee Sechrest, estabeleceu que as mulheres trancam seus carros à noite com mais frequência que os homens. Como ele descobriu isso? Visitou os estacionamentos de dormitórios femininos e masculinos na Universidade Northwestern, onde lecionava, e experimentou a porta de todos os carros ali parados. Muito mais eficiente e provavelmente mais preciso que um item de questionário estabelecendo a "taxa verdadeira" de trancamento, se é isso o que queremos saber.

Esse exemplo indica claramente a característica que torna tão valiosas medidas que não criem interferências: é "material gerado sem o conhecimento por parte do produtor acerca de seu uso por parte dos investigadores".[33] E por isso ele não pode ser influenciado pelo conhecimento de ninguém sobre como os investigadores vão usá-lo para afetar o destino das pessoas cujas ações ele registra. Para os cientistas sociais que se preocupam com o modo como policiais manipulam registros para promover seus próprios fins privados, essa é uma importante vantagem.

Webb e colaboradores encontraram aplicações mais interessantes desse tipo de medida, dividindo-as grosseiramente em medidas de *erosão* — como o desgaste do piso no museu — e medidas de acréscimo, como medir o que aparece nas latas de lixo em que as pessoas depositam seus refugos. Vale a pena lembrar que os arqueólogos aprendem muitíssimo sobre sociedades ágrafas (que não deixam registros escritos) a partir do conteúdo de camadas de lixo, uma fonte confiável de informação sobre o nível de tecnologia do grupo. (William Rathje dá uma boa explicação de como os antropólogos usam materiais desse tipo para estudar pequenas sociedades tradicionais há muito desaparecidas, mas também a vida social contemporânea.)[34] Os autores dão mais atenção do que se justifica à tentativa de manipular essas medidas de maneiras que simulem os experimentos controlados que eles claramente consideram a melhor forma de proceder, mas que os cientistas sociais não podem usar porque não controlam as situações que estudam da forma como esse método requer.

Arquivos: Lieberson, novamente

Eugene Webb e colaboradores definem arquivos como "dados produzidos periodicamente para fins outros que não acadêmicos, mas que podem ser explorados pelos cientistas sociais. São os registros contínuos correntes de uma sociedade e a fonte potencial de variados dados científicos, particularmente úteis para os estudos longitudinais".[35]

A análise de prenomes feita por Stanley Lieberson, analisada no capítulo 5, mostra o que podemos fazer com dados tão escassos quanto os que aparecem em certidões de nascimento, mais escassos do que os que surgem em muitos arquivos. É possível identificar padrões de grande escala, traçar suas variações, observar a mudança se deslocando através das camadas e recortes de uma sociedade. Esse não é um feito desprezível. Ele acrescentou uma ferramenta de pesquisa substancial ao que já sabemos como fazer. E o que é melhor: não podemos criticar seus dados pelos tipos de artefato tão comuns em quase todas as outras fontes arquivísticas.

Se trabalharmos como Lieberson, no entanto, não podemos perguntar às pessoas em que estavam pensando quando fizeram as escolhas que fizeram. Não aprendemos como os nomes circulam através de uma comunidade. Não tentamos descobrir que tipos de discussão ocorreram entre que pessoas enquanto o processo de nomeação prosseguia, e muitas outras coisas que seria importante e interessante saber, e que são deixadas inteiramente no escuro pelo procedimento minimalista de Lieberson.

Seu material lhe permite responder a questões sobre ciclos de moda, o papel da etnicidade na moda dos nomes e uma grande variedade de outros temas de considerável interesse. Ao mesmo tempo, ele evita uma armadilha em que muitos pesquisadores caem, particularmente, talvez, pesquisadores que dependem de contratados (mas de modo algum apenas eles). O procedimento de Lieberson é muito rigoroso: ele não fala sobre aquilo de que não tem conhecimento. Quando todo o nosso estoque de conhecimento sobre nosso assunto vem através de terceiros que fazem o trabalho face a face envolvido na coleta do material de pesquisa (entrevistadores de levantamento, mas também os questionários impressos que os substituem), não sabemos de muitas coisas que gostaríamos de saber para avaliar o material coletado como evidência sobre vários dos temas que gostaríamos que nossos dados atestassem. Acaso esses números ao lado de uma questão sobre comparecimento à ópera nos dizem quão "sofisticada culturalmente" é a pessoa que os registrou? Como saber isso? Se o número que alguém escreveu fornece a única evidência do nível de sofisticação musical, estamos num terreno instável. Pesquisadores de campo têm uma chance melhor de aprender sobre essas questões simplesmente ao estar por perto — foi a maneira como Blanche Geer e eu aprendemos sobre a compreensão que os estudantes de medicina compartilhavam e que tornavam parte de seu comportamento compreensível, como veremos no capítulo 7 —, mas mesmo pessoas que tomam essas medidas extras podem ler em seus dados significados que não estão ali, como Mitchell Duneier.[36]

Lieberson jamais comete esse erro. Ele se baseia no que sabe, os números estão contidos num registro verificado e, em princípio, verificável, e ele não especula sobre os motivos ou os pensamentos das pessoas sem nos advertir de que está fazendo exatamente isso: especulação. Como veremos no capítulo 7, os pesquisadores podem obter informação mais detalhada e ainda verificável sobre essas coisas, mas Lieberson não usa esses métodos, embora não se importe que outros o façam.

E ele faz tudo isso com exigências financeiras mínimas, sobretudo para os custos computacionais e assistentes de pesquisa, que provavelmente escrevem teses a partir dos resultados dos estudos específicos que continuam sob sua proteção. Nenhuma necessidade estranha à própria pesquisa afeta o que ele e seus colegas fazem.

Consequentemente, Lieberson se aproxima do tipo de situação a que me dedicarei no capítulo 7, em que o "coordenador de pesquisa" e seus parceiros fazem a coleta de dados.

Arquivos: registros de medicamentos controlados

James Coleman, Elihu Katz e Herbert Menzel mostraram que podemos ocasionalmente obter pelo menos alguns dos detalhes processuais daquilo a que Lieberson, dependendo de certidões de nascimento, não teve acesso.[37] Eles queriam apurar como médicos adotavam uma inovação médica, um medicamento recém-introduzido que podia ser prescrito para algumas doenças comuns. Encontraram uma fonte arquivística perfeita: os registros de farmácias em várias comunidades vizinhas, próximas o bastante umas das outras para que seus médicos se comunicassem entre si, transmitissem notícias e informações de um lado para outro e constituíssem em geral o que imaginamos quando pensamos numa "comunidade profissional".

A medida de aceitação dessa inovação farmacêutica particular que Coleman e seus colegas usaram era perfeita, no sentido de que a receptividade podia significar apenas prescrever o medicamento, e a única maneira de prescrevê-lo era escrever a receita, o documento que eles acessaram e computaram. Nenhuma ambiguidade, nenhuma parte oculta no processo — nenhum dos problemas que rotineiramente afligem as autoavaliações de comportamento.

As empresas farmacêuticas gastam muito dinheiro tentando despertar o interesse dos médicos para suas mais novas ofertas. Mas os médicos mudam seus hábitos de prescrição cautelosamente, e nem todos experimentam novas possibilidades de imediato. Os pesquisadores entrevistaram uma grande amostra de médicos, mas se esta tivesse sido sua única fonte de conhecimento sobre o comportamento de prescrição, nunca teriam podido fazer a análise detalhada que acabaram por fazer de exatamente quem prescrevia primeiro o medicamento, quem prosseguia prescrevendo, qual a datação e a ordem precisa das escolhas. E assim eles evitaram as conjecturas envolvidas no uso de dados baseados na lembrança das pessoas a respeito de quando elas fizeram o quê (foram à ópera, por exemplo). Os pesquisadores puderam observar padrões de influência: identificaram quem inovou e os seguidores, que experimentaram o novo produto em seus pacientes somente após ter ouvido sobre as experiências dos inovadores.

Os arquivos detalhados que as farmácias necessariamente mantêm deram aos pesquisadores oportunidades de comparar o que os médicos tinham a dizer sobre os detalhes de sua experiência com as ações que eles realmente empreenderam, e assim eles puderam estudar uma sequência de eventos verdadeiramente coletiva. (Ver também o uso que Robert Faulkner faz de créditos de filmes, informação publicamente disponível, como índices de participação na produção de longas-metragens.)[38]

Não sei onde você poderia encontrar outros esconderijos de dados detalhados sobre quando alguém fez o quê, mas certamente eles existem. Como as práticas contemporâneas de administração produzem registros cada vez mais volumosos e detalhados de tudo o que as pessoas fazem, deveríamos ser capazes de encontrar um número cada vez maior dessas fontes de dados "perfeitas" pré-fabricadas, em que o papel constitui a ação em que estamos interessados.

7. Coordenadores de pesquisa e seus assistentes

Coletar os próprios dados: diversas possibilidades

"Coordenadores de pesquisa", o nome que dei a essa última categoria de coletores de dados, refere-se a pessoas que inventam a ideia para a pesquisa feita por elas e por outras pessoas que elas recrutam para trabalhar consigo: estudantes assistentes ou colegas de status igual ao seu, ou ambos; as pessoas que moram ou trabalham no meio social que elas vão estudar; e todas as pessoas que se envolvem no trabalho, de uma maneira ou de outra, embora não tenham nenhum interesse organizacional no que a pesquisa descobre ou produz. Chefes de pesquisa, assim compreendidos, obviamente querem que os dados que usam como evidência sejam tão bons quanto possível: sua principal razão para se envolver em semelhante empreendimento é produzir um relatório de pesquisa que resistirá à inspeção crítica de seus colegas. Eu poderia também dizer que eles são parte de uma categoria residual: todos que não pertencem a nenhuma das categorias cobertas nos vários capítulos anteriores. Isto é, eles não criam os dados como um relatório sobre algum outro trabalho que fazem, nem como um subproduto dele; não trabalham como contratados para o Censo nem produzem de alguma outra maneira materiais arquivísticos sem cogitar em seus possíveis usos científicos.

No caso puro, os chefes de pesquisa têm motivações simples: eles fazem pesquisa porque querem resolver um enigma científico que lhes interessa, de uma maneira que seus colegas disciplinares julgarão bem-feita, como vimos físicos e pedólogos realizarem no capítulo 3. Eles esperam assim ganhar as recompensas que sua disciplina dá para quem faz pesquisa competente: bons empregos e carreiras, excelente reputação, prêmios acadêmicos, o respeito das pessoas cujo julgamento valorizam.

Em todos os níveis do empreendimento de pesquisa organizado há pessoas que coletam seus próprios dados. Alunos de pós-graduação, obrigados a fazer pesquisa original para uma tese, por vezes têm acesso a dados que só podem ser coletados em levantamentos de grande escala. Mas em geral eles coletam seus dados, aplicando questionários que conceberam para populações ou amostras menores, entrevistando essas pessoas de maneira mais frouxa e menos formal, obtendo acesso a algum nicho de dados adequado para investigar algum problema, ou fazendo uma observação de campo de prazo mais ou menos longo (participante ou não). Tentarei cobrir a grande variedade de situações que isso evoca.

Ser coordenador de pesquisa — ser seu próprio patrão, de fato — nos permite moldar nossa pesquisa à medida que avançamos, se essa for nossa inclinação, usando o que aprendemos nos estágios iniciais da investigação para projetar e replanejar métodos de coleta e análise de dados que levem em conta coisas que não sabíamos quando começamos, quando planejamos nosso estudo, para que a forma como coletamos e analisamos os dados possa incorporar descobertas inesperadas. Aprendemos coisas que não sabíamos — quem são as pessoas que encontramos, que papel elas desempenham nas atividades que parecem ser o que queremos estudar, que eventos nos são interessantes, como os participantes desses eventos se envolvem em conflitos e os resolvem, o que constitui erro entre as pessoas sobre as quais estamos aprendendo. A lista das coisas sobre as quais nada sabemos, longa no início, transforma-se numa lista de questões respondíveis, e entre elas escolhemos quais aprofundar e como aprofundá-las.

Este capítulo tem um segundo objetivo: mostrar como a muito discutida distinção qualitativo/quantitativo na prática se desintegra, como os pesquisadores recorrem a qualquer método que produza resultados úteis, contando o que é contável, procurando o que está interferindo nos processos que eles pensavam compreender quando projetaram seus instrumentos e procedimentos de coleta de dados, tentando descobrir por que os resultados esperados não apareceram. O trabalho de campo, de certa forma o modo quintessencial de pesquisa qualitativa, pode usar números como evidências e frequentemente o faz, talvez não nos formatos estatísticos convencionais, mas, definitivamente, contando o que há para ser contado e fazendo aritmética com os números resultantes, convertendo dados observacionais em evidências sólidas e aceitáveis para uma ideia. Os pesquisadores quantitativos muitas vezes usam, de maneira mais ou menos sistemática, conhecimento que adquiriram em interações informais com os sujeitos de sua coleta mais sistemática de números. Os inovadores estudos estatísticos de Lois DeFleur sobre detenções por drogas, descritos no capítulo 5, basearam-se no — e eram informados pelo — que ela aprendeu quando socializou informalmente com os policiais da Unidade de Narcóticos que faziam essas detenções. A socialização lhe mostrou para o que as estatísticas de detenção que ela estava transformando em complexos mapas tridimensionais podiam realmente ser usadas como evidências. As análises estatísticas mostraram que as ideias assim geradas se sustentavam para grupos maiores do que aqueles que ela observou de perto.

"Trabalho de campo" é um termo frouxo e inclusivo que reúne toda espécie de estratégia de coleta de dados — desde participação de longo prazo em alguma forma organizada de ação coletiva como membro pleno de seja lá o que for que estejamos estudando, passando por interações de tempo mais restrito (por exemplo, as noites que Lois DeFleur passava bebendo com os policiais de folga), até entrevistas detalhadas e sem nenhuma lista fixa de perguntas entre membros de algumas comunidades, e incluindo especificamente observações sistemáticas de atividades sociais que podem ser transformadas em números e inseridas em tabelas. Essas formas de coleta de dados têm em comum o fato de os pesquisadores poderem mudar de direção rapidamente, dedicar-se a novos problemas que se apresentem e a novas fontes de dados à medida que elas surgem, de muitas formas agindo como Balibar à procura de fontes de erro em sua busca da temperatura mais baixa possível.

Tirar vantagem de relações pessoais para fazer pesquisa independente

Não é por acaso que tantos estudantes encontram um tema de tese nas atividades de algum grupo sobre o qual já têm bastante conhecimento, uma organização de que talvez tenham feito parte, uma comunidade a que eles (ou um amigo, ou um parente que conhecem bem) pertenceram outrora ou ainda pertencem. Escrevi uma dissertação de mestrado sobre "músicos comuns", que tocavam em bares, bailes, festas de todos os tipos, o que aparecesse. Não surpreende. Eu tocava piano para me sustentar antes de começar a pós-graduação, e continuei tocando profissionalmente durante toda a minha carreira de estudante e por muito tempo depois. (Marc Perrenoud fez mais ou menos a mesma coisa em Toulouse sessenta anos depois.[1] Essa estratégia nunca sai de moda.)

Da mesma forma, muitos dos meus colegas estudantes escreveram teses e dissertações sobre tipos de trabalho com que estavam familiarizados, ocasionalmente baseados em participação e observação nos meios sociais em que esse gênero de trabalho tinha lugar, o mais das vezes consistindo em longas entrevistas com seus praticantes. O pai de Ray Gold tinha uma loja de ferragens, e muitos zeladores que trabalhavam nos prédios da vizinhança iam lá comprar coisas de que precisavam em seu ofício. Ele não teve nenhum problema para encontrar entrevistados para seu estudo sobre zeladores entre os clientes da loja e seus amigos.[2] O pai de Louis Kriesberg trabalhava com o varejo de peles, e assim Kriesberg sabia o bastante sobre esse negócio para realizar um detalhado programa de entrevistas com pessoas que ficavam felizes em ajudar o jovem estudante.[3] Alguns estudantes usaram outros tipos de relações familiares (por exemplo, pais ou família do cônjuge com especialidades médicas sobre as quais sabiam o suficiente para serem capazes de planejar uma pesquisa). Robert Faulkner, então estudante da Universidade da Califórnia em Los Angeles e trompetista profissional, casou a necessidade de escrever a tese com a oportunidade de entrevistar os músicos de estúdio de Hollywood que sempre tivera vontade de conhecer, e depois escreveu uma tese e finalmente um livro sobre eles.[4] A sociologia contém muitas histórias assim. Os pesquisadores não sabiam que estavam se preparando para fazer pesquisa quando aprenderam todas essas coisas, mas o que aprenderam tornou-se proveitoso para formular um projeto e ganhar acesso rápido a coisas que talvez fosse útil observar, e sobre as quais colher dados.

Essas histórias não provêm exclusivamente de projetos de pesquisa menos estruturados. Muitos dos inventivos itens contidos nos questionários que Seymour Lipset, James Coleman e Martin Trow pediram para membros da International Typographers Union preencher refletiam a experiência pessoal de Lipset como filho de um membro do sindicato. (Ele se refere obliquamente às relações e conexões com o sindicato que ajudaram a moldar a pesquisa em *Union Democracy* [Democracia sindical].[5])

Os tipos de relação entre vida pessoal e tema de pesquisa variam. Estudantes que tinham ocupação (como eu na área da música) utilizavam-na para observar sua situação de trabalho, como Donald Roy e Melville Dalton, que trabalharam na indústria, Roy como mecânico, Dalton como gerente.[6] Estudantes que vinham de pequenas comunidades religiosas tiravam proveito do interesse de Everett Hughes pelo sectarismo religioso para fazer teses sob a orientação dele a respeito da comunidade em que tinham crescido. Essas conexões com temas de tese tornavam o acesso ao local da pesquisa mais fácil, mas também criavam potenciais problemas de lealdades possivelmente divididas (embora ninguém que conheci parecesse ter esses problemas). Robert Faulkner mais tarde tirou proveito das relações que criou estudando músicos de estúdio de Hollywood para começar uma pesquisa maior e mais ambiciosa sobre compositores de Hollywood.[7]

Em todos esses casos, o interesse pessoal moldou a escolha de tema e método de maneiras muito mais viáveis para os pesquisadores que trabalham "para si mesmos" do que seria para os coletores de dados que consideramos em capítulos anteriores. O conhecimento prévio deu aos pesquisadores que começaram dessa maneira uma valiosa vantagem para encontrar problemas a estudar e para interpretar dados que poderiam não parecer importantes a menos que se compreendesse o seu contexto social. Assim, Lipset sabia que uma parte importante da vida social dos tipógrafos tinha lugar dentro de seu grupo ocupacional porque eles trabalhavam frequentemente nos turnos da noite, e, em consequência, tinham menos oportunidade de fazer amigos entre as pessoas que trabalhavam nos horários diurnos normais. E assim ele sabia o suficiente para incluir no questionário itens que aproveitavam esse índice de integração social entre membros do sindicato para medir uma variável essencial. Ele e seus parceiros de pesquisa começaram seu trabalho com vantagens de conhecimento e acesso que de outro modo não teriam obtido. E não tinham nenhum outro motivo senão conseguir os dados que o conhecimento pessoal lhes revelava estarem lá para serem coletados.

Assistentes e aliados do coordenador de pesquisa

Com bastante frequência, os pesquisadores não podem fazer eles mesmos todo o trabalho. O problema requer conhecimento de que não dispõem, ou tempo e mobilidade geográfica que não possuem, ou pessoal que não têm condições de contratar. Muitos pesquisadores encontram a solução fácil e óbvia para esse problema recrutando, para fazer o trabalho, pessoas que não têm motivações econômicas para realizá-lo, e depois tratando-as como parceiras, em um grau ou outro (não é uma questão simples), seja no que for que o empreendimento de pesquisa venha a se tornar. Alunos de pós-graduação assistentes, que julgam estar aprendendo habilidades úteis para o trabalho a que dedicarão sua vida, são pagos menos em dinheiro que na oportunidade de participar de um estudo sério, que envolve amadurecimento, pelo qual serão recompensados em reputação e reconhecimento profissional, tal como um "verdadeiro pesquisador". Mesmo estudantes que não pretendem usar essas habilidades particulares chegam a compreender o trabalho que alguns de seus colegas fazem e pelo menos aprendem as vantagens e ciladas desse tipo de coleta de dados. Estudantes que pretendem continuar trabalhando com o mesmo método de pesquisa em que sua posição temporária os coloca consideram essas experiências ainda mais valiosas e podem às vezes empregar os dados que produzem para um projeto de tese.

Minha própria experiência trabalhando para e com Everett Hughes na pesquisa que acabou por produzir minha tese ilustra o que mais tarde compreendi ser uma versão um tanto melhor que a média da experiência de escrever uma tese que começa como um trabalho de coleta de dados.

Everett Hughes e Louis Wirth, ambos professores no Departamento de Sociologia em que recebi meu título de doutor, obtiveram uma subvenção para fazer pesquisa sobre problemas de raça em escolas públicas de Chicago. Não sei qual era o papel de Wirth, ou em que consistia sua parte do trabalho. Eu sabia que Hughes, por outro lado, tinha algumas ideias sobre como as carreiras de professores de escolas públicas deviam afetar suas ideias e seus comportamentos em relação a diferentes grupos de estudantes, e concebeu uma abordagem dupla para verificar essas ideias. Em uma parte, ele pretendia usar, como dados, os livros em que os professores registravam seu desejo de serem transferidos da escola em que lecionavam para outra escola. Essa parte do projeto acarretava a cópia de centenas de páginas de informação para formulários padronizados que seriam analisados posteriormente. Essa informação permitia a inspeção dos padrões de movimentação de professores através da série de escolas do sistema educacional com composição racial e de classe variada. Copiei muitos desses registros, e foi tão enfadonho quanto você pode imaginar. Essa parte do projeto era dirigida por um colega estudante de pós-graduação, John Winget, que fazia *sua* tese a partir das análises estatísticas, de modo que eu realmente era um "coletor de dados contratado".

Mas uma segunda parte do estudo precisava de alguém para entrevistar professores de escolas primárias sobre suas carreiras. Carreiras (de músicos) tinham sido o tema de minha dissertação de mestrado, por isso pensei que poderia dar conta do recado, e imagino que eu era uma perspectiva melhor para essa fase da pesquisa que meu colega Winget. No caso, Hughes ofereceu-me o trabalho pelo salário de um dólar a hora. Supus que poderia usar essas entrevistas como base de uma tese de doutorado que acabasse algo parecida com a tese que eu tinha usado como modelo para minha dissertação de mestrado (o estudo feito por Oswald Hall acerca da organização da prática médica numa pequena cidade americana).[8]

Escrever uma tese sobre professores primários não me entusiasmava. Eu tinha outra ideia de que gostava mais. Queria fazer uma tese sobre a área de vida noturna da Rush Street, do Near North Side de Chicago, o que envolvia fazer exatamente o que eu gostava de fazer, conviver com pessoas como eu e escrever sobre isso. Mas... o dinheiro das entrevistas seria bem-vindo, e, que diabos, o problema *era* interessante. Desde o primeiro dia, Everett me tratou como aquele que estava fazendo a pesquisa, de maneira alguma como um coletor de dados contratado, perguntando-me o que eu pensava sobre isso e aquilo, não como se eu fosse um cara inexperiente com mestrado e muita coragem, mas realmente como alguém que sabia o que estava fazendo. Bem, sem dúvida, quando eu já tinha entrevistado alguns professores, eu sabia mais sobre eles do que Everett. Mas ele sabia bastante, porque estava lendo as entrevistas à medida que eu as fazia (eu lhe dava as versões escritas), comentando-as e discutindo suas implicações comigo. Ele me tratava, em outras palavras, como um parceiro na pesquisa, talvez até como o parceiro mais importante, porque eu estava na linha de frente. Por isso, me matei de trabalhar, cobrindo todas as áreas de Chicago, transcrevendo cada entrevista escrupulosamente. Um dia ele me perguntou, à sua maneira estranhamente abrupta, por que eu lhe dava todas as entrevistas para ler. Respondi que pensava que era isso que eu devia fazer, e ele disse que era óbvio que eu sabia como fazer, e fazer corretamente, portanto, devia parar de entregá-las a ele. Mais ou menos por essa mesma altura Everett sugeriu que as entrevistas dariam uma ótima tese, e deram. Do princípio ao fim, fui responsável por pesquisa, planejamento, execução, descrição. Escrevi três artigos baseados na tese daí resultante.[9]

Sempre segui esse modelo ao trabalhar com os estudantes de pós-graduação com quem me envolvi num projeto. Eles nunca estavam "trabalhando para" mim; estavam fazendo sua própria pesquisa, na qual eu metia o nariz, não mais que isso.

Mas recrutas que ajudam os pesquisadores não precisam ser estudantes realizando seus próprios projetos. Eles podem vir de qualquer lugar. Doc, morador da comunidade italiana de Boston que trabalhou em estreita colaboração com William Foote Whyte na pesquisa que produziu *Sociedade de esquina* (1943), não era nem jamais tivera a intenção de se tornar aluno de pós-graduação. Mas Whyte envolveu-o completamente no projeto, discutiu os métodos que estava usando e as ideias por trás do que fazia e o tratou, essencialmente, como um parceiro no trabalho. Doc talvez tenha vindo a pensar sobre isso de maneira diferente anos depois, mas durante a pesquisa ele foi de fato um parceiro de pesquisa, bem como parte da pequena sociedade estudada.

A participação das pessoas que estão sendo estudadas não precisa ser tão completa ou profunda assim. Quando comecei meu trabalho de campo na Faculdade de Medicina da Universidade do Kansas, envolvi os estudantes entre os quais estava fazendo trabalho de campo em minha busca de dados. Contei a história em detalhes em outro lugar,[10] mas, em poucas palavras, ouvi um deles chamar um paciente de *crock*, e quando ele não pôde me explicar o que queria dizer com esse termo — ele sabia, mas não conseguia explicá-lo —, pedi a outros estudantes que trabalhavam na unidade que me ajudassem a descobrir o que aquilo significava, propondo exemplos, debatendo detalhes e por fim chegando a uma definição robusta que se tornou o fundamento para um dos conceitos essenciais do estudo. Eu não os contratei para fazer isso: eles simplesmente pensaram que aquilo era interessante o bastante para atrair sua atenção pelo curto tempo em que precisei da sua ajuda. Muitos pesquisadores de campo fizeram coisas semelhantes, e esse é um recurso que usei com frequência em outros contextos, pedindo a pessoas na organização que estava estudando que me ajudassem a resolver algum problema de pesquisa.

(É importante levar a sério aqui as ideias de Julius Roth sobre trabalhadores contratados, introduzidas no capítulo anterior. Mesmo operações de pequena escala podem produzir problemas similares. Nem todo professor está disposto como Hughes a atribuir o principal mérito da pesquisa a um estudante que iria publicar o trabalho assinando seu próprio nome. Às vezes um professor obtém algumas pequenas subvenções e contrata estudantes para fazer o trabalho, mas escreve qualquer publicação que dele resulte e recebe todo o crédito. Os estudantes assistentes frequentemente podem apresentar problemas similares aos dos contratados em outros tipos de pesquisa.)

Depois que obtive meu doutorado, Hughes contratou a mim e a Blanche Geer para fazer pesquisa sobre estudantes de medicina e, mais tarde, com a vinda de Marsh Ray, para pesquisar estudantes universitários. Em ambos os casos, ele deixou completamente por nossa conta organizar o estudo, fazer o trabalho, conceber as ideias, verificá-las e descrever os resultados. Aparecia em Kansas City (onde a faculdade se localizava) de vez em quando para se sentar conosco, beber e conversar sobre o trabalho, o que estávamos descobrindo, o que mais seria bom investigar. Leu o rascunho do livro que escrevemos e produziu um capítulo introdutório que fez avançar as ideias que tínhamos proposto.

E o projeto foi uma verdadeira divisão de trabalho. Ele fazia o trabalho que não podíamos realizar, que era ser o mediador (acho que poderíamos dizer "interface", hoje) entre as pessoas no campo que estavam fazendo a pesquisa e depois a descreveram (eu e Blanche Geer, no caso da faculdade de medicina) e os administradores da faculdade de medicina, tanto inicialmente, quando fui apresentado a essas pessoas, quanto mais tarde, quando eles se irritaram com o que consideraram inapropriado no livro que escrevemos. Nem Blanche Geer nem eu poderíamos fazer isso. Não dispúnhamos, como o professor Hughes, nem do know-how nem dos cargos acadêmicos que teriam atraído a atenção deles.

Em todos esses casos, nada competiu com o interesse dos pesquisadores em coletar dados para servir como evidências sobre a organização social que estavam estudando. Éramos responsáveis por isso e tínhamos todos os motivos para querer que fosse feito da melhor maneira possível.

Voluntários de outras populações

Kurt e Gladys Lang recrutaram 31 colegas estudantes de pós-graduação em sociologia na Universidade de Chicago para coletar dados de observação para seu estudo clássico sobre a relação de noticiários de televisão com a realidade sobre a qual supostamente informavam.[11] Os recrutas observaram, de uma ampla gama de pontos de vista, a recepção supostamente triunfal do general Douglas MacArthur por grandes multidões em ruas de Chicago e no Soldier Field da cidade, que aplaudiram sua oposição à política externa do presidente Harry Truman.

Os Lang suspeitavam que a cobertura na TV e na imprensa das aparições públicas de MacArthur em outras cidades não tinha sido correta, e pensavam que observações sistemáticas poderiam contar uma história menos pró-MacArthur e fornecer informações úteis sobre a maneira como o novo meio, a TV, realmente funcionava. Eis a descrição dos Lang dos 31 observadores participantes que integraram o estudo:

> Eles foram distribuídos espacialmente para permitir a máxima cobertura de todas as fases importantes das atividades do dia, isto é, nenhum ponto de observação importante foi negligenciado. Como os eventos eram temporalmente distribuídos, muitos observadores tomaram mais de uma posição, de modo que a cobertura foi na realidade baseada em mais de 31 perspectivas. Assim, o erro de amostragem inerente à observação participante individual ou a uma observação em massa não planejada foi grandemente reduzido. Os observadores puderam testemunhar a chegada no Midway Airport e ainda atingir a área do Loop antes da hora marcada para a parada. Foram recebidos relatos de 43 pontos de observação. Os voluntários dispunham de folhas de instrução que chamavam sua atenção para princípios de observação e detalhes a ser cuidadosamente registrados. Entre estes estava a instrução de anotar com minúcia qualquer atividade indicando possíveis influências da cobertura televisiva do evento sobre o comportamento dos espectadores, por exemplo ações especialmente dirigidas para as câmeras, indicações de que os eventos eram encenados para transmissão pela TV e coisas semelhantes.[12]

Enquanto os canais televisivos transmitiam imagens (registradas para uma análise de conteúdo posterior) de uma grande

multidão reunida no Soldier Field de Chicago para dar as boas-
-vindas ao general Douglas MacArthur após sua histórica oposição ao presidente Harry Truman, os estudantes presentes na cena perceberam que a maioria dos assentos naquela enorme arena estava vazia, embora os operadores de câmera se concentrassem nos lugares onde havia mais pessoas. (Recentemente, redes de televisão francesas relataram subterfúgio similar usado por um partido político nacional para dar a impressão de que o candidato a um cargo era menos popular do que realmente era, plantando um pequeno número de pessoas no fundo do salão para vaiá-lo.)

Os dados para essa importante descoberta, que precederam quase todo o ceticismo em relação a esse tipo de teatro político,[13] foram coletados por um grande grupo de colegas estudantes de pós-graduação que não ganharam nada com isso além da emoção de participar no que veio a ser (mas quem poderia saber disso?) uma nova maneira histórica de ver a coleta de notícias políticas e o teatro político, e, claro, de expor a cumplicidade da televisão comercial na promoção de uma falsa ideia do que realmente acontecera.

Coordenadores de pesquisa e pesquisa de campo

Coordenadores de pesquisa que trabalham sozinhos ou com alguns estudantes de pós-graduação ou colegas com frequência exibem o que poderíamos chamar de afinidade eletiva por métodos de trabalho de campo frouxamente organizados: longas permanências nas instituições ou comunidades que estudam, durante as quais eles observam em primeira mão eventos pertinentes a seu tema; longas e detalhadas entrevistas não estruturadas com as pessoas envolvidas nesses eventos; ou ambas as coisas.

Nada nesses métodos — em formas mais estruturadas de coleta de dados como levantamentos, ou na exploração de outros dados coletados de modo sistemático com métodos baseados em números — leva necessariamente a essa unilateralidade, mas é fácil ver como ela acontece.

Uma pesquisa projetada para testar ideias sobre a influência de variáveis específicas em outras variáveis, lembre-se, deve medir essas variáveis da mesma maneira em cada caso. De outra forma, os casos não são comparáveis. Se usarmos formatos estruturados de entrevista para obter dados comparáveis de grandes amostras, não podemos mudar a redação das perguntas de vez em quando sem perder a comparabilidade essencial para o projeto da pesquisa. Como as perguntas serão feitas por um grande corpo de entrevistadores, a logística do projeto requer que o plano da pesquisa seja decidido logo, de modo que o pesquisador possa imprimir os questionários e treinar os entrevistadores. Depois que os questionários preenchidos retornam, o pesquisador deve estabelecer diretrizes de codificação e treinar os codificadores em seu uso, assegurando assim a transferência do material de qualquer formato em que tenha sido originalmente registrado para o formato usado na análise por computadores.

Então, não importa qual item extraordinário de informação chegue à atenção dos coletores de dados por questionário: eles não podem incorporá-lo no projeto da pesquisa atual. Se o pesquisador fica sabendo que uma das premissas em que a pesquisa se baseia não é correta, a situação nos dois tipos de pesquisa é totalmente diferente. Se estamos usando questionários para coletar nossos dados, esse novo fato é inútil. Nada se pode fazer com ele durante o estágio de coleta de dados. Em trabalho de campo menos estruturado, ele talvez seja a pista que desencadeia uma investigação em nova direção.

Um experimento mental pode testar essa conclusão pessimista. Lembra-se das descobertas relativas a artefatos sobre isolamento social relatadas por Paik e Sanchagrin? O que parecia uma queda substancial no número de pessoas com quem os entrevistados sentiam que podiam discutir problemas sérios resultava não de um processo nacional de isolamento social em curso, mas do fato de que alguns entrevistadores aqui e ali tomaram um atalho e interromperam os entrevistados que queriam relatar mais nomes, cada novo nome exigindo que o entrevistador passasse pelo mesmo pequeno subquestionário de novo. Mas, agora que os administradores do General Social Survey têm conhecimento desse artefato, como irão mudar as instruções para os entrevistadores? Quem sabe eles irão monitorar os resultados dessa pergunta em particular, de maneira que seus trabalhadores contratados muito provavelmente (não podemos ter certeza, claro) irão perceber? E isso levará os entrevistadores a pressionar com maior insistência que nos levantamentos passados para obter nomes (interferindo assim na comparabilidade, de uma forma diferente)?

A Lei de Campbell (descrita no capítulo 5) especifica que usar qualquer medida de alguma coisa para distribuir recompensas e punições irá inevitavelmente corromper a medida de tal modo que não podemos mais usá-la para esse objetivo. As pessoas cujo comportamento o item em questão pretende indexar compreenderão que ele está sendo usado para julgá-las e modificarão seu comportamento — embora não necessariamente na direção desejada — para fazer o índice mostrar o que é mais vantajoso para elas.

Em estudos de campo mais frouxamente planejados, os pesquisadores se alegram quando descobrem que estiveram trabalhando com base numa premissa falsa. Eles aprenderam alguma coisa nova e útil. No mínimo, podem perguntar aos futuros entrevistados sobre essa coisa de cuja existência não tinham tido conhecimento antes e procurar sua atuação e seus efeitos em outras situações além daquela em que a encontraram.

Pesquisadores de campo se envolvem em cada estágio da pesquisa mais ou menos ao mesmo tempo: coletar dados, interpretá-los, formular novas estratégias de pesquisa, coletar novos dados. Como eles desempenham um papel mais importante na geração dos dados, têm mais razão para querer fazer as coisas corretamente. E, de fato, a maioria dos pesquisadores de campo relata rotineiramente que descobre novas coisas sobre as quais perguntar, novas maneiras de indagar sobre as mesmas velhas coisas e novas maneiras de medir e contar coisas de interesse. Eles medem seu progresso, em alguns aspectos, pela frequência com que têm de incorporar novos itens de informação a seu pensamento. Daí o conhecido conselho popular: quando você passar algum tempo sem aprender nada de novo, seu estudo estará completo.

Aqui é o lugar para lembrar que, uma vez que os coordenadores de pesquisa em estudos de campo fazem a maior parte da coleta de dados ou toda ela, eles podem decidir coisas como quando começar a procurar algo novo ou quando não há mais nada a ser aprendido. Talvez não estejam certos o tempo todo — de fato, de uma maneira muito real, sempre há algo novo a aprender —, mas a autoridade organizacional é distribuída de tal forma que torna mais provável que as pessoas que coletam os dados fiquem alertas para essas descobertas inesperadas, e prontas para tirar proveito delas.

Dados numéricos em estudos de campo: alguns exemplos

Esse último aspecto, para ser convincente, necessita da substância fornecida por exemplos específicos, detalhados. Eis um importante fator, que também ilustra outro ponto que quero enfatizar: os estudos de campo, longe de serem antiquantitativos, frequentemente usam muitos números, embora não no pequeno número de formatos padronizados que hoje dominam a pesquisa em grande escala. Há mais de uma maneira de usar e exibir números (a maioria dos sociólogos iria aprender muitas coisas úteis estudando as sugestões de John Tukey sobre como fazê-lo).[14] E há mais coisas sobre as quais coletar números do que as listas comuns de variáveis e atitudes "sociais" sobre isso e aquilo.

Como Jean Peneff observou, pessoas de todos os tipos lançam mão de números (frequentemente de maneira repetida e sistemática) antes, durante e depois de seus dias de trabalho — mas especialmente no trabalho, como ele teve oportunidade de observar em vários estudos sobre técnicos de emergência médica e outros profissionais da medicina. Falando para, e sobre, estudantes de pós-graduação que estavam aprendendo a fazer trabalho de campo, ele deu este conselho:

> Os estudantes que fazem observação não participante, comparados com aqueles que fazem observação participante, estão menos pro-

pensos a ver a necessidade de medidas quantitativas e de integrá-las em seus relatórios. Razão pela qual eu lhes digo: "Se você não conta, isso significa que você não está trabalhando!" Um aspecto essencial da vida diária de trabalho é de fato contar e calcular. Trabalhar numa fábrica é estar pensando constantemente "Quantas peças tenho de fazer, quantas operações tenho de executar, quanto tempo tenho para fazer tudo isso?" Trabalhar num escritório consiste em classificar, arquivar, contar, inventariar. Medida e cálculo são onipresentes numa enfermaria de hospital: quantos leitos disponíveis, quanto tempo temos de esperar por uma radiografia? Quanto tempo temos para isso? De quantos pacientes devemos tratar? Quantas horas de trabalho há a fazer? O tempo é uma obsessão: quanto tempo transcorreu, quanto tempo para uma decisão (e, claro, quanto tempo falta para eu ir para casa). É paradoxal que os pesquisadores não usem essa preocupação, essa constante mensuração do tempo — a escolha do momento para operações e eventos, inspeções, programas —, enquanto para os trabalhadores ela parece ser o principal tema de conversas.

Em campo, o sociólogo, que é um observador externo não diretamente afetado pela ação em progresso, não experimenta, ao contrário do observador participante, as coações e o peso do tempo. Insistir no papel de mensurações do tempo e seu envolvimento no trabalho é também ver que contar, em todas as suas formas, é uma parte essencial da vida diária. Contar o próprio tempo, o próprio gasto, é planejar, fazer estimativas aproximadas para organizar e avaliar desenvolvimentos. O observador não participante é como alguém que despende tempo livre, que tem tempo para esbanjar, que não precisa controlar seu uso do tempo com tanto cuidado. Evidentemente, nem todos calculam no mesmo grau; alguns calculam esses valores de forma menos precisa. Nem toda atividade que envolve contagem nos leva a compilar estatísticas: totais e seu crescimento ao longo de um dado período, complementados com médias ou taxas, embora nada impeça alguém curioso em relação à sua própria administração do tempo (quanto tem disponível e quanto usa para várias atividades) de fazer isso facilmente. O contínuo registro de eventos e horas distingue o sociólogo do trabalhador comum, demasiado ansioso para esquecer seu dia na fábrica ou no escritório depois que sai do trabalho. Por outro lado, calcular médias, fazer avaliações da própria atividade e de seus resultados interessam a qualquer trabalhador ou empregador que quer conhecer, no curso de um longo período, o emprego de seus recursos e os resultados de seus gastos. Exemplos de medidas e contagens abundam em relatórios sociológicos baseados em observações.[15]

Um exemplo: a divisão étnica do trabalho no trabalho não industrial (Hughes em Cantonville)

Everett Hughes concentrou seu estudo de uma pequena cidade franco-canadense na recente abertura, ali, de duas usinas têxteis, e no decorrente rápido crescimento da população, quando pessoas que viviam na região rural circundante e tinham ganhado a vida como agricultores assumiram empregos fabris.[16] A análise dos registros da força de trabalho das fábricas mostrou-lhe o que ele chamou de "divisão étnica do trabalho" na fábrica. Nenhuma surpresa aí: os postos administrativos estavam preenchidos por membros do grupo étnico inglês mais instruído, muitos deles importados da Grã-Bretanha, e os trabalhadores da usina tinham reveladores sobrenomes franceses quebequenses.

Entretanto, ele queria conhecer a divisão étnica do trabalho em outras porções do mercado de trabalho também, e para isso não existia nenhuma fonte disponível de dados já colhidos. Assim, ele e Helen McGill (sua mulher, também socióloga) fizeram o que fazem os coordenadores de pesquisa: inventaram uma maneira de criar as estatísticas de que precisavam, um registro de quais tipos de trabalho não fabril eram desempenhados por ingleses e quais por franceses. Eis o que eles fizeram:

> Essas tabelas [da etnicidade das pessoas que possuíam e dirigiam negócios não industriais e empresas de serviços] são baseadas em material coletado por uma sondagem de casa em casa. Percorremos cada centímetro de ruas e travessas da cidade e de distritos afastados, registrando, entre outras coisas, os negócios e serviços oferecidos em cada construção ou lote. Quando havia a menor razão para acreditar que um negócio ou serviço não era francês, fazíamos averiguações.[17]

Eles contaram como evidências de etnicidade a língua usada em tabuletas, a língua usada indicando de que grupo étnico os proprietários esperavam que seus fregueses viessem. A maioria das tabuletas era monolíngue e, de fato, a maioria francesa, embora alguns lugares buscassem seus fregueses em ambos os grupos. Os Hughes usaram seus próprios dados a partir desse levantamento de casa em casa para contar o número de casas construídas de madeira, tijolo ou outros materiais também. Essa é uma lição que vale a pena lembrar: se ninguém mais coleta os números de que precisamos, nós mesmos podemos fazê-lo. Tal trabalho não está abaixo da dignidade de um coordenador de pesquisa.

Estatísticas pessoais: as estatísticas de Donald Roy sobre restrição da produção

Já vimos como os policiais com que Peter Moskos trabalhou calculavam o número de detenções que queriam fazer e depois agiam de modo a produzir esse número. O estudo de Donald Roy acerca da produção numa oficina mecânica descreveu um uso mais complexo desses números caseiros e ilustra como um único pesquisador que projeta sua pesquisa enquanto a realiza pode tirar proveito do que aprende logo no início para criar corpos sistemáticos de dados que sustentem explicações analíticas complexas de fenômenos interessantes.

Roy usou uma engenhosa combinação de observação participante prolongada e análise rigorosa de dados estatísticos cuidadosamente coletados e criativamente analisados como base para seu estudo sobre a restrição da produção por trabalhadores numa oficina mecânica industrial. Ele aceitou o emprego (foi durante a Segunda Guerra Mundial, e ele queria um emprego que adiasse o recrutamento) porque precisava trabalhar e tinha as habilidades requeridas, mas logo se deu conta de que ele também lhe dava uma situação ideal para pesquisa — e afinal ele tinha uma tese para escrever. Começou a tomar notas criteriosas de tudo o que via e de todas as conversas e atividades de que participava. Manteve também — e usou mais tarde como evidência numérica para muitas de suas conclusões — um registro detalhado de sua própria produção.

Roy trabalhava numa oficina mecânica (parte de um complexo industrial maior) fazendo (como os outros trabalhadores ali) uma série de pequenas peças destinadas a serem encaixadas em montagens maiores. Os trabalhadores da oficina recebiam o encargo de fazer tantas dessas peças em máquinas manualmente operadas, e depois tantas daquela outras, e seus dias de trabalho eram preenchidos por uma combinação interminável e sempre variável dessas tarefas. Eles eram pagos por peça — tantos centavos a cada uma que produzissem —, assim, em princípio, quanto mais arduamente trabalhassem, mais receberiam, e o dinheiro servia como um incentivo para o trabalho árduo e contínuo. Os encarregados de estudar o tempo estabeleciam o ritmo por peça, cronometrando um mecânico experiente fazendo-a sob sua supervisão e determinando a partir daí quanto tempo ela "deveria demandar", e depois calculando um preço por peça destinado a induzir os trabalhadores a produzi-la naquele tempo. Se um trabalhador deixava de fazer as peças no tempo suficiente para ganhar o salário garantido (o "preço do dia") de 85 centavos de dólar por hora, de qualquer maneira ele recebia isso. Se fizesse as peças mais depressa, recebia aquilo a que fazia jus, que era assim mais que o preço do dia.

Roy logo percebeu que seus colegas acreditavam que os preços que os encarregados do estudo do tempo atribuíam ao trabalho de fabricar a peça raramente refletiam a real dificuldade de elaborá-la, e frequentemente, na opinião dos trabalhadores, não eram altos o bastante. Por isso eles tomavam cuidado para não trabalhar "rápido demais" quando o encarregado do estudo do tempo os observava com o cronômetro na mão e estabelecia o preço. Roy achava que a desconfiança dos trabalhadores estava correta. Parte da investigação que realizou para acompanhar essas desconfianças consistiu em contar itens contáveis, e parte consistiu em observar interações, conversando com colegas trabalhadores, e outros tipos convencionais de trabalho de campo. Ele fez ambas as coisas mais ou menos simultaneamente. As descobertas a partir das duas abordagens informavam uma à outra.

A busca sistemática de Roy por evidências sobre padrões de atividade produtiva na oficina mecânica inovou por tratar a si mesmo como objeto de estudo. Ele justificou isso considerando que tinha os mesmos problemas que todos os outros e aproximadamente as mesmas habilidades; seus resultados e o que ele fazia para obtê-los, portanto, não poderiam variar muito em relação aos outros. Assim, Roy registrou sistematicamente sua própria produção diária durante dez meses: quantas peças de cada tipo produzia, quanto recebia a cada trabalho feito, com que frequência ganhava o valor básico de 85 centavos por hora (*making out*), o extra que recebia por excedê-lo, e com que frequência fazia menos peças que isso mas recebia o valor diário de qualquer maneira. Sua produção real, expressa nos centavos por hora que ele teria ganhado se tivesse sido pago somente por peça e não tivesse recebido o mínimo garantido, variava entre 9 centavos e 1,66 dólar por hora. Na metade do tempo ele produzia menos que isso, na metade do tempo, mais.

> Minhas horas de "ganhos" no trabalho por peça pendiam metade para cada lado do preço diário de 85 centavos por hora e ponto de "*make out*", indicando 85 centavos como média aproximada. No entanto, essa distribuição não formava de maneira nenhuma uma curva em forma de sino, com 85 centavos como ponto modal. Horas de trabalho à peça "*make out*" e "não *make out*" formam duas distribuições quase separadas, com 74,1% das 669,4 horas "*make out*" concentradas no intervalo 1,25-1,34 dólar e 43,2% das 681,5 horas "não *make out*" agrupadas em dois intervalos adjacentes,

35-54 centavos. A concentração de horas *"make out"* é ainda mais acentuada. Pois 82,8% caem em três intervalos de 5 centavos, 1,20-1,34 dólar, e 64,1% caem num único intervalo de 5 centavos, 1,25-1,29 dólar.[18]

Esse resultado de sua análise numérica, a distribuição bimodal de seus próprios ganhos, sugeriu a Roy um novo problema de pesquisa. Como ele poderia explicar essa estranha distribuição? Poderia ele "generalizar" suas descobertas para o resto dos trabalhadores? Roy não tinha nenhuma maneira prática de obter dados similares dos outros trabalhadores na oficina de forma sistemática, embora ouvisse e participasse de intermináveis conversas sobre o assunto, e essas conversas deixassem claro que seus resultados não eram de maneira alguma incomuns. Não podia observar as atividades produtivas deles do modo como Peter Moskos observara os registros de detenções de seus colegas policiais. Mas manteve um registro dos ganhos de seu "colega do dia" (que trabalhava na máquina, em outros turnos), cuja distribuição se assemelhava à sua própria. Isso fornecia uma "verificação da realidade" para suas observações acerca dos resultados de sua atividade de trabalho (e mantinha constante, devemos observar, a máquina usada na produção, caso alguém suspeite que a própria máquina pudesse ser uma variável). Ele também calculou os dados de sua própria produção separadamente durante dois períodos de tempo — os primeiros meses, em que estava aprendendo a tarefa, e os últimos meses, quando tinha habilidade suficiente para trabalhar tão produtivamente quanto qualquer de seus colegas — e descobriu que eles formavam essencialmente a mesma distribuição.

Os números que Roy coletou excluíram qualquer explicação desse aspecto do comportamento do trabalhador como simples resposta a uma diferença real na dificuldade de diferentes trabalhos por peça, já que não havia nenhuma razão para pensar que esses trabalhos eram distribuídos de maneira bimodal numa escala de dificuldade. Algo mais explicava as peculiaridades da distribuição, e as evidências do trabalho de campo mostraram que um tipo muito diferente de variável explicativa produzia a anomalia: as definições compartilhadas dos trabalhadores sobre as dimensões relevantes de cada um dos trabalhos por peça que surgiam em seu caminho.

Roy aprendeu, observando o que trabalhadores faziam e participando de suas conversas casuais, que eles concebiam algumas tarefas como "sopa", com as quais se podia facilmente ganhar um dólar por hora e, com algum "esforço extra e engenhosidade", receber 1,25 dólar por hora; e outras como "pepino", peças que, com esforço máximo e trabalhando arduamente, era possível produzir não mais que o suficiente para ganhar 95 centavos por hora, não muito mais que o pagamento do dia.

Roy explicou o primeiro dos dois picos na distribuição bimodal de seus ganhos como resultado de um padrão de trabalho que ele chamou de "cota de restrição". "A forte concentração de horas no nível 1,25-1,34 dólar sem nenhuma sobra para o nível seguinte faz a 'cota de restrição' aparecer como uma limitação de esforço em tarefas que são 'sopa' de modo a não exceder os máximos estabelecidos."[19] O operador mecânico experiente que lhe designaram para ter algum treinamento preliminar explicou a lógica para os máximos estabelecidos nessa conversa, como Roy relata:

"O máximo que podemos ganhar é 1,25 dólar, mesmo quando podemos ganhar mais! E na maior parte do tempo não podemos ganhar nem isso! Você já trabalhou por peça antes?"

"Não."

"Dá para perceber! Bem, o que você supõe que aconteceria se eu entregasse 1,25 dólar por hora nesses corpos de bomba?"

"Entregasse? Você quer dizer, se você realmente fizesse o trabalho?"

"Quero dizer se eu realmente fizesse o trabalho e o entregasse!"

"Eles teriam de lhe pagar, não teriam? Esse é o combinado!"

"Sim! Eles me pagariam — uma vez! Você não sabe que, se eu entregasse 1,50 dólar por hora nesses corpos de bomba hoje à noite, o maldito do Departamento de Métodos inteiro baixaria aqui amanhã? E eles iriam cronometrar de novo a tarefa tão depressa que isso o deixaria tonto! E quando o cronometrassem de novo, cortariam o preço pela metade! E eu estaria trabalhando para ganhar 85 centavos em vez de 1,25 dólar."[20]

Outros trabalhadores repetiram a advertência muitas vezes nas semanas seguintes. Roy teve sólidas evidências de que seus colegas trabalhadores usavam todos os meios à sua disposição para impor essa "regra". E a existência da regra explicava o primeiro pico da distribuição bimodal de seus ganhos: ele estava seguindo o exemplo e os argumentos de seus colegas trabalhadores sobre o que aconteceria se ele fosse além daquele nível.

O segundo pico resultava de um padrão diferente de compreensão e comportamento: corpo mole. Como Roy explicou:

Com os "pepinos", eles aplicavam apenas um esforço mínimo; ou não tentavam completar uma entrega equivalente ao valor do salário de base, ou desaceleravam deliberadamente. Tarefas eram definidas como "boas" e "más", em termos não do esforço ou habilidade necessários para completá-las num simples nível de preço básico, mas da inalcançabilidade percebida de uma gratificação substancial, isto é, 15 centavos por hora ou mais. Considerava-se que ganhos de um dólar por hora em relação a uma cota de 1,25 dólar e um valor básico de 85 centavos valiam a pena, ao passo que ganhos de 95 centavos por hora não valiam.[21]

Ele resumiu as evidências de conversas, exortações e observações de seus colegas trabalhadores assim: "A atitude básica em relação a limitações do tipo corpo mole era expressa sucintamente assim: 'Eles não vão conseguir tirar muito trabalho de mim por esse pagamento!'".[22]

Para sustentar essa conclusão Roy usou a descrição de uma luta de nove meses entre, de um lado, os encarregados de estudar o tempo e chefes de equipe, e, de outro, quatro trabalhadores que usavam a mesma máquina para o mesmo "pepino". Os trabalhadores repetidamente desmontavam as máquinas, não produziam quase nada e ocupavam seu tempo de todas as maneiras concebíveis, ainda que os chefes de equipe os observassem atentamente.

Os dados quantitativos que Roy cuidadosamente reuniu sobre os padrões de produção mostram que os trabalhadores realmente sacrificavam quantidades substanciais de ganhos em potencial restringindo sua produção ao mínimo, num esforço para obrigar os engenheiros a elevar o preço por uma peça que eles pensavam ter sido injustamente cronometrada.

Seus colegas não faziam esse cálculo rotineiramente, mas ele decidiu fazê-lo. Trabalhou o mais arduamente que pôde durante uma hora num daqueles "pepinos" e registrou quanto tinha ganhado nessa hora. Depois retornou à "cota" com que seu grupo de trabalho tinha concordado e estabeleceu a cifra de rendimento. A comparação das duas coisas lhe permitiu calcular, para as diversas variedades de peças que frequentemente lhe eram designadas, quanto ele teria ganhado se tivesse trabalhado em seu ritmo mais acelerado durante o tempo todo e de quanto tinha se privado em ganhos extras ao se conformar à norma do grupo. Fez o mesmo para as tarefas "sopa" e descobriu que ele e os outros abriam mão de quantias consideráveis para preservar as vantagens que viam na adesão às cotas combinadas.

A análise numérica de seus próprios ganhos e dos de seu "colega do dia" em várias tarefas lhe deu um corpo sistematicamente coletado de dados numéricos que exibiam a distribuição bimodal dos ganhos que ele, então, quis explicar. Seu material de observação lhe revelou (e a nós) como esse padrão tinha sido criado a partir da desconfiança dos trabalhadores de que a administração usava o sistema de trabalho por peça para manter os salários dos trabalhadores dentro de limites que os administradores consideravam "normais" e "razoáveis", o que um trabalhador *devia* ganhar. As evidências eram convincentes: cada passo do raciocínio se baseava em cuidadosa observação e registro de dados pertinentes.

Claramente, Roy não poderia ter coletado esses tipos convincentes de evidência sem fazer observações in loco do comportamento e dos eventos que estava estudando. Não conseguimos imaginar que um entrevistador de uma instituição de pesquisa com base externa poderia ter indagado acerca dessas práticas e esperado obter respostas verdadeiras, detalhadas.

Ritual e magia na administração de doença contagiosa

Julius Roth, na época um estudante de pós-graduação em sociologia, foi internado num sanatório para tuberculose após desenvolver a doença. Tirou disso o melhor proveito possível, transformando a experiência num projeto sério de pesquisa, por fim publicado como *Timetables* ([Quadros de horário], 1963). O livro descreve como pacientes e médicos se desentendiam a respeito de definições de quanto tempo os pacientes tinham de permanecer no hospital antes que fossem considerados "seguros" o suficiente para conviver com o conjunto da população. Roth fez sua pesquisa, em parte, de seu leito hospitalar, registrando o que via e ouvia desse ponto de vista privilegiado. Seu artigo "Ritual and magic in the control of contagion" ([Ritual e magia no controle de contágio], 1957) usou alguns dos dados para investigar certas questões relevantes;

> A tuberculose é uma doença contagiosa. Mas em que grau? De que maneira e sob que circunstâncias é provável que ela seja transmitida de uma pessoa para outra? E que procedimentos são mais eficazes para evitar a transmissão? As respostas para estas questões são muito incertas, e os especialistas em tuberculose mostram considerável discordância quanto aos detalhes de como lidam com esses problemas. As incertezas deixam o caminho aberto para procedimentos ritualizados que frequentemente dependem mais de conveniência e facilidade de administração

que de probabilidades racionalmente deduzidas. Elas também deixam o caminho aberto para práticas irracionais que podem ser propriamente chamadas de "magia".²³

Roth fornece evidências para essas conclusões a partir de observações que fez de sua cama. Um grupo de observações consiste em atentar para regras hospitalares que deixavam de reconhecer fontes possíveis, até prováveis, de contágio. Por exemplo, o pessoal do hospital e os visitantes trocavam cédulas de dinheiro com pacientes que as haviam manipulado, presumivelmente cobrindo-as de bacilos. Nenhuma regra proibia isso.

Mas sua evidência observacional mais importante veio de experiências só disponíveis da forma que estiveram para alguém inteiramente no comando da concepção do problema e da coleta de dados. Após passar algum tempo no hospital como paciente e, tendo aprendido a pensar e observar sociologicamente, sentir-se irritado com regras e procedimentos que considerava ilógicos, ocorreu-lhe que muitas (talvez todas, quem sabe?) das regras e dos procedimentos não tinham nenhuma base racional e eram simplesmente gestos mágicos irrealistas destinados a lidar com a ideia, e não com o fato, de possível infecção.

Com uma ideia pesquisável em mãos, o coordenador de pesquisa podia agora desenvolver um plano para testá-la. Como? Ele tomou algo que tinha notado — diferenças na maneira como as pessoas das várias categorias no hospital respondiam às regras para evitar a infecção — e desenvolveu um procedimento simples para testar sua ideia, procedimento que produzia dados cuja pertinência como evidência não podia ser contestada. Durante vários dias consecutivos, Roth manteve um caderno à mão e anotou, cada vez que alguém do pessoal do hospital entrava em seu quarto, se a pessoa estava usando algum dos artigos de vestuário — touca, jaleco e máscara — destinados a proteger contra infecção. As regras do hospital exigiam que todos os médicos e enfermeiros usassem esses itens quando entravam em seu quarto. A Tabela 1 registra os achados.

TABELA 1. Uso de roupas protetoras por médicos e pessoal da enfermagem em hospital público

	Vezes que entraram no quarto	% usando		
		Touca	Jaleco	Máscara
Médicos	47	3	0	5
Enfermeiros profissionais	100	24	18	14
Auxiliares de enfermagem	121	86	45	46
Ajudantes	142	94	80	72
Estudantes	97	100	100	100

Fonte: Roth, "Ritual and Magic in the control of contagion", p. 312.

Esses números, que constituíram parte importante dos dados de seu estudo, fornecem evidências conclusivas para sua teoria. Ele explica a resposta diferencial a essas regras da seguinte maneira: as pessoas que deveriam ser as mais bem-informadas não pensam que usar roupas protetoras tem qualquer efeito, por isso não veem nenhum valor em seguir a regra, e, estando nos escalões mais altos da hierarquia hospitalar, não correm nenhum risco de repreensão ou punição.

Análises mais detalhadas mostraram que esse padrão continuou a aparecer quando ele decompôs seus dados por tarefas específicas, algumas das quais podiam ser consideradas mais "perigosas" (propensas a produzir infecção). Quer estivessem medindo a temperatura, conversando com pacientes, distribuindo correspondência — não importa que atividade —, os enfermeiros profissionais usavam os itens protetores com menor frequência que os auxiliares de enfermagem, que os usavam com menor frequência que os ajudantes, que os usavam com menor frequência que os estudantes. Os médicos quase não os usavam. Esse teste exclui a possibilidade de que o padrão resultasse de uma distribuição diferenciada de tarefas. No conjunto, era um projeto elegante e eficaz, que excluía, de modo convincente, possíveis explicações alternativas.

Algumas pessoas poderiam criticar a amostra de duas enfermarias, uma num hospital de veteranos e uma num hospital estadual, por ser muito pequena, mas creio que observadores mais razoáveis iriam achar essa crítica excessiva e estariam dispostos a aceitar, pelo menos provisoriamente, a seguinte conclusão:

> As práticas que envolvem o controle do contágio num hospital para tuberculosos representam um esforço para fazer as leis do homem se aproximarem das leis da natureza, e quando as leis da natureza não são bem compreendidas, as regras do homem tendem a ser mais ou menos irracionais, e sua observância, vacilante e ritualística.[24]

A posição de Roth como coordenador de pesquisa — isto é, sem ter de responder a ninguém além de seus colegas profissionais por suas ideias e as evidências que dera para elas — não só lhe permitiu buscar a melhor solução possível para o problema de provar essas ideias, como também o motivou a fazê-lo. Ele encontrou uma solução que evitou os problemas associados a pedir às pessoas para se lembrarem do que tinham feito numa série de ocasiões, especialmente quando o que tinham feito violava leis a que deveriam obedecer.

A "prova" da existência da cultura estudantil

Em meados dos anos 1950, quando Blanche Geer e eu começamos nosso estudo sobre estudantes de medicina, finalmente publicado em *Boys in White* ([Garotos de branco], 1961), não tínhamos nenhuma hipótese de pesquisa para testar além da simples ideia de que os estudantes entravam na faculdade, passavam quatro anos e depois se formavam — e alguma coisa devia ter acontecido com eles durante esse tempo. O que tinha acontecido? (O estudo diferia, dessa maneira, da pesquisa de Robert Merton, George Reader e Patricia Kendall, *The Student Physician* (1957), que foi cuidadosamente projetada para testar ideias específicas sobre a natureza e o curso da socialização de estudantes de medicina.)

Não tínhamos nenhuma hipótese inicial, nenhuma ideia sobre o que iríamos "testar" em relação aos dados que estávamos prestes a começar a coletar. Embora Everett Hughes, que concebera o projeto e o vendera para fontes de apoio financeiro e para a administração da faculdade de medicina, formulasse algumas vagas ideias, eu tinha trabalhado com ele o bastante para saber que deixaria para mim e para Geer, as pessoas que fariam o trabalho de campo, compreender o que estava acontecendo e produzir as ideias que iriam descrever e depois explicar o que estávamos vendo.

Dividimos as tarefas do trabalho de campo. Eu tinha começado a pesquisa antes que Geer ingressasse no projeto, passando um ano acompanhando estudantes do terceiro e do quarto anos quando eles trabalhavam no hospital, situado em Kansas City, a cerca de cinquenta quilômetros dos laboratórios onde os alunos do primeiro ano começavam a fazer sua formação nos cursos de anatomia, patologia e outras ciências laboratoriais.

Meu primeiro ano acompanhando estudantes pelas enfermarias e clínicas do hospital, observando-os examinar pacientes e tentar responder às questões com que o corpo docente os bombardeava, tinha me dado algumas ideias não muito bem desenvolvidas sobre o que eu começara a chamar de "cultura estudantil", uma coleção de noções e atividades compartilhadas que os estudantes usavam para organizar sua resposta aos problemas que a faculdade de medicina criava para eles. Isso refletia uma concepção clássica de cultura que eu adquiri no curso de pós-graduação, a definição de William Graham Sumner do conjunto de tradições, desenvolvidas coletivamente, como respostas a problemas persistentes enfrentados por um grupo.[25]

Dito de forma breve, eu passara a pensar nos entendimentos que os estudantes compartilhavam sobre sua situação e sobre como lidar com ela enquanto algo que girava em torno de duas ideias principais (e as estratégias associadas com elas): *responsabilidade médica*, a responsabilidade que os médicos têm pelo bem-estar do paciente; e *experiência clínica*, o conhecimento adquirido a partir da experiência que se usa para dar conta dessa responsabilidade, o que se aprende a partir do trabalho direto com os doentes, conhecimento prático que sempre suplanta o que pode ser encontrado num livro ou artigo de revista. Achei que estava correto ao chamar esses entendimentos compartilhados de cultura, porque tinha visto os estudantes compartilhando-os no sentido mais literal, discutindo as ideias e as ações associadas a eles no curso de sua atividade diária conjunta, no hospital, ao longo de um período de meses. Eu os tinha visto recolher essas ideias a partir das atividades diárias e observações dos médicos, residentes e internos que supervisionavam seu trabalho, mas não estava claro para mim como tinham desenvolvido a capacidade de agir juntos ao longo dos princípios que essas ideias sugeriam.

Blanche Geer juntou-se ao projeto no ano seguinte e passava seu tempo em Lawrence, a menos de uma hora de carro do hospital, onde os estudantes do primeiro ano frequentavam seus cursos de laboratório. Ao fim do primeiro ano no campo, Geer tinha desvendado a gênese dos padrões de cooperação que forneciam a base para a cultura que eu tinha observado em ação. Eis como.

Os estudantes do primeiro ano trabalhavam arduamente. No laboratório de anatomia, em grupos de quatro, colaboravam dissecando um cadáver que lhes era designado, encontrando e aprendendo a reconhecer órgãos, músculos, tecidos, nervos etc. Era difícil encontrar e reconhecer esses itens, e corria-se sempre o risco de cortar alguma coisa involuntariamente, e, assim, tornar um item ainda mais difícil de reconhecer, já que uma das maneiras de identificar essas estruturas era ver onde elas começavam e terminavam. Esses marcadores decisivos eram perdidos quando eles eram cortados.

Após várias semanas, os professores anunciaram um exame. Eles tinham etiquetado várias estruturas — nervos, músculos, tendões etc. — nos cadáveres que os estudantes tinham dissecado. O teste consistia em nomear as estruturas marcadas.

Blanche Geer se ocupara, durante as palestras que os professores ministravam (nos outros cursos, de fisiologia e farmacologia) em aprender a reconhecer os estudantes de vista, memorizando seus nomes e passando a conhecê-los de modo geral. Antes desse primeiro exame decisivo, ela tinha também aprendido que os estudantes (mais de cem) distribuíam-se em vários subgrupos, refletindo de certa maneira classe social, relações anteriores estabelecidas em fraternidades universitárias na Universidade do Kansas e uma divisão rural-urbano (estudantes de Kansas City e Wichita, por um lado, e de áreas menores e mais rurais do estado por outro). Os grupos tinham pouco a ver um com o outro. Eles não interagiam muito fora dos laboratórios e salas de aula, e ela não observou muita conversa intergrupal. Os subgrupos consistiam em três fraternidades (masculinas) da faculdade de medicina, independentes, e um número menor de estudantes do sexo feminino.

Ninguém se saiu bem no primeiro exame, que foi mais difícil do que os alunos tinham imaginado, e o fracasso geral provocou uma grande crise de confiança. Eles tinham começado o ano usando todos os truques que estudantes universitários mobilizam para sobreviver a um currículo de graduação, cada um dos subgrupos discutindo e decidindo entre si como levar a cabo os estudos. E os truques não tinham funcionado. Eles estavam todos, todos os subgrupos, fazendo alguma coisa errada, e ninguém sabia o quê.

Nessa crise, Geer explicou, as barreiras entre os grupos desmoronaram completamente, e os estudantes colaboraram entre si, cruzando as linhas que os tinham separado, tentando encontrar uma forma que todos eles pudessem usar. Eles raciocinaram que isso lhes daria pelo menos uma estratégia unificada, e depois, se todos fracassassem no teste seguinte, os professores teriam de aceitar parte da responsabilidade pelo fracasso. Essa concordância, cruzando as linhas divisórias anteriores, lançou a base para o acordo que lhes permitiu atravessar o resto do ano e para os entendimentos mais abrangentes envolvendo relações com os pacientes a que os estudantes chegaram nos anos posteriores de sua formação.

Duas tabelas documentaram a maior interação (após o exame decisivo) *entre* os grupos, em contraposição a *dentro* dos grupos — as três fraternidades, os independentes e as seis estudantes do sexo feminino.[26] Assim que aprendeu a reconhecer os estudantes de vista, Geer começou a registrar quem estava interagindo com quem (sentando-se juntos na sala, conversando entre si durante os intervalos, indo e voltando das aulas ou comendo juntos), dividindo suas observações entre aquelas feitas antes do exame e as feitas depois. Separando as interações dos estudantes em inter e intragrupais, ela pôde demonstrar um substancial aumento no contato intergrupal após o exame fatídico. Os números alterados forneceram convincentes evidências de que, após o exame, os vários grupos separados tinham se tornado, para os objetivos de lidar com o professorado, um grupo indiviso.

Aqui está a relevância dessas evidências para nosso tema mais amplo da cultura estudantil. Depois que estávamos adiantados no trabalho e tínhamos desenvolvido nossas ideias preliminares, começamos a apresentá-las em encontros de pesquisadores que estudavam o comportamento de estudantes em universidades e faculdades. Muita gente fazia esse tipo de pesquisa na época, em sua maioria psicólogos aferrados a formas mais sistematicamente planejadas de pesquisa quantitativa. Eles nos ouviam com interesse e, como tinham lidado com o mesmo tipo de coisa em que nos concentrávamos, sabiam que o que estávamos fazendo era "importante", e estavam bastante convencidos de que nossas descrições eram corretas. Mas, como um pesquisador muito experiente nos disse, nós não lhes dávamos o tipo de dados numéricos que esperavam ver como evidências. Não poderíamos ajudá-los?

No livro, respondemos às questões que nossos colegas psicólogos haviam sugerido da seguinte maneira: criamos uma espécie de dicionário de linguagem e ações que, afirmamos, expressavam o que estávamos chamando de perspectivas da "responsabilidade" e da "experiência". Depois criamos sumários dos vários milhares de páginas de notas de campo que tínhamos acumulado e classificamos neles cada incidente como, antes de mais nada, relevante para ambas as perspectivas como evidência a favor ou contra sua existência. Não tínhamos nenhuma diretriz padronizada em relação a quantos itens de fala e ação podíamos razoavelmente tomar como evidências da existência da perspectiva, mas nos decidimos por um número relativamente grande, e quando o número de exemplos de um índice particular da perspectiva mostrava uma preponderância de itens "positivos", aceitávamos isso como evidência de sua existência.

Fomos mais longe. Para justificar a descrição das coisas que tínhamos ouvido serem ditas e visto serem feitas como as evidências de "cultura" que nossos colegas estavam pedindo, pensamos que mais dois elementos de evidência iriam demonstrar a validade de nossas ideias para críticos potenciais: 1) que o item em questão tinha ocorrido não somente na presença de um dos pesquisadores, mas também na presença de outros estudantes, os quais (se discordassem ou o considerassem tolo) poderiam discuti-lo, rejeitá-lo ou, alternativamente, agir como se ele fosse uma interpretação razoável do que quer que estivesse sendo discutido, ou uma coisa aceitável a fazer nas circunstâncias; 2) que o item em questão tinha ocorrido ou sido dito sem instrução nossa nem sugestão de nossa parte. Esses requisitos identificavam elementos que se podiam razoavelmente considerar "provas" de que uma tabela contendo tais elementos realmente representava a natureza compartilhada da perspectiva que estávamos lhe atribuindo. Codificamos cada item nas notas de campo (cada expressão de atitudes em fala ou ação) que julgamos pertinentes para a perspectiva que estávamos investigando dessa maneira, tornando seu valor de evidência explícito e contável. Computamos afirmações verbais explícitas como "oferecidas", quando não tínhamos sugerido a ideia ou formulação ao estudante que a fazia, ou "dirigidas", se tivéssemos sugerido sua expressão para ele e perguntado se concordava ou discordava. Como todos os 181 itens, exceto quatro, consistiam em afirmações "oferecidas", calculamos porcentagens em relação a esse número de observações, ignorando os quatro itens "dirigidos". Nenhum pesquisador de campo ficaria surpreso ao saber que a maioria dos itens sustentou nossa interpretação, e que um grande número deles ocorreu em contextos de grupo. É por isso que pesquisadores como nós falam sobre eles como indicadores de "cultura". A Tabela 2 é uma amostra do tipo de tabulação que sustentou nossas discussões dessas perspectivas.

TABELA 2. Evidências da existência da perspectiva
da experiência clínica

		Oferecidas	Dirigidas	Total
Afirmações	Para o observador	83 (47%)	4	87
	Para outros em conversas cotidianas	52 (29%)	-	52
Atividades	Individuais	13 (7%)	-	13
	De grupo	29 (16%)	-	29
Total		177 (99%)	4	181

Fonte: Becker et al., *Boys in White*, p. 252.

Tabelas mais detalhadas demonstraram que esses eventos que apresentamos como evidências tinham ocorrido em todos os departamentos do programa de formação do hospital (pediatria, cirurgia etc.) e em todas as arenas da experiência dos estudantes (palestras, participação em procedimentos diagnósticos ou de tratamento etc.). Esses dados dão cabo de possíveis objeções de que aquilo que vimos fosse peculiar a alguns aspectos da experiência dos estudantes mas não presente em todos eles. Quando apresentamos as tabelas na conferência seguinte sobre estudantes na educação superior, nossos colegas disseram que agora podiam ver as evidências, estavam satisfeitos. E não surpreende que estivessem, uma vez que os itens contados nessas tabelas não dependeram da lembrança de ninguém acerca do que a pessoa tinha feito, somente da precisão das observações e do registro por parte de Blanche Geer.

Infelizmente, nossas inovadoras apresentações tabulares de dados sobre cultura não produziram nenhuma mudança na maneira como outros pesquisadores apresentaram dados similares. Todos que faziam trabalho de campo disseram algo como: sim, está certo, isso é o que fazemos e é por isso que os leitores deveriam aceitar, e em geral aceitam, nossas análises. Mas outros pesquisadores de campo não fizeram os esforços que fizemos, nem contaram itens de evidência e os apresentaram em forma tabular, e nossas invenções, lamento dizer, morreram de morte natural. Usamos métodos similares num livro posterior,[27] mas ninguém mais o fez. Jean-Michel Chapoulie disse-me uma vez que, não obstante, ele estava feliz por termos feito aquilo, porque agora ninguém jamais teria de fazer de novo! Temo que ele esteja certo.

Tínhamos produzido uma versão numérica daquilo que torna críveis os estudos de campo. Tínhamos apresentado um corpo de dados concreto, em princípio verificável, sobre uma forma de ação coletiva, pessoas agindo juntas com base em entendimentos compartilhados — tudo na forma tabular e numérica familiar aos pesquisadores quantitativos, contando grandes quantidades de comportamento observado, em vez de respostas a perguntas posteriores aos fatos. Todos que leem um relatório como esse sabem que os dados, as evidências que sustentam tais descrições e conclusões mais gerais, podem ser descritos exatamente dessa maneira, o material assim resumido servindo como evidência para as ideias que ele oferece a fim de explicar o que se passa nas atividades coletivas das pessoas observadas.

8. Imprecisões em pesquisa qualitativa

Uma abordagem buffoniana

Pesquisadores de campo (um termo genérico, lembre-se, cobrindo uma multiplicidade de técnicas que variam de longas entrevistas não estruturadas a observação intensiva de situações da "vida real") abordam a pesquisa de uma maneira diferente da adotada pelo pesquisador quantitativo típico. Eles quase sempre usam a lógica buffoniana que Desrosières descreveu (analisada no capítulo 1), que lhes permite tirar proveito de diversos fenômenos inesperados que suas investigações revelam. Em vez de planejar cuidadosamente de antemão as técnicas de coleta de dados e depois aderir rigorosamente a elas, eles desenvolvem ideias, teorias, hipóteses e conjecturas à medida que avançam, usando o que aprendem ao longo do caminho sobre as atividades e pessoas que estão estudando. O esquema conceitual subjacente à pesquisa aparece, por fim, como um importante produto dela, e não como seu fundamento e ponto de partida inicial. Os dois métodos — quantitativo versus qualitativo, trabalho de campo versus levantamento — estão no cerne das eternas disputas sobre método que afligem a pesquisa sociológica. Usarei o termo genérico "trabalho de campo" de maneira frouxa, para englobar qualquer método que não seja pré-planejado: observação participante, outro tipo de observação, longas entrevistas cujo conteúdo se desenvolve à medida que elas avançam, exame de lugares e documentos pertinentes à investigação, ou todas essas coisas juntas. Mas nunca devemos confundir entrevistas com "estar lá", ver por nós mesmos o que acontece e registrar logo em seguida. Entrevistas são... bem, entrevistas, e estão sujeitas a muitos dos problemas das formas mais estruturadas de pedir às pessoas que nos contem o que aconteceu.

Esse gênero de pesquisa começa tipicamente com planos e objetivos vagos. O capítulo 7 contém uma história característica de como tais pesquisas são levadas a cabo, a história da pesquisa que produziu nosso livro sobre cultura de estudantes de medicina, *Boys in White*.

Não iniciamos nosso estudo com a ideia da cultura estudantil como um guia para o trabalho. Em vez disso, aprendemos gradualmente a vê-la como central para nosso pensamento. Em lugar de começar com uma hipótese que tomava a cultura estudantil como variável importante que explicava o que se passava na faculdade de medicina, apresentamos a ideia como o resultado final de nosso trabalho: não uma hipótese que nossa pesquisa tinha validado, mas uma ideia que acabou por conferir sentido ao que tínhamos observado e poderia ajudar a explicar situações similares em outros lugares. Ao longo do caminho, em vários anos de trabalho de campo e de escrita, retornamos frequentemente ao campo — ao convívio com os estudantes — para experimentar novas perguntas a lhes fazer e novas coisas a procurar nos eventos que transcorriam em torno deles. Pode-se dizer que nunca fizemos nossa coleta de dados da mesma maneira duas vezes.

Aprendemos muito trabalhando assim. Nossa abordagem deliberadamente frouxa nos permite desenvolver ideias pensando sobre resultados iniciais e tirando proveito de ter observado coisas sobre as quais não teríamos sabido perguntar antes. Esse método flexível encorajou a descoberta do que ainda não sabíamos.

Também se perde muito trabalhando assim. Comparar os grupos não é muito fácil, mas é possível (e retornarei adiante aos tipos de coisas que fizemos para isso). Mas não podemos fazer as comparações que é possível fazer quando se administra o mesmo questionário a uma variedade de pessoas numa variedade de lugares.

Não podemos exportar facilmente nossas descobertas para novos ambientes, em parte porque estamos bastante seguros de que esses novos lugares não terão exatamente as mesmas coisas para serem vistas e explicadas, e em parte porque não controlamos todas as diferenças entre situações que existem no "mundo real". Em nosso caso, a cultura estudantil que tínhamos descoberto surgiu de uma combinação de coisas que provavelmente assumiria diferentes formas e teria diferentes valores em outros contextos. As pressões sobre os estudantes poderiam ser diferentes, embora estivéssemos bastante seguros (mas não completamente) de que haveria dificuldades suficientes em outros locais para pressionar os estudantes a agir de maneira coesa, organizada.

E aqueles que trabalham com pesquisa qualitativa podem facilmente cometer outro tipo de erro a que praticantes de outras abordagens metodológicas são igualmente susceptíveis: anunciar conclusões sobre assuntos que eles não estudaram de maneira alguma, qualitativa ou quantitativamente, nem no projeto inicial, nem como resultado de suas descobertas feitas no campo.

Imprecisões no trabalho qualitativo

Imprecisões qualitativas típicas resultam de dar uma ou mais ideias (sejam elas quais forem) por certas, tratando-as como óbvias, sem as questionar, quando um olhar mais cético teria mostrado que são erradas. De maneira mais proeminente, os pesquisadores de campo com frequência ignoram mudanças em curso nas comunidades, organizações e grupos que estudam. Eles pensam sobre esses assuntos quando eventos e observações inesperados conflitam com o que eles acham já ter aprendido, o que já "sabem", quando as descrições cuja precisão davam como certa de repente já não o são mais. Quando as observações dos pesquisadores conflitam com o que eles pensam que "deveria estar" acontecendo, quando veem e ouvem coisas que contradizem o que pensavam que sabiam, eles podem (dentro da estrutura de sua pesquisa) dedicar um tempo para explorar o "caso negativo" — uma abordagem que Paul Lazarsfeld, eminente pesquisador quantitativo, recomendou para investigações de todos os tipos.[1] Se você aproveita essa oportunidade, o que seria atrapalhação para uma pesquisa por levantamento ou uma pesquisa de campo menos flexível torna-se oportunidade para a revisão de ideias antigas com base nos dados recém-adquiridos. E, de fato, alguns pesquisadores de campo relataram seu trabalho exatamente dessa maneira, como uma série de revisões de suas ideias, impostas a eles por dados inesperados que seu trabalho de campo revelou.[2]

Se você não tira proveito dessas possibilidades, se nenhuma delas ocorre durante o período de sua pesquisa ou se elas ocorrem mas você não percebe sua importância, você pode cometer um ou mais erros típicos do trabalho de campo. Vejamos algumas das possibilidades.

Um erro básico se dá quando os pesquisadores tratam a história como algo sem importância, escrevendo sobre todas as coisas num eterno presente etnográfico, no qual o que "sabemos" agora é a descrição correta do que está sendo estudado não só tal como existe atualmente, mas também como sempre foi, um aperfeiçoamento em relação ao conhecimento passado; como é improvável que requeira revisão adicional, ele também descreve precisamente a maneira como as mesmas pessoas e atividades serão e agirão no futuro. Pesquisadores de campo que cometem esse erro veem qualquer diferença em relação ao modelo de "como as coisas eram e ainda são" como um desvio corriqueiro e acidental da maneira como as coisas eram e são, em geral, e consideram-na algo sem importância (é o análogo qualitativo de "erros aleatórios se anulam"). Nesse modelo, a ciência qualitativa é, exatamente como o outro tipo, um muro de ciência ao qual os cientistas individuais acrescentam seu pequeno tijolo de conhecimento novo.

Um erro fundamental relacionado a esse se assemelha ao cometido pelos pesquisadores quantitativos: ignorar variáveis e condições que afetam aquilo em que você está interessado mas não mostram seus traços a menos que você tenha uma perspectiva temporal mais longa que a duração relativamente curta (dois ou três anos no máximo, em geral) de um estudo de campo sério. Muitas descobertas importantes no campo ocorrem quando os pesquisadores veem algo inesperado e, tentando descobrir como "aquilo" aconteceu, notam alguma coisa que nunca tinham percebido antes em ação, veem que algo que consideravam parte invariável da paisagem social (não precisando, assim, ser levada em conta) muda de tempos em tempos e agora está mudando de um modo que afeta seja o que for em que a pesquisa se concentre. Como a vida social está mudando o tempo todo, isso pode criar muitos problemas.

Os pesquisadores em geral descobrem essas condições até então inesperadas mais ou menos por acidente, porque seu interesse em algo muito diferente revela por acaso informação relevante para o problema de pesquisa em que vêm se concentrando. A descoberta de uma dessas condições negligenciadas afeta, então, a pesquisa em algumas outras áreas, em que os pesquisadores podem agora ver sua nova descoberta desempenhar um papel importante.

Como esse é o tipo de pesquisa que fiz, posso citar vários casos em que estive pessoalmente envolvido, e assim produzir um relato mais detalhado de como um pesquisador comete esse tipo de erro e se recupera dele. Primeiro, um caso em que cometi o pecado que acaba de ser descrito e inventei, em consequência, um conceito que muitos acharam útil, o qual conserva sua serventia ainda que os "fatos" que provocaram minha invenção tenham se revelado mais tarde completamente errados. A ideia pode continuar a ser útil, mas as "descobertas" empíricas que a provocaram, como eu descobri anos mais tarde, não o eram (e podem não o ser nos muitos casos em que foi aplicada desde então).

Empreendedores morais

Quando escrevi sobre o uso de maconha em *Outsiders*,[3] considerei óbvio (tal como a maioria das pessoas interessadas no assunto) que Harry Anslinger, o antigo chefe da Agência Federal de Narcóticos dos Estados Unidos e aparente instigador da guerra às drogas nos anos 1930, era uma espécie de maluco puritano, violentamente contrário a que qualquer pessoa tivesse qualquer prazer que ele não aprovasse pessoalmente, alguém que transformou seu preconceito pessoal num princípio básico de política nacional sobre o uso de maconha por deleite ou qualquer outra coisa. Desse modo, para mim, suas atividades de imposição da lei não tinham nenhum fundamento "racional", e nunca imaginei ou procurei outros motivos para suas posições em relação à política sobre narcóticos que se tivessem revelado em sua biografia, em suas relações pessoais ou atividades fora do que eu já conhecia. Aquilo bastava para me convencer de que minha interpretação de suas motivações era, em geral, exata.

Eu não era o único que tinha essa ideia. A maioria dos pesquisadores interessados no uso de drogas narcóticas compartilhava esse ponto de vista. Eles usavam como evidência, por exemplo, o filme *A porta da loucura*, feito para assustar, uma maravilhosa peça de época em que estudantes universitários fumavam maconha e depois se entregavam à dança, faziam caretas grotescas e pareciam loucos. "Todo o mundo", pelo menos todo o mundo que eu conhecia ou lia, considerava Anslinger responsável pelo filme e pela onda de artigos de revista e jornal condenando a maconha que foram publicados nos anos 1930. Coisas que citei, todas, como evidências de que alguém tinha inspirado esses artigos, e quem mais poderia ter sido? De fato talvez ele fosse o responsável. Pelo menos, ninguém jamais contestou minha interpretação de Anslinger como um "empreendedor moral". Por outro lado, nenhum de nós que acreditava nisso tinha qualquer evidência de que havíamos explicado corretamente a origem da campanha. Isso era simplesmente... óbvio.

Mas eu estava errado, e igualmente erradas estavam as pessoas que acreditaram em minha palavra. Harry Anslinger, longe de ser um puritano à solta, parece ter sido, afinal, um ator perfeitamente racional, um importante participante em organizações intergovernamentais internacionais que agiam, sobretudo, para manter o preço dos narcóticos legais em níveis elevados, criando um mercado controlado a que somente seus países tinham acesso, um mercado fora do qual tinham de ser mantidos empresários independentes, cujas atividades podiam fazer os preços caírem.

Aprendi tudo isso muitos anos depois, quando François-Xavier Dudouet estudou, em minuciosos detalhes, a composição e o funcionamento das organizações que redigiram os acordos que controlavam o comércio dessas drogas no mundo todo.[4] Essas comissões e comitês, sob a égide da Liga das Nações e, mais tarde, das Nações Unidas, criaram a legislação que as assembleias nacionais depois ratificaram e promulgaram como leis nacionais e acordos internacionais (conforme a assinatura de tratados exigia que o fizessem). As buscas intensivas de Dudouet através dos arquivos desse mundo organizacional mostraram que aqueles homens e organizações nunca tinham tido nenhum interesse em "controlar" o mercado ilícito de drogas nem interferir na busca de prazer de quem quer que fosse. Essas coisas sempre foram, no máximo, uma preocupação menor para eles. Seu interesse estava em controlar o mercado lícito, legal, dessas drogas. Por quê? Porque era ali que o dinheiro estava.

O dinheiro de drogas narcóticas vem, e sempre veio, da enorme, eterna e sempre lucrativa venda de medicamentos legais para hospitais, médicos, dentistas e farmácias: codeína para o controle da dor; morfina para o controle de dor maior; cocaína como anestésico usado por profissionais médicos e dentistas; e uma variedade de outros derivados dessas drogas básicas utilizados rotineiramente na prática médica cotidiana. A indústria farmacêutica, baseada como sempre foi no capital financeiro industrializado do Ocidente, domina o comércio de matérias-primas — papoulas e folhas de coca — e as instalações de manufatura e distribuição que elaboram os produtos farmacêuticos acabados. Os Estados Unidos, a Grã-Bretanha e a França (às vezes também a Alemanha e alguns outros países) lucram enormemente com essas indústrias e seu quase monopólio sobre o ramo dos narcóticos. Seus representantes nos organismos internacionais agem, acima de tudo, para proteger esses monopólios e o fluxo constante de grandes lucros que eles produzem.

Sociólogos (e eu, de maneira proeminente entre eles), nenhum de nós sabendo coisa alguma sobre qualquer dessas organizações e suas atividades, sem conhecimento sequer de sua existência, atribuíram enganosamente as atividades proibicionistas dos governos a, como eu disse, um desejo puritano de impedir que os outros tivessem prazer. Esse argumento sempre parece razoável e facilmente crível para os americanos, cuja história legal é cheia de tentativas de fazer exatamente isso. O "grande experimento" de proibir o uso de álcool nos anos 1920 foi o ponto alto de uma atividade puritana, mas não o fim desses esforços.

Havia alguma razão para pensar que pelo menos o representante americano em organismos internacionais que regulavam a produção de drogas narcóticas possuía essas concepções, mas Dudouet nos mostrou que esse não era o ponto de vista de Anslinger quando ele se reunia com colegas do campo do controle de narcóticos em outros países. Em vez disso, ele compartilhava o objetivo comum deles de salvaguardar os lucros das empresas farmacêuticas de seus países.

Isso, por sua vez, demanda uma reconsideração do conceito de "empreendedor moral", de que lancei mão em *Outsiders*, onde implicitamente, se não explicitamente, expliquei as campanhas contra o uso de drogas, e as leis e atividades policiais (nacionais e internacionais) delas resultantes, como motivadas por preconceitos religiosos e de outros tipos contra o que era visto como "prazeres ilícitos", baseados nas fantasias orientalistas popularizadas por Thomas DeQuincey, Fitz Hugh Ludlow e outros escritores do século XIX. Suponho que eu deveria ter sabido desde sempre que poderia haver outras razões, mais práticas (como a perpetuação de monopólios lucrativos), mas, tomado por meus próprios preconceitos, não segui esses caminhos, e tampouco o fizeram outros que trabalhavam nessa área.

Eu poderia ter sabido de tudo isso e evitado expor erroneamente os motivos das forças antidrogas, tivesse eu examinado as outras atividades de Anslinger e apurado (como Dudouet apurou) que ele era um ativo participante desses grupos internacionais, coordenando políticas nacionais antidrogas para maximizar os lucros do que hoje chamamos de Big Pharma, então, como agora, ávida por lucros. Mas não fiz isso. Tive de esperar muitos anos para que um cientista político escrevendo uma tese de doutorado corrigisse meu grave e enganoso erro.

Interpretação equivocada do negócio da música

Quando Robert Faulkner e eu escrevemos nosso relato sobre como músicos que atuam em festas, bailes, bares e restaurantes conseguem tocar juntos ainda que, com muita frequência, não tenham ensaiado (de fato, podem nunca ter se encontrado) nem tenham qualquer partitura diante deles, nós éramos dois veteranos no ramo da música.[5] Dez anos mais jovem que eu, Rob Faulkner tivera experiências um tanto diferentes das minhas, mas não muito. Compartilhávamos muita coisa: trabalhar com *big bands*, tocar em bares, bailes e festas, embora eu tivesse havia muito tempo deixado de tocar ativamente e assim não compartilhasse algumas de suas aventuras então mais recentes. De maneira irrefletida, tratávamos o mundo da música em que tínhamos crescido, nos anos 1940 e 1950, e que portanto conhecíamos tão bem, como a "maneira correta", a única maneira apropriada de fazer música popular, e qualquer outra coisa como uma aberração em relação a esse modelo.

Embora tivéssemos, cada um de nós, escrito sobre vários aspectos do ramo da música de forma analítica, continuamos a ser (falarei por mim mesmo de agora em diante, já que não sei por quanto do que se segue Faulkner quer se responsabilizar) produtos da época em que crescemos. Sobretudo musicalmente. Chegamos à maioridade, profissionalmente, numa época em que as *big bands* (Count Basie, Duke Ellington, Woody Herman, Benny Goodman e as centenas de outras que podíamos ouvir ao vivo na rádio local, tarde da noite) ainda percorriam o país, de modo que podíamos também, se vivêssemos no tipo certo de lugar (e nós dois vivíamos: Rob em Los Angeles, eu em Chicago), ouvi-las pessoalmente. Clubes de jazz ofereciam locais de apresentação para grupos menores, liderados por instrumentistas estimados como Dizzy Gillespie, Charlie Parker e dúzias de outros. E um grande número de lugares fornecia o cenário em que podiam se apresentar grupos locais, como aqueles em que tanto Faulkner quanto eu tocávamos.

Tocávamos a música de nosso tempo, principalmente as melodias populares dos anos 1930, e, depois, muitas canções compostas por gigantes do gênero como Kern, Gershwin e Porter, hoje conhecidas e reverenciadas como "The Great American Song Book", amorosamente relatadas em *American Popular Song 1900-50* ([Canções populares americanas], 1972), de Alec Wilder; canções que também forneceram a base harmônica de grande parte do então inovador bebop tocado por Gillespie e muitos outros. Grupos formados por músicos que não se conheciam, compartilhando esse repertório cultural, tocavam juntos de forma competente e sem partitura ou ensaio prévio. Um mundo profissional podia estar, e em muitos lugares e em algum grau ainda está, organizado em torno dele. Faulkner ainda participa de um mundo como esse.

"Nossa música" outrora dominava o mundo da música popular. Era o som que embalava as pessoas dançando, bebendo, festejando. Elas cortejavam seus futuros companheiros ao som dessas músicas, e dançavam com elas em seus casamentos.

Isso mudou, e rapidamente, a partir dos anos 1960, substituído por outro tipo de música popular, muito diferente, em que cada grupo tocava seu próprio repertório, canções que eles tinham criado e que outras bandas não conheciam, e por isso não podiam tocar. Pessoas como Faulkner e eu não conhecíamos nada dessa música, embora fôssemos capazes de tocá-la se tivéssemos a partitura (ela não teria soado "certa", no entanto).

Mas com frequência não havia partitura; você simplesmente conhecia a música. E não era o nosso caso. (H. Stith Bennett fez uma descrição pioneira, clara e musicalmente informada desse desenvolvimento, e Ben Sidran fornece uma visão daquilo em que esses começos se transformaram numa escala mundial.[6]) Rob se acomodou a essas mudanças, de certo modo. Eu não. Mas, eu teria de admitir, eu certamente tinha atingido o incontestável status de Velhote, que não conhecia a nova música e não queria conhecer. E Rob compartilhava muitos desses sentimentos. Nossa correspondência durante o trabalho de campo e a escrita do livro atesta nossa aversão pelas novas formas de música e nossa opinião sobre as habilidades das pessoas que as produziam. A crônica dessa nossa realização está registrada publicamente em *Thinking Together* [Pensando juntos], com os e-mails que trocamos enquanto trabalhávamos no projeto.[7]

Você poderia dizer que tínhamos direito a ter nossas opiniões musicais. Mas não como sociólogos. Ouvimos a nós mesmos condenando alguns dos músicos mais jovens que observávamos, com quem colaborávamos e/ou entrevistávamos como "garotos que não conhecem nenhuma droga de melodia", porque não eram capazes de tocar as canções que considerávamos clássicos que profissionais competentes deviam ser capazes de tocar sem uma partitura básica diante deles. E mostrávamos outros sinais de preconceito baseado na idade, novamente talvez um direito nosso como membros mais velhos daquele grupo profissional, mas um erro evidente para os sociólogos que tentávamos ser. Do mesmo gênero foram nossas queixas de que os tipos de lugar em que costumávamos tocar profissionalmente estavam desaparecendo, agora dedicados a novos tipos de música pop.

Finalmente compreendemos o erro que estávamos cometendo. Nossas reações a essas mudanças decerto eram dados que deveríamos analisar. Mas não eram "fatos" que devíamos enfiar em qualquer modelo da música popular com que estivéssemos trabalhando. Na realidade, longe de serem impessoais, as mudanças no conhecimento dos músicos e nas formas de trabalhar juntos que provocavam nossas reações irritadiças eram alguns dos fatos com que nossa pesquisa devia lidar. Tínhamos tomado equivocadamente nossos preconceitos por análise sociológica. Portanto, cabia repensar nossas premissas e nossas descrições e procurar os homólogos organizacionais dessas mudanças no repertório tomado como certo, compartilhado entre um grupo de instrumentistas, tratando "repertório" como um fato social que podia variar em estilo, conteúdo e no grau em que era partilhado em diferentes mundos organizados de execução musical. Um resultado realmente melhor sociologicamente, embora adquirido a algum custo para nosso amor-próprio e nossa sensibilidade.

Há outra questão aqui. Escrevi minha dissertação de mestrado sobre músicos do tipo que eu era na época em que estava no curso de pós-graduação, sobre os tipos de lugar em que tocávamos, sobre as maneiras que utilizávamos para conseguir trabalho, sobre nossas relações com as pessoas para as quais trabalhávamos, tanto os donos das boates quanto os públicos que entretínhamos. Na época, tratei todo esse sistema — as boates dirigidas por mafiosos, as redes informais através das quais os trabalhos eram oferecidos e preenchidos — como mais ou menos eterno. Nunca me ocorreu, naquele tempo, que qualquer coisa daquilo fosse mudar algum dia. Evidentemente mudou, e mudou logo depois que publiquei meu primeiro artigo baseado nesse trabalho. Com a popularização da TV, os donos de bar acharam economicamente sensato fazer um investimento único num televisor, afixá-lo numa prateleira atrás do balcão e livrar-se de vez dos músicos ao vivo. O eterno presente antropológico mal durou o suficiente para que eu publicasse meu artigo antes que ele se tornasse história.

De fato, eu deveria saber de tudo isso, porque eu tinha passado, por assim dizer, pelo outro lado de mudança semelhante décadas antes, quando ainda me apresentava para tocar em San Francisco, sendo o jovem arrogante que não sabia o que um famoso veterano pensava que eu devia saber. Eu descrevi isso para Faulkner num e-mail, enquanto estávamos assimilando o tranco atual em nosso pensamento:

> Quando eu era garoto, Dixieland ainda era uma coisa viva, e você tinha de saber algumas daquelas melodias [assim como Faulkner e eu esperávamos agora que instrumentistas mais jovens conhecessem "All the things you are"]. Então, eu tocava "Muskrat ramble", "Basin Street blues", "Tiger Rag" etc. Mas não conhecia as mais obscuras, por exemplo, "Milenburg joys" ou "Riverboat shuffle" (embora depois tenha aprendido que esta última é uma melodia sensacional associada a Bix Beiderbecke). Nas raras ocasiões em que calhava de eu tocar com essas pessoas, eu me apresentava como alguém que não conhecia melodia nenhuma. Isso não acontecia com frequência, mas não me esquecerei da noite em que fui tocar no Chinatown American Legion Hall, aqui em SF, e o líder era um horrível baterista que só conseguia trabalho por ser líder. E quem ele tinha tocando trompete senão Muggy Spanier [um reverenciado membro da geração mais velha de ins-

trumentistas de Dixieland] (que estava bastante doente e, de fato, morreu algumas semanas depois)? Bem, esse repertório Dixie era o que Muggy tocava, embora, claro, ele pudesse executar outras coisas. Mas eu não conseguia tocar muitas das melodias que ele queria, exatamente como os garotos agora que não conhecem o Gasb [Great American Song Book].[8]

Tendo contado a história a Faulkner, passei a extrair a moral:

Assim, principal coisa a lembrar, o repertório relevante está ligado à situação de execução, seja um trabalho, um show, seja o que for. O que deve ser tocado para esse público é uma grande coisa a se levar em consideração. Quem são os outros instrumentistas e o que todos eles sabem é outra.[9]

Uma lição difícil de aprender, mas nós a aprendemos, e também aprendemos como usá-la a tempo de não cometer um sério erro. Passo-a adiante aqui para ajudar outros a evitar esse erro específico.

Predizer o futuro quando não sabemos o suficiente: a ocupação do pai, mesmo quando corretamente identificada, prediz o futuro?

Pesquisadores qualitativos frequentemente ignoram o caráter obviamente temporal de sua pesquisa, tal como Faulkner e eu fizemos. Não previ que o mundo em que eu tocava piano iria mudar como mudou; ignorei até os sinais de mudança que cercavam tudo o que eu estava descrevendo.

O estudo de Annette Lareau sobre a socialização infantil em três diferentes contextos de classe social depende de um compromisso incomumente sério, vigoroso e louvável de evitar os tipos de erro endêmicos nos estudos baseados em questionários, que já descrevi.[10] Ela não pediu às pessoas para estimar quanto tempo passavam fazendo isso ou aquilo com seus filhos. Ela ou um dos outros observadores da equipe de seu projeto passou substanciais quantidades de tempo com os pais e as crianças, horas e horas durante um período de várias semanas. Quando Lareau diz que as crianças de classe média passam cada minuto do dia ocupadas com atividades programadas, ela ou um dos outros observadores estava lá todos os dias para contar esses minutos nas famílias que estava observando. E eles conversavam com os pais, as crianças, os irmãos das crianças e qualquer outra pessoa à vista. "Eu estava lá e computei pessoalmente o que faziam." Os números não podem ser mais acurados do que isso.

Assim, quando ela nos diz que um padrão de "cultivo coordenado" da capacidade e do potencial das crianças caracteriza a vida familiar da alta classe média e difere do padrão de "amparar o crescimento natural das crianças" característico da classe trabalhadora e de famílias pobres, acreditamos no que lemos.[11] Ela tem os números para prová-lo, e podemos estar seguros de que os números são tão "bons", tão precisos, quanto qualquer outro nas ciências sociais.

Annette Lareau apresenta, por exemplo, um diagrama cobrindo, dia a dia, 34 dias na vida de Garrett Tollinger, um menino de classe média de dez anos. Os pais de Garrett têm empregos bem remunerados que frequentemente exigem que eles viajem. O diagrama mostra que, dos 34 dias, somente cinco deixaram de listar pelo menos uma atividade organizada em que Garrett se envolveu. Ao todo, 45 atividades organizadas foram listadas: treinos de beisebol, basquete, futebol e natação; aulas de música e teatro; e um punhado de outras atividades relacionadas, como fotos do time de beisebol, eventos para arrecadar fundos etc.

Mas... Claro que há um "mas". Na verdade, dois. O "mas" óbvio tem a ver com o tamanho da amostra. Os pesquisadores têm esse tipo de informação sobre exatamente doze crianças. Apesar disso, Annette Lareau faz, bem no começo do livro, esta afirmação sem reservas: "Pais de classe média que agem em conformidade com padrões profissionais atuais e se envolvem num padrão de cultivo coordenado tentam deliberadamente estimular o desenvolvimento de seus filhos e promover suas habilidades cognitivas e sociais". Famílias da classe trabalhadora e pobres, ela diz, consideram desafio suficiente "fornecer conforto, comida, abrigo e outros apoios básicos". Para elas "amparar o crescimento natural dos filhos é visto como uma façanha". Lareau prossegue, da mesma maneira generalizante, para dizer que esses padrões "levam à transmissão de *vantagens diferenciais* às crianças".[12] Isso é mais especulativo, porque o que é uma vantagem será definido pelas ações das pessoas mais adiante na vida das crianças, num momento diferente, sob sabe-se lá que condições. Não há como saber ao certo que coisas serão vantajosas para essas crianças depois que se tornarem adultos funcionais. Os pais de Steve Wozniak e Steve Jobs devem ter se perguntado com o que aqueles malditos garotos se divertiam na garagem. (Como muitos sociólogos observadores certamente teriam feito, também.)

Há somente uma forma segura de descobrir o que finalmente se tornará uma vantagem: acompanhar as crianças até a idade adulta e ver o que acontece. Alguns estudos longitudinais de fato fizeram isso.[13] Mas evidentemente Annette Lareau não pôde acompanhar as crianças, porque esse futuro ainda estava por vir. Mesmo assim, ela e seus colegas documentaram diferenças de comportamento, como notáveis distinções na maneira como as crianças das diversas classes sociais se relacionam com os adultos: as de classe média "aprenderam a apertar a mão dos adultos e olhá-los nos olhos", ao passo que nas famílias mais pobres "os membros da família usualmente não se olhavam nos olhos".[14] E os pesquisadores viram essas diferenças darem frutos mesmo nos primeiros anos da escola, nos quais as crianças de classe média frequentemente discordavam dos professores e de outros adultos e defendiam suas posições, ao passo que as crianças da classe trabalhadora "aceitavam as ações de pessoas investidas de autoridade".[15]

Quão importante é o "mas" de que as ações de somente doze crianças forneçam a base empírica para essas afirmações gerais? Depende de como você quer usar esse resultado. Se você quer fazer dele a base dos tipos de afirmação que se poderia fazer tendo em mãos um relatório do Censo sobre os rendimentos de pessoas numa certa categoria demográfica, provavelmente você não ficará feliz com doze casos, e não deveria ficar. Mas esse não é objetivo de Annette Lareau. Ela não fez um censo; ela queria descobrir e descrever os mecanismos que caracterizam estilos de classe na criação dos filhos, e de minha parte eu me sentiria muito mais seguro usando as questões que ela e seus colegas observaram que os autorrelatos de atividade que um estudo menos intensivo poderia aceitar como representantes dos padrões que observaram, cujas unidades eles contaram. Lembrando as descobertas de Mercklé e Octobre, citadas no capítulo 6, sobre a não confiabilidade padronizada desse tipo de relatório,[16] eu me preocuparia com as espécies de artefato que vêm com dados autorrelatados mais indiretos, porém esses são os tipos de conciliação que toda pesquisa tem de fazer. Annette Lareau trocou panorama amplo por profundidade e observação acurada, e agora outros pesquisadores podem trocar profundidade por visão panorâmica e confiar nos resultados de Lareau para apoiar e fornecer auxílios interpretativos necessários para as questões que usam. Desse modo, sim, o tamanho de amostra é uma questão, mas não é crucial no caso desse estudo intensivo e revelador.

Levo o segundo "mas" bem mais a sério. Annette Lareau sabe, claro, que os padrões de criação dos filhos que descreve tão meticulosamente para cada grupo de classe social mudaram radicalmente no passado não tão distante, que as coisas que caracterizavam as famílias de classe trabalhadora que ela observou eram, não muito tempo atrás, comuns nas famílias de classe média. Comentando um estudo relacionado em que sua equipe entrevistou os pais de 88 crianças, ela diz que esses pais, nascidos nos anos 1950 e 1960, foram *todos* criados como as crianças da classe trabalhadora em seu estudo intensivo. Nenhum deles, por exemplo, tinha agendas muito cheias de atividades organizadas. Quero enfatizar essa pista, apenas brevemente, como um modo de indicar que o que mudou antes pode mudar novamente, e que os padrões que parecem — e concordo completamente com as conclusões dela aqui — tão eficazes para manter os privilégios de classe provavelmente não são a única maneira como esses privilégios se sustentam, ou talvez não sejam o que irá sustentá-los na próxima geração. Em outras palavras, esses padrões de privilégio baseado em classe provavelmente persistiriam mesmo que os pais criassem seus filhos de formas muito diferentes.

Minhas evidências são ainda mais escassas que as de Annette Lareau. São apenas minhas próprias reminiscências ao crescer numa família branca, de classe média, em Chicago, nos anos 1930 (nasci em 1928), que escrevi para outra finalidade: foram publicadas pela primeira vez no livro de Jean Peneff *Le goût de l'observation* [O gosto pela observação], de 2009, sobre como os observadores nas ciências sociais aprendem a habilidade da observação e a gostar de usá-la. No livro, ele descreve, entre outras coisas, como foi aprender a observar tal como o faz uma criança numa aldeia do sudoeste da França. Peneff descreve a si mesmo e a seus amigos observando os artesãos em atividade na rua, porque a maioria das oficinas não era grande o suficiente para conter todas as coisas que os artesãos faziam. Assim, por exemplo, quando o ferreiro ferrava um cavalo, isso acontecia na rua, e todos podiam observá-lo. Ele descreve a maneira como os artesãos faziam as crianças ajudá-los ("Segure isto, garoto!"), ou lhes davam incumbências ("Vá buscar para mim essa ou aquela ferramenta", ou "Vá buscar uma cerveja para mim na taberna"). Fala sobre como os garotos observavam os negócios, honestos e não tão honestos, dos agricultores quando eles compravam e vendiam gado e cavalos, e viam como alguns deles punham o dinheiro da venda na carteira, iam para a taberna e o gastavam em bebida. Peneff conta como os garotos conheciam todos os casos de adultério, comuns na cidade (os meninos levavam os bilhetes que os amantes enviavam um para o outro combinando encontros). Diz que experiências como essas deram a ele e a seus amigos o gosto pela observação e alguma experiência real na técnica e habilidade nela. Ele recorre a essas observações para sustentar suas ideias sobre como as habilidades observacionais são aprendidas, mas elas são igualmente úteis como observações sobre a socialização das crianças de uma classe e de uma região específicas.

Assim, escrevi o relato que se segue sobre minhas próprias experiências de crescer em Chicago para dar a Peneff outra versão de aprender a observar, dessa vez na grande metrópole. Mas ele pode também servir como evidência para o que uma criança de classe média experimentava naquele momento e lugar, e talvez acrescente mais detalhes ao reconhecimento, por Annette Lareau, de que o status e a cultura de classe social são muito mais variáveis do que por vezes se considera.

> *O El.* Quando eu tinha talvez dez anos, meus amigos e eu tirávamos proveito da estrutura do sistema de trens elevados de Chicago (o *El*, como todos o chamavam) para pagar uma passagem e viajar o dia inteiro. Nossas mães embalavam para nós um sanduíche, e andávamos alguns quarteirões até Lake Street, onde a linha Lake Street El se estendia de nosso bairro no Far West Side da cidade até o Loop, o centro comercial de Chicago (assim chamado porque era rodeado pelas linhas elevadas, que convergiam de todas as partes da cidade para esse centro, rodeavam-no e voltavam para onde tinham vindo). Depois que você entrava num trem, podia encontrar lugares onde as linhas se cruzavam — especialmente no Loop — e mudar para outro trem, que ia para outra parte. Seis ou sete grandes linhas seguiam para as três principais partes da cidade e, sendo Chicago muito grande, percorriam um longo caminho.

Assim, por exemplo, podíamos viajar na Lake Street El desde nosso bairro, no fim dessa linha, até o centro, passar para a linha Jackson Park, que ia para o South Side, e viajar cerca de dez quilômetros até o fim dessa linha em Stony Island Avenue, atravessar a plataforma e pegar o mesmo trem de volta para o centro, onde podíamos passar para um trem da linha North Side Rogers Park e viajar nele até Howard Street. E fazer isso o dia inteiro, cobrindo toda a cidade, antes de voltarmos para casa, cansados e felizes.

O que víamos? Víamos os prédios e como eles variavam de um lugar para outro: os pobres prédios de apartamentos de madeira em deterioração nos bairros mais miseráveis da cidade; os prédios de tijolos de muitos andares em bairros mais abastados; as residências unifamiliares de alguns bairros étnicos; e assim por diante. Aprendíamos os padrões étnicos característicos da cidade lendo as tabuletas nas lojas por que passávamos, e aprendíamos que os poloneses viviam na Milwaukee Avenue, os italianos no Near West Side, os suecos mais ao Norte, os negros no South Side etc. Víamos pessoas de diferentes grupos raciais e étnicos entrando e saindo dos trens, e aprendíamos quem vivia onde (éramos muito bons em decifrar a etnicidade a partir de pequenas pistas, que incluíam as línguas faladas, as maneiras de se vestir, até o cheiro da comida que as pessoas carregavam.)

Víamos as partes industriais da cidade: as fábricas e os prédios que as abrigavam, as filas de caminhões que as serviam. Víamos os pátios ferroviários que serviam a cidade; Chicago era o principal eixo ferroviário do país. Víamos os shopping centers dos bairros prósperos e os tipos de loja que abrigavam.

Víamos coisas de perto e à distância. Enquanto todas essas pessoas entravam e saíam dos vagões em que viajávamos, sabíamos que éramos diferentes de muitas delas — racialmente diferentes, diferentes em classe, diferentes em etnicidade. Sabíamos que éramos judeus e muitas dessas pessoas não eram; nem sempre tínhamos ideia de como interpretar isso, mas pensávamos que provavelmente seria melhor que os outros não o soubessem. Em vários dos lugares por onde os trens passavam, os prédios eram muito próximos aos trilhos, ficavam talvez a não mais que 1,5 metro, e as janelas dos prédios davam diretamente para os trilhos. Assim, podíamos olhar para dentro dos apartamentos e observar as pessoas em rotinas comuns da vida num apartamento: preparando e fazendo refeições, limpando, lavando roupa, sentadas ouvindo rádio e tomando café, mulheres penteando umas às outras, crianças brincando. Raramente víamos qualquer coisa privada — pessoas fazendo sexo —, mas às vezes víamos mulheres que não estavam inteiramente vestidas, e isso nos excitava, era algo que meninos de dez ou onze anos como nós quase nunca viam. Isso nos dava muito material em que pensar, sobre diferentes modos de vida.

Enquanto viajávamos, nós observávamos, examinando atentamente tudo o que se passava na cidade por nossa janelinha, comentando uns com os outros o que víamos, vendo as diferenças e levando-as conosco para casa, para pensar sobre elas. Com uns doze anos, eu tinha uma boa compreensão da estrutura física e social da cidade, pelo menos de um ponto de vista geográfico.

Centro comercial. Não era muito mais velho, comecei a ir para o centro sozinho, sobretudo aos sábados. Meus pais sempre quiseram saber o que eu fazia quando ia para o centro, e nunca pude realmente lhes dizer, porque eu mesmo não sabia ao certo o que estava fazendo ali. Em geral apenas passeava, olhava as vitrines. Era minha chance de observar a cidade não da distância que separava a janela do trem dos prédios pelos quais passávamos, mas de perto.

O "centro" era um lugar grande, talvez seis por sete blocos, de quarenta a cinquenta quarteirões, dependendo de quanto das margens você incluísse. Pessoas de todas as partes da cidade iam ali para fazer compras nas grandes lojas de departamentos e nas lojas menores, para tratar de negócios na Prefeitura, ou na Câmara Municipal, ou num dos grandes bancos da LaSalle Street, ou para ir a um dos muitos edifícios que abrigavam sabe-se lá que tipos de negócios em seus muitos andares. Havia prédios "médicos", cheios sobretudo de consultórios de médicos e dentistas. A maioria dos prédios tinha uma mistura de estabelecimentos: pequenas oficinas de conserto de relógios que não tinham condições de ter lojas de calçada; atacadistas de joias; escritórios de seguros; agências de reservas para espetáculos teatrais; detetives particulares. Tudo que você podia encontrar nas Páginas Amarelas ou no catálogo telefônico estava lá, e era possível entrar num prédio, pegar o elevador, saltar em qualquer andar e passear de um lado para outro nos corredores, olhando os letreiros nas portas de vidro transparente. Você não podia entrar sem uma razão legítima, é claro, e não tínhamos nenhum relógio para consertar, ninguém para ser investigado por um detetive particular, nenhum dinheiro para pagar por coisa alguma, de qualquer maneira.

Eu entrava na Prefeitura ou na Câmara Municipal e observava os homens bem-vestidos que entravam e saíam, sem muita ideia de quem eram eles, embora soubesse que havia um prefeito e um Conselho Municipal, e todos os tipos de departamentos municipais que faziam coisas como manter registros e cobrar impostos. Eu podia ir e vir pelos corredores e ver todas essas repartições listadas, olhar e ver a típica repartição municipal aberta ao público — um balcão para o qual as pessoas se dirigiam e atrás do qual os funcionários municipais se adiantavam para atendê-las, quando estavam prontos para isso (eu tinha o fácil ceticismo do garoto de cidade em relação à burocracia e ao governo, conhecia-os desde a escola!). Havia salas de tribunal nos prédios também, mas eu não entrava nelas. Ninguém precisava me dizer que aquele não era o meu lugar. Eu via muitos policiais para os quais sabia, como qualquer garoto bem socializado da cidade, que era melhor ser invisível.

Passávamos pelos muitos teatros no distrito central. Alguns alternavam filmes e um espetáculo no palco. O espetáculo frequentemente apresentava uma das *big bands* da época, ou algum artista popular, e alguns anos mais tarde, quando me tornei um incipiente instrumentista de jazz, eu iria muitas vezes passar o dia num lugar como esse, vendo filmes seguidos para ouvir essas orquestras ao vivo. Outros teatros apresentavam peças e estavam abertos apenas à noite, mas eu podia passar por eles, olhar os letreiros, as fotos dos astros e as citações dos críticos de teatro penduradas na parede.

Eu via todos os restaurantes: os baratos, que serviam refeições a preços módicos para estenógrafos, balconistas e as pessoas que trabalhavam em todos aqueles escritórios; os mais caros, que você podia mais ou menos espiar da rua, e que então eu olhava e via o que dava para ver; os elegantes, para dentro dos quais você não podia olhar de jeito nenhum (talvez o restaurante ficasse mesmo acima de um lance de escada). E eu via os bares e as pessoas que os frequentavam (pessoas com quem me tornei muito mais familiarizado alguns anos depois, quando comecei a tocar piano em lugares como esses).

E eu entrava nas lojas, embora tenha agora uma vaga sensação de que não me sentia à vontade em lojas de departamentos. Acho que desconfiavam que um garoto sozinho não tinha dinheiro para comprar nada, portanto provavelmente estava lá para furtar, por isso ficavam de olho em você. Mas eu ia para cima e para baixo, olhava as roupas ou os brinquedos. Mas não muito, porque não sabia como me orientar nelas e tinha medo de me ver entre os sutiãs ou em algum outro lugar em que estaria totalmente deslocado.

Eu entrava em livrarias, claro, as grandes como a Brentano's, onde você podia se perder por horas examinando o que tinham à venda. (Foi na Brentano's que cometi meu único furto, mas isso foi muito mais tarde, quando eu era estudante de pós--graduação, e furtei um exemplar das traduções de Max Weber por Mills-Gerth. Isso me amedrontou tanto que nunca fiz de novo.)

E você via coisas na rua. Gente. Todos os tipos de gente. Todas as idades, todos os tamanhos, todos os grupos étnicos, mendigos, homens de negócios, mulheres elegantemente vestidas indo às compras, meninas bonitas, meninas não tão bonitas, caras durões. Você podia observá-los, reparar os detalhes de suas roupas e o comportamento, seu jeito de corpo, de onde pessoas assim vinham e para onde iam. Você podia se perguntar sobre elas — onde moravam na cidade, o que vinham fazer ali, como seria conversar com elas. Eu nunca conversava com ninguém, só observava e ouvia.

Aprendi rapidamente a manter meus olhos em seu devido lugar: a obedecer às regras da desatenção polida que Erving Goffman formalizou para todos nós anos mais tarde. Aprendi como atravessar um grande cruzamento — o centro comercial era todo constituído de grandes cruzamentos — com centenas de outras pessoas sem colidir com ninguém.

Em outras palavras, tornei-me um garoto urbano bem socializado.

Isso não exige uma vasta exegese. Mas alguns pontos sugerem os tipos de coisa sobre as quais deveríamos pensar, exatamente porque elas mudaram.

Transporte, por exemplo. Chicago tinha um sistema muito complexo de trens elevados que meus camaradas e eu podíamos usar para nossas excursões (acho que a passagem na época era sete centavos, e mesmo um menino de dez anos tinha essa quantia). Era perfeitamente seguro para crianças de dez anos viajarem por toda parte assim. Nossas mães não se preocupavam com nossa segurança; queriam apenas ter certeza de que chegaríamos em casa a tempo para jantar. Meus pais talvez não pensassem que essa era a melhor maneira de passar o dia, mas ela me tirava de casa (onde, caso contrário, eu teria passado o dia inteiro deitado aqui e ali, com um ou outro livro das coleções em 24 volumes de Mark Twain e Charles Dickens que meu pai comprou quando elas foram oferecidas como promoção do jornal).

Qual teria sido o equivalente para as crianças no estudo de Annette Lareau? Ir ao shopping center, suponho. Mas, também suponho, alguém teria de levá-las de carro até lá. Essa mudança histórica nas populações, tão grande que famílias como aquela em que cresci estariam morando num lugar que exigiria todas as viagens de ida e volta de carro que os pais dos sujeitos de classe média de Annette Lareau faziam, é uma importante alteração dos recursos disponíveis para se usar ao crescer.

A segurança seria outra preocupação parental. Isso, mais uma vez, varia historicamente. Os bairros urbanos provavelmente, embora não certamente, são menos seguros agora do que quando eu era garoto. A maior disponibilidade de armas de fogo em todos os níveis da sociedade americana provavelmente faz os pais pensarem duas vezes antes de deixar uma criança de dez anos passear por toda parte dessa maneira. Para não falar nas vagas possibilidades de assalto ou outras formas de vitimação.

Em suma, uma das maneiras como a pesquisa baseada em observação intensiva pode se equivocar (o que não quer dizer que haja algo errado no estudo de Annette Lareau) é não prestar atenção suficiente, quando chega a hora de dizer o que você descobriu, à especificidade histórica dos dados. Você não irá apenas evitar generalizações injustificadas. Irá também deparar com algumas variáveis importantes que poderia desconhecer até anos depois.

Generalizações "ambiciosas"

Um dos maiores erros que os pesquisadores de campo cometem é generalizar ideias que criaram com base em trabalho intensivo num determinado lugar, com pessoas específicas, para grupos maiores de entidades aparentemente similares. E muitos deles fizeram isso. William Foote Whyte escreveu, em conjunto com a publicação de *Sociedade de esquina*, seu lendário estudo sobre uma área pobre de Boston, o artigo intitulado "Social organization in the slums" [Organização social em áreas pobres e degradadas], que derivava o que ele tinha descoberto em Boston num bairro pobre para uma forma genérica de organização social. Quando escreveu o artigo, que é uma caracterização mais abstrata do lugar que tinha estudado, ele fez uma generalização audaciosa, de acordo com o estilo então corrente de se referir a "áreas pobres" como uma forma social genérica:

Meus dados foram extraídos de um estudo de três anos e meio do paupérrimo distrito italiano de "Cornerville", sobre o qual informei em detalhes no livro *Sociedade de esquina*. Discussões com aqueles envolvidos no Chicago Area Project indicam que minhas conclusões se aplicam de uma maneira geral a outros assentamentos de famílias imigrantes.[17]

Isto é, ele apresentou seu livro sobre um pequeno bairro como se todos os bairros pobres fossem iguais, de modo que pelo estudo de um bairro miserável ele podia falar sobre todos os bairros miseráveis. Ao fazer isso, Foote Whyte estava bem de acordo com a época; todos os sociólogos faziam o mesmo. Agora temos mais conhecimentos; sabemos que, embora algumas dimensões dos bairros pobres possam ser relativamente comuns, cada área degradada tem suas características distintivas, e corremos grande risco sempre que alegamos outra coisa. Isso, claro, não impede os sociólogos de insinuarem o mesmo tipo de generalização sempre que o julguem pertinente.

Há outras maneiras de lidar com isso, mas você provavelmente terá de abandonar a tentação de se entregar às Grandes Generalizações. Meus colegas e eu estudamos uma faculdade de medicina no Kansas nos anos 1950. Todas as faculdades de medicina do país eram iguais àquela que estudamos? Ficávamos tentados a falar dessa maneira, como se os aspectos específicos da situação do Kansas fossem suficientemente parecidos com o que ocorria em qualquer faculdade de medicina americana para nos autorizar a fazer isso — porque, afinal, quem realmente se importa com uma faculdade de medicina em Kansas City? Se, em vez disso, você fala sobre "a educação médica nos Estados Unidos", poderia sentir que, bem, *agora* você está falando sobre algo importante. Mas provavelmente cometeria um erro flagrante, porque as faculdades de medicina quase certamente não eram todas parecidas.

Você pode falar sobre muitas coisas com base em seu estudo de caso, mas deveria sempre se lembrar de que qualquer dessas falas supõe que todas as condições que afetaram o lugar que você estudou assumiriam provavelmente formas ou valores muito diferentes em outros lugares que parecem similares. De fato, é quase certo que isso será verdade. Portanto, procure as dimensões subjacentes ao longo das quais essas organizações aparentemente similares podem variar. Essa é uma maneira mais segura e produtiva de falar, embora ela não vá soar tão portentosa quanto uma explicação mais generalizada, que aplica o que você sabe a lugares que você não estudou e sobre os quais nada sabe.

Como procuramos dimensões subjacentes? Dediquei um capítulo de um livro recente a essa questão,[18] centrando minha discussão na magistral dissecção que Everett C. Hughes fez da divisão étnica do trabalho em todo o mundo.[19] Ele tinha estudado esse processo numa pequena cidade da província de Quebec na qual haviam se instalado recentemente duas novas usinas têxteis, com todo o rearranjo da estrutura econômica e social e a instituição de uma nova divisão do trabalho que acompanharam isso. O processo de industrialização, que tinha lugar no mundo todo na época, precisava de teorias e generalizações para explicar os muitos exemplos que os cientistas sociais então empilhavam. Hughes não alegou que "Cantonville" modelava o processo genérico de "industrialização" tão precisamente que tudo que era preciso fazer para compreender o que estava se passando em toda parte era supor que todos esses lugares eram exatamente como o que ele tinha visto em Quebec.

Em vez disso, Hughes produziu uma análise detalhada dos processos subjacentes envolvidos e identificou as "variáveis" que talvez estivessem em ação em toda parte mas assumiriam diferentes formas e valores em toda parte também. Portanto, você não poderia generalizar sobre aspectos específicos do processo, porque estes variariam com as condições locais. O que podia ser generalizável eram os processos e subprocessos cuja descrição os pesquisadores teriam de ajustar à medida que aprendessem sobre outros casos. Uma engenhosa solução buffoniana.

Epílogo: Reflexões finais

CORRIGIR ERROS É UM PASSO IMPORTANTE em qualquer estudo que cometa erros. E que estudos não cometem erros? Vimos, capítulo após capítulo, as variedades de erros que pesquisadores de todas as tendências metodológicas cometem, e consideramos maneiras de evitá-los durante o planejamento, enquanto estamos executando nossos planos, e depois que completamos o que planejamos. Não vou repetir tudo isso num sumário, mas seguem aqui duas recomendações para evitar erros — algumas coisas simples que quem trabalha em ciências sociais deveria ter em mente.

Não cometa o mesmo erro duas vezes

Lembre-se de todas as coisas que podem levá-lo ao erro. Faça algo em relação a elas de modo a não cometer o mesmo engano repetidamente.

Como vimos, se coletamos dados de maneiras estruturadas, podemos não descobrir que erros foram cometidos, e que há maneiras melhores de procurar os dados que queremos, até que seja tarde demais para tomar qualquer atitude a esse respeito *naquele estudo*. Fazer essa descoberta, entretanto, deveria nos dizer para encontrar uma forma de evitar esse erro particular da próxima vez.

Quando você sabe que um erro no método que você emprega está à espera para pegá-lo, lembre-se de Balibar e das ondas de rádio que entram pela janela. Use o que as pessoas aprenderam sobre erros em amostragens, na definição de categorias, na formulação de questões estruturadas e no arranjo delas em questionários e guias de entrevistas, e sobre dificuldades no manejo de equipes de coletores de dados.

Podemos, por exemplo, aprender com as conclusões falhas sobre isolamento social baseadas em aparente trapaça de entrevistadores (analisadas no capítulo 6) e com as sugestões de Julius Roth sobre o que poderia produzir semelhante fenômeno, aprender a procurar uma maneira melhor de integrar entrevistadores de levantamento em equipes de pesquisa de modo que seus incentivos se alinhem mais adequadamente com aqueles dos cientistas que planejaram a pesquisa. Como Paik e Sanchagrin sugeriram, quando puseram a nu esse problema em sua nova análise dos dados sobre isolamento social, treinar mais e melhor os entrevistadores provavelmente não é a solução, pois isso não mudará as motivações que são mais organizacionalmente baseadas.

Mudanças como essa são necessariamente de longo prazo quando se trata de amostras nacionais coletadas por grandes instituições com problemas de administração e financeiros. Mas é melhor começar a trabalhar nelas, de modo sugerido para nós pela forma como o Censo se dedica a falhas conhecidas de procedimento.

Muitos problemas tratados de modo ligeiramente mais fácil — como alterações na redação de perguntas sobre raça, etnicidade, estrutura familiar e outras coisas que queremos estudar, as quais, sendo fenômenos sociais, mudam o tempo todo

— podem exigir uma integração mais estreita entre equipe de planejamento e equipe operacional, entre cientistas e as pessoas que realizam seus projetos de pesquisa. Essas mudanças organizacionais não são fáceis ou baratas, e certamente encontrarão resistência. Mas evitar esse grau de mudança por meio do tipo de "desvio organizacional" que Diane Vaughan descreveu entre cientistas espaciais pode produzir, e provavelmente produzirá, problemas periódicos como o alarme do isolamento social, nada tão catastrófico quanto o desastre da *Challenger*, mas ainda assim nem um pouco divertido.[1] Isso provavelmente parecerá "irrealista" para as pessoas que trabalham em instituições desse tipo, mas espero que levem a sugestão a sério.

Pesquisadores de campo, diferentemente de pesquisadores cujo projeto requer que eles coletem suas evidências da mesma maneira de cada participante de quem obtêm dados, não precisam criar um estudo inteiramente novo para reparar um método que não funciona como pensaram que funcionaria e para descobrir uma melhor maneira de coletar dados. Descobrir uma nova pergunta a fazer ou um novo tipo de comportamento a observar vai de par com a realização das descobertas diárias do que as pessoas fazem e do modo como elas explicam suas ações para si mesmas e para os outros, que constituem os dados e resultados de observação atenta.

Pesquisadores de campo frequentemente começam coletando informação sem ter nenhum plano além de ver o que as pessoas que estão estudando fazem no curso de suas vidas numa comunidade, num local de trabalho ou em qualquer outro lugar que constitua o ponto de partida da pesquisa. O que quer que vejam suscita questões para eles. Quem é essa pessoa? O que ela está fazendo ali? O que acontecerá em seguida? Por que ele disse aquilo? Os pesquisadores começam construindo descrições provisórias de padrões — de comportamentos, de ideias, de conexões. À medida que observam, ouvem e conversam com as pessoas que estão estudando, eles têm ideias e começam a se perguntar se essas ideias representam apropriadamente o que viram. Há mais coisas para ver, mais coisas a saber? Podem eles pedir a alguém para explicar alguma coisa que não compreendem? As pessoas que você está observando sabem que há um padrão no que estão fazendo? Você pode vê-lo, mas podem elas vê-lo? E, se elas veem, você está certo quanto ao que pensa que estão fazendo? Quais são as intenções delas? O que elas querem que aconteça e o que fazem quando isso não acontece tal como esperavam? Cada resposta provisória que os pesquisadores de campo dão a si mesmos para tais questões sugere mais coisas a observar, sobre as quais indagar, sobre as quais conversar com as pessoas que estão sendo estudadas. As ideias do pesquisador tornam-se mais complicadas, e algumas das implicações que eles extraem de observações iniciais não resistem ao teste das observações adicionais. Novas observações sugerem outras possibilidades. As primeiras ideias não eram "erradas", mas há mais que isso. Assim, os pesquisadores trabalham para cá e para lá entre ideias e novas observações, que se tornam as evidências para outras ideias.

Essa espiral de observação, interpretação, mais observação e reinterpretação se prolonga enquanto o observador permanece em campo. Donald Campbell, especialista em projeto experimental e quase experimental (fomos colegas na Northwestern e ocasionalmente realizamos seminários juntos), caçoou de mim durante anos a respeito das inadequações da pesquisa de campo, que considerava uma variedade de experimento único (a seu ver,

Epílogo

o projeto de pesquisa mais fraco possível). Até o dia em que ele me confrontou com sua súbita compreensão de que, para o pesquisador de campo, cada dia em campo é um novo episódio da coleta de dados, em que as ideias e descobertas de ontem podem ser refutadas. Mas então, ele compreendeu, isso lhe dá novas hipóteses, as quais podem ser confirmadas ou rejeitadas no dia seguinte.

Assim, os pesquisadores de campo não apenas consertam erros mas desenvolvem sua coleta de dados para considerar e testar mais ideias, ideias que eles ainda não tinham o conhecimento suficiente para formular quando começaram seu trabalho. Quando uma ideia não funciona, quando observações adicionais não confirmam as interpretações iniciais dos pesquisadores de campo, eles podem esperar até amanhã, quando podem desenvolver a ideia de uma forma que leve em conta esse novo conhecimento e que talvez o expanda. Nem todos os métodos de coleta de dados são tão flexíveis.

Esse processo de interpretar resultados específicos criando um modelo de processos subjacentes pode se prolongar por anos, às vezes em conjunto com mais pesquisa, mas às vezes não, e pode finalmente produzir ideias muito complexas para guiar a pesquisa sobre toda uma família de fenômenos,[2] que foi como finalmente generalizei meu estudo bastante específico sobre o uso de maconha.[3]

Pesquisadores de campo sempre têm de evitar sua tentação especial: "encontrar", ou tomar como óbvias, conclusões acerca de coisas sobre as quais eles nada sabem, não têm nenhum dado. Harry Anslinger poderia ter sido o cruzado puritano que eu imaginava, mas eu não sabia disso; simplesmente imaginei. Assim, é importante reconhecer que essas afirmações descuidadas, não documentadas, exigem verificação.

Outra versão desse erro é estender nossa compreensão do que estudamos para coisas sobre as quais não temos conhecimento. Grandes temas nos tentam a generalizar o que realmente sabemos para coisas que não sabemos porque não as estudamos. Instituições chamadas pelo mesmo nome (escolas, para citar um exemplo comum desse pecado), seja pelas pessoas dentro delas ou por observadores externos quase certamente não são iguais em todos os aspectos, nem sequer na maioria deles. Podemos falar sobre o que poderia estar presente em outras organizações com o mesmo nome genérico (por exemplo, "faculdade de medicina") com base em nosso caso, mas para fazer isso temos de supor que todas as condições que afetam o lugar que estudamos estão presentes em todos aqueles outros lugares, quando é quase certo que não estejam. Contudo, podemos procurar as dimensões subjacentes ao longo das quais essas organizações aparentemente similares variam. Essa é uma forma mais segura e mais produtiva de falar, embora não soe tão portentosa e grandiosa quanto uma explicação mais generalizada que aplica o que você de fato sabe a lugares que você não estudou. É mais "importante", de alguma maneira, dizer que aprendemos sobre faculdades de medicina, quando no máximo descobrimos alguns fenômenos que poderiam aparecer de uma forma diferente em outros lugares, uma pista, em vez de um resultado.

Transforme "problemas técnicos" em questões pesquisáveis

Minha segunda recomendação, tão importante quanto a primeira, é transformar os erros que inevitavelmente cometemos em problemas a investigar, novos tipos de fenômenos sociais a analisar e compreender como temas em si mesmos. Realidades sociais criam alguns de nossos problemas técnicos de pesquisa. Mudanças na composição de populações urbanas e em relações entre grupos étnicos criaram problemas para o quesito do Censo sobre herança étnica. Mary Waters resolveu esse problema técnico reformulando-o como um problema de *pesquisa*, investigando o que as pessoas queriam dizer quando diziam que eram italianas ou irlandesas, assim como a pesquisa sobre relações de raça americanas tinha se beneficiado transformando as dificuldades de interpretar questões simples sobre pertencer a um ou outro grupo racial numa questão diferente, que apreende melhor a realidade social de raça: como diferenças no tom da pele se manifestam na vida diária?

De maneira semelhante, Stefan Timmermans transformou problemas com os dados oficiais sobre causas de morte em questões pesquisáveis sobre como as organizações de trabalho afetam os produtos do trabalho no caso especial em que esses produtos são relatórios ou dados brutos que usamos para a pesquisa sociológica.

Esse é o tipo de operação sobre o qual o pessoal da computação falava muito tempo atrás, de como transformar um defeito numa característica, e descrevi muitos exemplos aqui neste livro. Reconheça quando as dificuldades apresentam esse tipo de oportunidade.

A moral aqui é: tenha cuidado com as armadilhas e transforme-as em temas de pesquisa. Não é tão difícil quanto parece.

Agradecimentos

Venho trabalhando neste livro desde que entrei no campo da sociologia, em 1946, ainda bem moço, embora só muito recentemente tenha me dado conta de que era isso que eu estava fazendo. De modo sério, todas as pessoas que conheci desde então e tudo que li contribuiu para o livro que você tem à sua frente: todos os professores, alunos, colegas e amigos.

Certas pessoas contribuíram para os últimos estágios de meu trabalho lendo versões anteriores do manuscrito e comentando-as, especialmente Charles Camic, Tom Cook, Frank Furstenberg, John Walton, Charles Ragin e Iddo Tavory. Minha correspondência com Richard Howe, que estudava problemas similares, foi mais que útil. Rob Faulkner, como sempre, foi uma maravilhosa fonte de citações e pensamentos estimulantes. Meus agradecimentos a todas essas pessoas, mesmo que eu nem sempre tenha seguido suas sugestões. Ainda assim, elas me ajudaram substancialmente.

Doug Mitchell, meu incansável e incansavelmente alentador editor na University of Chicago Press, vem me ajudando a sobreviver à maluquice de ser autor há pelo menos trinta anos. O que eu teria feito sem isso? Ou sem os bravos esforços de Kyle Wagner.

Ninguém sabe melhor que eu que o livro nunca teria sido o que se tornou sem o pessoal da editora que lida com todas as tarefas da produção, os revisores e diagramadores de que os autores dependem para dar uma boa aparência ao livro. Nesse caso, quero agradecer em particular à copidesque Lois Crum, que tornou a escrita mais clara e mais bem expressa. Nem sempre fiz o que ela sugeriu, mas o livro está melhor graças às suas sugestões, a maioria das quais aceitei. E devo também agradecimentos a Isaac Tobin pela diagramação do livro, pelo qual os leitores ficarão interessados só por causa da aparência agradável.

Dianne Hagaman suportou minhas explosões irritadas e desesperos, e assegurou que o livro fosse feito, lendo o que me pareciam intermináveis revisões sem se queixar, sem ficar cansada nem perder o bom humor e o otimismo. Nunca poderia tê-lo feito sem você. Obrigado.

Notas

Parte I – Do que se trata: dados, evidências e ideias [pp. 11-41]

1. Paul Wallin e Leslie C. Waldo, "Indeterminacies in Ranking of Fathers' Occupations", p. 291.
2. James H. S. Bossard, "Family Table Talk—An Area for Sociological Study"; Id., "Family Modes of Expression".
3. Id., "Family Table Talk—An Area for Sociological Study", p. 300.
4. Paul Wallin e Leslie C. Waldo, op. cit., pp. 291-2.
5. George Polya, *Mathematics and Plausible Reasoning*, p. v.
6. Paul Wallin e Leslie C. Waldo, op. cit., p. 292.
7. Howard Schuman, "Artifacts Are in the Mind of the Beholder", p. 23.
8. Ver, por exemplo, Richard A. Peterson e Albert Simkus, "How Musical Tastes Mark Occupational Status Groups".
9. Lois R. Dean, "Interaction, Reported and Observed: The Case of One Local Union".
10. Diane Vaughan, *The Challenger Launch Decision: Risky Technology, Culture, and Deviance at NASA*.
11. Jean Peneff, "The Observers Observed: French Survey Researchers at Work", p. 522.
12. Ibid., p. 522.
13. Tom W. Smith e Woody Carter, "Observing 'The Observers Observed': A Comment".
14. Julius A. Roth, "Hired Hand Research".

1. Modelos de investigação: alguns antecedentes históricos [pp. 43-71]

1. Alain Desrosières, *The Politics of Large Numbers: A History of Statistical Reasoning*.
2. Ibid., p. 9.
3. Ibid., p. 12.

4. Thomas Kuhn, *The Structure of Scientific Revolutions*.
5. Ibid., p. xlii.
6. Daniel Coates e Michael Munger, "Guessing and Choosing: A Multicriterion Decision on Disposal Technology for Low-Level Radioactive Waste", p. 275.
7. Alain Desrosières, *The Politics of Large Numbers: A History of Statistical Reasoning*.
8. Ibid., pp. 240-2.
9. Ibid., p. 242.
10. W. Loyd Warner, *A Black Civilization: A Social Study of an Australian Tribe* e *Yankee City Series*.
11. Howard S. Becker, Blanche Geer e Everett Cherrington Hughes, *Making the Grade: The Academic Side of College Life*.
12. Ibid.
13. Howard S. Becker et al., *Boys in White: Student Culture in Medical School*.
14. Stanley Lieberson, "Einstein, Renoir, and Greeley: Some Thoughts about Evidence in Sociology", p. 7.
15. Ibid., p. 8; a citação feita por Lieberson foi omitida.
16. Howard S. Becker, *What about Mozart? What about Murder? Reasoning from Cases*; ver esp. pp. 95-121.
17. Ibid., p. 65.
18. Id., 1998, p.183-94.

2. Ideias, opiniões e evidências [pp. 72-105]

1. Ver, por exemplo, Deutscher, *What We Say/What We Do: Sentiments and Acts*.
2. Ver, essecialmente, Jennifer Platt, *A History of Sociological Research Methods in America*, e Charles Camic, "On Edge: Sociology during the Great Depression and the New Deal", para uma história mais detalhada e séria).
3. Stanley Lieberson, "Ethnic Groups and the Practice of Medicine".
4. Oswald Hall, "The Stages of the Medical Career" e "Types of Medical Careers".
5. Ver Barbara Laslett, "Unfeeling Knowledge: Emotion and Objectivity in the History of Sociology" e "Biography as Historical Sociology: The Case of William Fielding Ogburn".

6. Peverill Squire, "Why the 1936 Literary Digest Poll Failed".
7. Cf. Alain Garrigou, *L'ivresse des sondages*.

3. Como fazem os cientistas da natureza [pp. 106-25]

1. Sébastien Balibar, *Chercheur au quotidien*.
2. Stanley Lieberson e Joel Horwich, "Implication Analysis: A Pragmatic Proposal for Linking Theory and Data in the Social Sciences".
3. Bruno Latour, *The Pasteurization of France*.
4. Id., "The 'Pédofil' of Boa Vista: A Photo-Philosophical Montage".
5. Sébastien Balibar, op. cit.
6. Ibid., pp. 39-40.
7. Bruno Latour, *Pandora's Hope*.
8. Ibid., p. 29.
9. Ibid., p. 29.
10. Ibid., p. 40.
11. Ibid., p. 41.
12. Ibid., p. 42.
13. Ibid., p. 46.
14. Ibid., p. 47.
15. Ibid., pp. 56-7.
16. Ibid., pp. 58-9.
17. Ibid., pp. 60-1.
18. Ibid., p. 67.
19. Ibid., p. 69.
20. Bruno Latour, *The Pasteurization of France*.
21. Ver, no entanto, Ellis P. Monk, "Skin Tone Stratification among Black Americans, 2001-2003", para um interessante progresso nessa frente.

Parte II – Quem coleta os dados e como faz isso? [pp. 127-39]

1. Ver a discussão de um caso muito conhecido em Susan Faludi, *Backlash: The Undeclared War against American Women*.
2. Emile Durkheim, *On Suicide*.
3. Julius Roth, "Ritual and Magic in the Control of Contagion".

4. Censos [pp. 141-97]

1. Alain Desrosières, *The Politics of Large Numbers: A History of Statistical Reasoning*.
2. Carole Parsons (Org.), "America's Uncounted People: A Report of the National Research Council Advisory Committee on Problems of Census Enumeration", p. 3.
3. Ibid.
4. Ibid.
5. Marisa Alicea, "The Dual Home Base Phenomenon: A Reconceptualization of Puerto Rican Migration".
6. Peter H. Rossi, *Down and Out in America: The Origins of Homelessness*.
7. Ibid., pp. 60-1.
8. Ibid., p. 71.
9. Everett Hughes, "Good People and Dirty Work".
10. Ibid., p. 516.
11. Norman B. Ryder, "The Cohort as a Concept in the Study of Social Change".
12. Everett Hughes, *The Sociological Eye*, p. 517.
13. Ibid., p. 521.
14. Ibid., p. 522.
15. Mary C. Waters, *Ethnic Options: Choosing Identities in America*.
16. Ibid., pp. 52-89.
17. Stanley Lieberson e Mary C. Waters, *From Many Strands: Ethnic and Racial Groups in Contemporary America*, p. 6.
18. Ibid., p. 25.
19. Ibid., p. 167.
20. Ellis P. Monk, "The Cost of Color: Skin Color, Discrimination, and Health among African-Americans".
21. Ibid., p. 396.
22. Id., "Skin Tone Stratification among Black Americans, 2001-2003", p. 1314.
23. Harvey M. Choldin, "Statistics and Politics: The 'Hispanic Issue' in the 1980 Census", pp. 404-45.
24. Felix M. Padilla, *Latino Ethnic Consciousness: The Case of Mexican Americans and Puerto Ricans in Chicago*.
25. Id., comunicação pessoal, 2014.

26. C. Matthew Snipp, "Who Are American Indians? Some Observations about the Perils and Pitfalls of Data for Race and Ethnicity", pp. 238--40; a citação feita por Snipp foi omitida.
27. Ibid., p. 247.
28. Ibid., p. 248; a citação feita por Snipp foi omitida.
29. Joane Nagel, "American Indian Ethnic Renewal: Politics and the Resurgence of Identity".
30. Charles Hirschman, "The Meaning and Measurement of Ethnicity in Malaysia: An Analysis of Census Classifications", p. 557.
31. Ibid., p. 562.
32. Ibid., p. 563.
33. Ibid., pp. 564-5.
34. Ibid., pp. 566-7.
35. Ibid., p. 568.
36. Ibid., p. 570.
37. Gerhard Lenski, *The Religious Factor*.
38. Joseph Fichter, *Dynamics of a City Church (Southern Parish)*.
39. Ver seu website: <https://lennybruceofficialcom.wordpress.com> para detalhes.
40. Ver, por exemplo, a página da web sobre a religião Wicca, "Celtic Connection", 2014.
41. Evelle Younger e James D. Claytor, em comunicação pessoal, 1974.
42. Esse é o tipo de raciocínio dos casos discutidos em detalhe em Becker, *What about Mozart? What about Murder? Reasoning from Cases*.
43. Henry A. Selby, *Zapotec Deviance: The Convergence of Folk and Modern Sociology*.

5. Dados reunidos por funcionários do governo para documentar seu trabalho [pp. 198-254]

1. Alain Desrosières, *The Politics of Large Numbers: A History of Statistical Reasoning*, p. 147.
2. Stefan Timmermans, *Postmortem: How Medical Examiners Explain Suspicious Deaths*.
3. Richard Sennett, *Introduction to On Suicide, by Emile Durkheim, XI-XXV*, p. xvii.
4. Jack D. Douglas, *The Social Meaning of Suicide*, p. 163-232.

5. Stefan Timmermans, op. cit.
6. Ibid., pp. 74-112.
7. Ibid., p. 3.
8. Ibid., p. 107-8.
9. Ibid., grifos meus.
10. Ibid., p. 109, grifos meus.
11. Ibid., p. 113.
12. Ver a análise de Kuhn da pesquisa científica como solução de quebra-cabeças.
13. Stefan Timmermans, op. cit., p. 193.
14. Ibid., p. 190-1.
15. Ibid., p. 192.
16. Edwin H. Sutherland, "White Collar Criminality".
17. Ibid., p. 1.
18. Ibid., p. 1.
19. Edwin H. Sutherland apud Albert Cohen, Alfred Lindesmith e Karl Schuessler, *The Sutherland Papers*, p. 96.
20. Edwin H. Sutherland, "White Collar Criminality", pp. 1-2.
21. Id., *White Collar Crime: The Uncut Version*.
22. Donald R. Cressey, *Other People's Money*, p. 22.
23. Id., "Criminological Research and the Definition of Crimes", pp. 549-50.
24. Por exemplo, Philippe Bourgois, *In Search of Respect: Selling Crack in the Barrio*, e Alice Goffman, *On the Run*.
25. Lois B. DeFleur, "Biasing Influences on Drug Arrest Records: Implications for Deviance Research"; Peter Moskos, *Cop in the Hood: My Year Policing Baltimore's Eastern District*.
26. Lois B. DeFleur, "Biasing Influences on Drug Arrest Records: Implications for Deviance Research", p. 91.
27. Ibid., p. 91.
28. Ibid., p. 93.
29. Ibid., p. 93.
30. Ibid., p. 95.
31. Ibid., p. 98.
32. Ibid., p. 98.
33. Ibid., p. 99.
34. Peter Moskos, *Cop in the Hood: My Year Policing Baltimore's Eastern District*.

35. Ibid., pp. 111-57.
36. Ibid., pp. 121-8.
37. Ibid., pp. 128-36.
38. Ibid., p. 137.
39. Ibid., pp. 142-5.
40. Ibid., p. 156.
41. Donald T. Campbell, *Assessing the Impact of Planned Social Change*, p. 49.
42. Para uma descrição precisa das realidades deste último, ver Lawrence J. Redlinger, "Dealing in Dope: Market Mechanisms".
43. Wayne Baker e Robert Faulkner, "The Social Organization of Conspiracy: Illegal Networks in the Heavy Electrical Equipment Industry".
44. Ibid., p. 844.
45. Ibid., p.846.
46. Ibid., p.856.
47. Jane Mercer, *Labeling the Mentally Retarded*.
48. Ibid., pp. 96-123.
49. Ibid., p. 120.
50. Ibid., p. 217.
51. Herbert Blumer, "Collective Behavior".
52. Stanley Lieberson, *A Matter of Taste: How Names, Fashions and Culture Change*, p. xi.
53. Ibid., p. xiii.
54. Ibid., p. 25.
55. Ibid., pp. 73-81.
56. Ibid., pp. 82-3.
57. Ibid., p. 84.
58. Ibid., p. 89.
59. Ibid., p. 91.
60. Ibid., p. 92.
61. Ibid., p. 93.
62. A. L. Kroeber, "On the Principle of Order in Civilization as Exemplified by Changes of Fashion".
63. Stanley Lieberson, *A Matter of Taste: How Names, Fashions and Culture Change*, pp. 93-8.
64. Ibid., pp. 107-11.

6. "Coletores de dados contratados" e não cientistas [pp. 255-94]

1. Miller McPherson, Lynn Smith-Lovin e Matthew Brashears, "Social Isolation in America: Changes in Core Discussion Networks over Two Decades".
2. Ibid., p. 353.
3. Anthony Paik e Kenneth Sanchagrin, "Social Isolation in America: An Artifact".
4. Annette Lareau, *Unequal Childhoods: Class, Race, and Family Life*.
5. Lois Dean, "Interaction, Reported and Observed: The Case of One Local Union".
6. David Halle, *Inside Culture: Art and Class in the American Home*.
7. Stanley Lieberson, "Einstein, Renoir, and Greeley: Some Thoughts about Evidence in Sociology", p. 7.
8. David Halle, op. cit., p. 8.
9. Pierre Mercklé e Sylvie Octobre, "Les enquêtés mentent-ils? Incohérences de réponse et illusion biographique dans une dolesc longitudinale sur les loisirs des dolescentes."
10. Julius Roth, "Hired Hand Research".
11. Donald Roy, "Quota Restriction and Goldbricking in a Machine Shop".
12. Julius Roth, "Hired Hand Research", p. 192.
13. Anthony Paik e Kenneth Sanchagrin, op. cit.
14. Peter V. Marsden e Tom W. Smith, "The General Social Survey Project, p. 372.
15. Tom W. Smith e Woody Carter, "Observing 'The Observers Observed': A Comment"; Jean Peneff, "The Observers Observed: French Survey Researchers at Work".
16. Anthony Paik e Kenneth Sanchagrin, op. cit., p. 355.
17. Leon Neyfayk, "The Ethics of Ethnography".
18. Antony Grafton, *The Footnote: A Curious History*, p. 15.
19. Julius Roth, "Hired Hand Research", p. 192.
20. A. J. Coale e F. F. Stephan, "The Case of the Indians and the Teen-Age Widows", esp. pp. 339-44.
21. Ibid., p. 346, grifos meus.
22. Oskar Morgenstern, *On the Accuracy of Economic Observations*, p. 40.
23. Ver a crítica profunda em Stephen R. Ziliak e Deirdre McCloskey, *The Cult of Statistical Significance: How the Standard Error Costs Us Jobs, Justice, and Lives (Economics, Cognition, and Society*.

24. Os artigos preparados para uma conferência sobre a questão, em Norbert Schwarz e Seymour Sudman, *Context Effects in Social and Psychological Research*, fornecem excelente e detalhada análise de alguns desses problemas.
25. Douglas Jackson, Samuel J. Messick e Charles M. Solley, "How 'Rigid' Is the 'Authoritarian'?".
26. Ver <www.anesi.com/fscale.htm>.
27. Douglas Jackson, Samuel J. Messick e Charles M. Solley, op. cit., p. 139.
28. Ibid., p. 137.
29. Howard Schuman, "Artifacts Are in the Mind of the Beholder".
30. Eugene Webb et al., *Unobtrusive Measures: Nonreactive Research in the Social Sciences*.
31. Ibid., pp. 36-7.
32. Ibid., pp. 37-8.
33. Ibid., p. 50.
34. William Rathje, *Rubbish! The Archaeology of Garbage*.
35. Eugene Webb et al., op. it., p. 53.
36. Mitchell Duneier, "How Not to Lie with Ethnography".
37. James Coleman, Elihu Katz e Herbert Menzel, *Medical Innovation: A Diffusion Study*.
38. Robert Faulkner, *Music on Demand: Composers and Careers in the Hollywood Film Industry*.

7. Coordenadores de pesquisa e seus assistentes [pp. 295-337]

1. Marc Perrenoud, *Les musicos: Enquête sur des musiciens ordinaires*.
2. Ray Gold, "Janitors versus Tenants: A Status-Income Dilemma".
3. Louis Kriesberg, "The Retail Furrier: Concepts of Security and Success".
4. Robert Faulkner, *Hollywood Studio Musicians: Their Work and Careers in the Recording Industry*.
5. Seymour Lipset, James Coleman e Martin Trow, *Union Democracy: The Internal Politics of the International Typographical Union*, p. 300.
6. Donald Roy, "Quota Restriction and Goldbricking in a Machine Shop" e Melville Dalton, *Men Who Menage*.
7. Robert Faulkner, *Music on Demand: Composers and Careers in the Hollywood Film Industry*.

8. Oswald Hall, "The Stages of the Medical Career" e "Types of Medical Careers".
9. Howard S. Becker, "The Career of the Chicago Public School Teacher", "Social Class Variations in the Teacher-Pupil Relationship" e "The Teacher in the Authority System of the Public School".
10. Id., *Tricks of the Trade: How to Think about Your Research While You're Doing It*, pp. 151-9.
11. Kurt Lang e Gladys Engels Lang, The Unique Perspective of Television and Its Effect: A Pilot Study".
12. Ibid., p. 4.
13. Ver E. Katz e D. Dayan, *Media Events: The Live Broadcasting of History*.
14. John Tukey, *Exploratory Data Analysis*.
15. Jean Peneff, "The Observers Observed: French Survey Researchers at Work", p. 122.
16. Everett Hughes, *French Canada in Transition*. Seu título original para o livro tinha sido *Jean Baptiste Comes to Town*.
17. Ibid., p. 69.
18. Donald Roy, "Quota Restriction and Goldbricking in a Machine Shop", p. 428.
19. Ibid., p. 429.
20. Ibid., p. 430.
21. Ibid., p. 436.
22. Ibid.
23. Julius Roth, "Ritual and Magic in the Control of Contagion", p. 310.
24. Ibid., p. 314.
25. William Graham Sumner, *Folkways*.
26. Howard S. Becker et al., *Boys in White: Student Culture in Medical School*, tabela 18, p. 149, e tabela 20, p. 153.
27. Howard S. Becker, Blanche Geer e Everett C. Hughes, *Making the Grade: The Academic Side of College Life*.

8. Imprecisões em pesquisa qualitativa [pp. 338-69]

1. Ver Patricia L. Kendall e Katharine Wolf, The Analysis of Deviant Cases in Communications Research".
2. Ver Alfred Lindesmith, *Opoate Addiction*.
3. Howard S. Becker, *Outsiders*, pp. 142-4 e 147-63.

4. François-Xavier Dudouet, "De la régulation à la répression des drogues: Une politique publique Internationale" e *Le grand deal de l'opium: Histoire du marché légal des drogues*.
5. Robert R. Faulkner e Howard S. Becker, *Do You Know....? The Jazz Repertoire in Action*.
6. H. Stith Bennett, *On Becoming a Rock Musician*, e Ben Sidran, *There Was a Fire: Jews, Music and the American Dream*.
7. Howard S. Becker e Robert R. Faulkner, *Thinking Together: An E-Mail Exchange and All That Jazz*.
8. Ibid., p. 217.
9. Ibid., p. 217.
10. Annette Lareau, *Unequal Childhoods: Class, Race, and Family Life*.
11. Ibid., p. 5.
12. Ibid., p. 5.
13. Por exemplo, Frank Furstenberg, *Destinies of the Disadvantaged: The Politics of Teenage Childbearing*.
14. Annette Lareau, op. cit., p. 5.
15. Ibid., p. 6.
16. P. Mercklé e S. Octobre, "Les enquêtés mentent-ils? Incohérences de réponse et illusion biographique dans une enquête longitudinale sur les loisirs des adolescents".
17. William F. Whyte, *Street Corner Society*, p. 37.
18. Howard S. Becker, *What about Mozart? What about Murder? Reasoning from Cases*, pp. 5-39.
19. Everett C. Hughes, *French Canada in Transition*.

Epílogo: Reflexões finais [pp. 371-7]

1. Diane Vaughan (1966)
2. Ver Howard S. Becker, *What about Mozart? What about Murder? Reasoning from Cases*, pp. 61-93.
3. Howard S. Becker, "Becoming a Marijuana User".

Referências bibliográficas

ALICEA, Marisa. *The Dual Home Base Phenomenon: A Reconceptualization of Puerto Rican Migration*. Evanston: Northwestern University, 1989. Tese (Doutorado).
BAKER, Wayne E.; FAULKNER, Robert R. "The Social Organization of Conspiracy: Illegal Networks in the Heavy Electrical Equipment Industry". *American Sociological Review*, v. 58, 1993, pp. 837-60.
BALIBAR, Sébastien. *Chercheur au quotidien*. Paris: Seuil, 2014.
BECKER, Howard S. "The career of the Chicago Public School teacher". *American Journal of Sociology*, v. 57, mar. 1952, pp. 470-7.
_____. "Social Class Variations in the Teacher-Pupil Relationship". *Journal of Educational Sociology*, v. 25, abr. 1952, pp. 451-65.
_____. "The Teacher in the Authority System of the Public School". *Journal of Educational Sociology*, v. 27, nov. 1952, pp. 128-41.
_____. "Becoming a Marijuana User". *The American Journal of Sociology*, v. 59, n. 3, nov. 1953, pp. 235-42.
_____. *Outsiders*. Glencoe: Free Press, 1963. [Ed. bras.: *Outsiders*. Rio de Janeiro: Zahar, 2008.]
_____. *Tricks of the Trade: How to Think about Your Research While You're Doing It*. Chicago: University of Chicago Press, 1998. [Ed. bras.: *Segredos e truques da pesquisa*. Rio de Janeiro: Zahar, 2007.]
_____. *What about Mozart? What about Murder? Reasoning from Cases*. Chicago: University of Chicago Press, 2014.
BECKER, Howard S.; FAULKNER, Robert R. *Thinking Together: An E-Mail Exchange and All That Jazz*. Paris: Questions Théoriques, 2013.
BECKER, Howard S. et al. *Boys in White: Student Culture in Medical School*. Chicago: University of Chicago Press, 1961.
BECKER, Howard S.; GEER, Blanche; HUGHES, Everett C. *Making the Grade: The Academic Side of College Life*. Nova York: Wiley, 1968.
BENNETT, H. Stith. *On Becoming a Rock Musician*. Amherst: University of Massachusetts Press, 1980.
BLUMER, Herbert. "Collective Behavior". In: LEE, A. M. (Org.). *New Outline of the Principles of Sociology*. Nova York: Barnes and Noble, 1951.

BLUMER, Herbert. *Symbolic Interactionism*. Englewood Cliffs: Prentice-Hall, 1969.
BOSSARD, James H. S. "Family Table Talk: An Area for Sociological Study". *American Sociological Review*, v. 8, 1943, pp. 295-301.
_____. "Family Modes of Expression". *American Sociological Review*, v. 10, 1944, pp. 226-37.
BOURDIEU, Pierre. *Distinction: A Social Critique of the Judgement of Taste*. Cambridge: Harvard University Press, 1984. [Ed. bras.: *A distinção*. Porto Alegre: Zouk, 2008.]
BOURGOIS, Philippe. *In Search of Respect: Selling Crack in the Barrio*. Cambridge: Cambridge University Press, 1955.
CAMIC, Charles. "On edge: Sociology During the Great Depression and the New Deal". In: CALHOUN, C. (Org.). *Sociology in America: A History*. Chicago: University of Chicago Press, 2007, pp. 225-80.
CAMPBELL, Donald T. *Assessing the Impact of Planned Social Change*. Hanover: Public Affairs Center, Dartmouth College, 1976.
CHOLDIN, Harvey M. "Statistics and politics: The 'Hispanic Issue' in the 1980 Census". *Demography*, v. 23, 1986, pp. 403-18.
COALE, A. J.; STEPHAN, F. F. "The Case of the Indians and the Teen-Age Widows". *Journal of the American Statistical Association*, v. 57, 1962, pp. 338-47.
COATES, Daniel; MUNGER, Michael. "Guessing and choosing: A Multi-criterion Decision on Disposal Technology for Low-Level Radioactive Waste". *Journal of Public Policy*, v. 11, n. 3, 1991, pp. 275-90.
COHEN, Albert; LINDESMITH, Alfred; SCHUESSLER, Karl (Orgs.). *The Sutherland Papers*. Bloomington: Indiana University Press, 1956.
COLEMAN, James; KATZ, Elihu; MENZEL, Herbert. *Medical Innovation: A Diffusion Study*. Indianapolis: Bobbs-Merrill, 1966.
CRESSEY, Donald R. "Criminological Research and the Definition of Crimes". *American Journal of Sociology*, v. 56, 1951, pp. 546-51.
_____. *Other People's Money*. Nova York: Free Press, 1953.
DALTON, Melville. *Men Who Manage*. Nova York: Wiley, 1959.
DAVIS, Allison; GARDNER, Burleigh B.; GARDNER, Mary R. *Deep South: A Social Anthropological Study of Caste and Class*. Chicago: University of Chicago Press, 1941.
DEAN, Lois R. "Interaction, Reported and Observed: The Case of One Local Union". *Human Organization*, v. 17, 1958, pp. 36-44.

DEFLEUR, Lois B. "Biasing Influences on Drug Arrest Records: Implications for Deviance Research". *American Sociological Review*, v. 40, 1975, pp. 88-103.

DESROSIÈRES, Alain. *The Politics of Large Numbers: A History of Statistical Reasoning*. Cambridge: Harvard University Press, 2002.

DEUTSCHER, Irwin. *What We Say/What We Do: Sentiments and Acts*. Glenview, IL: Scott Foresman, 1973.

DOUGLAS, Jack D. *The Social Meaning of Suicide*. Princeton: Princeton University Press, 1967.

DRAKE, St. Clair; CAYTON, Horace. *Black Metropolis*. Nova York: Harcourt, Brace, 1945.

DUDOUET, François-Xavier. "De la régulation à la répression des drogues: Une politique publique internationale". *Les Cahiers de la Sécurité Intérieure*, v. 52, 2003, pp. 89-112.

_____. *Le grand deal de l'opium: Histoire du marché légal des drogues*. Paris: Editions Syllepse, 2009.

DUNEIER, Mitchell. "How Not to Lie With Ethnography". *Sociological Methodology*, v. 41, 2011, pp. 1-11.

DURKHEIM, Emile. *On Suicide*. Londres: Penguin Books, 2006 [1897]. [Ed. bras.: *O suicídio: Estudo de sociologia*. São Paulo: WMF Martins Fontes, 2015.]

FALUDI, Susan. *Backlash: The Undeclared War against American Women*. Nova York: Anchor, 1991.

FAULKNER, Robert. *Hollywood Studio Musicians: Their Work and Careers in the Recording Industry*. Chicago: Aldine, 1971.

_____. *Music on Demand: Composers and Careers in the Hollywood Film Industry*. New Brunswick: Transaction, 1983.

FAULKNER, Robert R.; BECKER, Howard S. *Do You Know...? The Jazz Repertoire in Action*. Chicago: University of Chicago Press, 2009.

FICHTER, Joseph H., S. J. *Dynamics of a City Church (Southern Parish)*. Chicago: University of Chicago Press, 1951.

FINNEGAN, Ruth. *The Hidden Musicians: Music-Making in an English Town*. Nova York: Cambridge University Press, 1989.

FURSTENBERG, Frank. *Destinies of the Disadvantaged: The Politics of Teenage Childbearing*. Nova York: Russell Sage Foundation, 2007.

GARRIGOU, Alain. *L'Ivresse des sondages*. Paris: La Découverte, 2006.

GOFFMAN, Alice. *On the Run*. Chicago: University of Chicago Press, 2014.

GOLD, Ray. "Janitors *versus* Tenants: A Status-Income Dilemma". *American Journal of Sociology*, v. 57, 1952, pp. 486-93.

GRAFTON, Anthony. *The Footnote: A Curious History*. Cambridge: Harvard University Press, 1997.

HALL, Oswald. "The Stages of the Medical Career". *American Journal of Sociology*, v. 53, 1948, pp. 243-53.

_____. "Types of medical careers". *American Journal of Sociology*, v. 55, 1949, pp. 404-13.

HALLE, David. *Inside Culture: Art and Class in the American Home*. Chicago: University of Chicago Press, 1993.

HIRSCHMAN, Charles. "The Meaning and Measurement of Ethnicity in Malaysia: An Analysis of Census Classifications". *Journal of Asian Studies*, v. 46, n. 3, 1987, pp. 555-82.

HUGHES, Everett C. *French Canada in Transition*. Chicago: University of Chicago Press, 1943.

_____. *The Sociological Eye*. New Brunswick: Transaction, 1984 [1955].

_____. "Good People and Dirty Work". In: HUGHES, E. C. (Org.). *The Sociological Eye*, 1984, pp. 87-97.

JACKSON, Douglas; MESSICK, Samuel J.; SOLLEY, Charles M. "How 'Rigid' is the 'Authoritarian'?". *Journal of Abnormal Psychology*, v. 54, 1957, pp. 137-40.

KATZ, E.; DAYAN, D. *Media Events: The Live Broadcasting of History*. Cambridge: Harvard University Press, 1992.

KENDALL, Patricia L.; WOLF, Katherine. "The Analysis of Deviant Cases in Communications Research". In: LAZARSFELD, Paul. F.; STANTON, Frank. N. (Orgs.). *Communications Research, 1948-49*. Nova York: Harper, 1949.

KRIESBERG, Louis. "The Retail Furrier: Concepts of Security and Success". *American Journal of Sociology*, v. 57, n. 5, 1952, pp. 478-85.

KROEBER, A. L. "On the Principle of Order in Civilization As Exemplified by Changes of Fashion". *American Anthropologist*, v. 21, 1919, pp. 235-63.

KUHN, Thomas. *The Structure of Scientific Revolutions*. Chicago: University of Chicago Press, 2012 [1962].

LANG, Kurt; LANG, Gladys Engel. "The Unique Perspective of Television and Its Effect: A Pilot Study". *American Sociological Review*, v. 18, 1953, pp. 3-12.

LAREAU, Annette. *Unequal Childhoods: Class, Race, and Family Life*. Berkeley: University of California Press, 2003.

LASLETT, Barbara. "Unfeeling Knowledge: Emotion and Objectivity in the History of Sociology". *Sociological Forum*, v. 5, 1990, pp. 413-33.

_____. "Biography as Historical Sociology: The case of William Fielding Ogburn". *Theory and Society*, v. 20, 1991, pp. 511-38.

LATOUR, Bruno. *The Pasteurization of France*. Cambridge: Harvard University Press, 1988.

_____. "The 'Pédofil' of Boa Vista: A Photo-Philosophical Montage". *Common Knowledge*, v. 4, n. 1, 1995, pp. 144-87.

_____. *Pandora's Hope*. Cambridge: Harvard University Press, 1999.

LENSKI, Gerhard. *The Religious Factor*. Garden City: Anchor Books, 1963.

LIEBERSON, Stanley. "Ethnic Groups and the Practice of Medicine". *American Sociological Review*, v. 23, 1958, pp. 542-49.

_____. "Einstein, Renoir, and Greeley: Some Thoughts about Evidence in Sociology". *American Sociological Review*, v. 57, 1992, pp. 1-15.

_____. *A Matter of Taste: How Names, Fashions and Culture Change*. New Haven: Yale University Press, 2000.

LIEBERSON, Stanley; HORWICH, Joel. "Implication Analysis: A Pragmatic Proposal for Linking Theory and Data in the Social Sciences". *Sociological Methodology*, v. 38, 2008, pp. 1-50.

LIEBERSON, Stanley; WATERS, Mary C. *From Many Strands: Ethnic and Racial Groups in Contemporary America*. Nova York: Russell Sage Foundation, 1988.

LINDESMITH, Alfred. *Opiate Addiction*. Bloomington: Principia Press, 1947.

LIPSET, Seymour Martin; COLEMAN, James; TROW, Martin. *Union Democracy: The Internal Politics of the International Typographical Union*. Glencoe: Free Press, 1977.

LYND, Robert S. *Middletown: A Study in Contemporary American Culture*. Nova York: Harcourt Brace, 1929.

_____. *Middletown in Transition: A Study in Cultural Conflicts*. Nova York: Harcourt, Brace, 1937.

MARSDEN, Peter V.; SMITH, Tom W. "The General Social Survey Project". In: MARSDEN, Peter V. (Org.). *Social Trends in American Life: Findings from the General Social Survey since 1972*. Princeton: Princeton University Press, 2012.

MCPHERSON, Miller; SMITH-LOVIN, Lynn; BRASHEARS, Matthew E. "Social Isolation in America: Changes in Core Discussion Networks over Two Decades". *American Sociological Review*, v. 71, 2006, pp. 353-75.

MERCER, Jane. *Labeling the Mentally Retarded*. Berkeley: University of California Press, 1973.

MERCKLÉ, P.; OCTOBRE, S. "Les enquêtés mentent-ils? Incohérences de réponse et illusion biographique dans une enquête longitudinale sur les loisirs des adolescents". *Revue Française de Sociologie*, v. 56, n. 3, 2015, pp. 561-91.

MERTON, Robert K.; READER, George; KENDALL, Patricia L. *The Student Physician: Introductory Studies in the Sociology of Medical Education*. Cambridge: Harvard University Press, 1957.

MONK JR., Ellis P. "Skin Tone Stratification among Black Americans, 2001-2003". *Social Forces*, v. 92, n. 4, 2014, pp. 1313-37.

_____. "The Cost of Color: Skin Color, Discrimination, and Health among African-Americans". *American Journal of Sociology*, v. 121, 2015, pp. 396-444.

MORGENSTERN, Oskar. *On the Accuracy of Economic Observations*. Princeton: Princeton University Press, 1963 [1950].

MOSKOS, Peter. *Cop in the Hood: My Year Policing Baltimore's Eastern District*. Princeton: Princeton University Press, 2008.

NAGEL, Joane. "American Indian Ethnic Renewal: Politics and the Resurgence of Identity". *American Sociological Review*, v. 60, n. 6, 1995, pp. 947-65.

NEYFAKH, Leon. "The ethics of Ethnography". *Slate*, 8 jun. 2015.

PADILLA, Felix M. *Latino Ethnic Consciousness: The Case of Mexican Americans and Puerto Ricans in Chicago*. Notre Dame: University of Notre Dame Press, 1985.

PAIK, Anthony; SANCHAGRIN, Kenneth. "Social Isolation in America: An Artifact". *American Sociological Review*, v. 78, 2013, pp. 339-60.

PARSONS, Carole W. (Org.). "America's Uncounted People: A Report of the National Research Council Advisory Committee on problems of Census Enumeration". Washington, DC: National Academy of Sciences, 1972.

PENEFF, Jean. "The Observers Observed: French Survey Researchers at Work". *Social Problems*, v. 35, 1988, pp. 520-35.

_____. "Mesure et contrôle des observations dans le travail de terrain: L'Exemple des professions de service". *Sociétés Contemporaines*, v. 21, 1995, pp. 119-38.

_____. *Le goût de l'observation: Comprendre et pratiquer l'observation participante en sciences sociales*. Paris: La Découverte, 2009.

PERRENOUD, Marc. *Los musicos: Enquête sur des musiciens ordinaires*. Paris: La Découverte, 2007.

PETERSON, Richard A.; SIMKUS, Albert. "How Musical Tastes Mark Occupational Status Groups". In: LAMONT, Michelle; FOURNIER, Marcel (Orgs.). *Cultivating Differences*. Chicago: University of Chicago Press, 1992, pp. 152-86.

PLATT, Jennifer. *A History of Sociological Research Methods in America*. Cambridge: Cambridge University Press, 1996.

POLYA, George. *Mathematics and Plausible Reasoning*. Princeton: Princeton University Press, 1954.

PUTNAM, Robert D. *Bowling Alone: The Collapse and Revival of American Community*. Nova York: Simon and Schuster, 2000.

RATHJE, William. *Rubbish! The Archaeology of Garbage*. Nova York: Harper Collins, 1992.

REDLINGER, Lawrence J. *Dealing in Dope: Market Mechanisms*. Evanston: Northwestern University, 1969. Tese (Doutorado).

ROSSI, Peter H. *Down and Out in America: The Origins of Homelessness*. Chicago: University of Chicago Press, 1989.

ROTH, Julius A. "Ritual and Magic in the Control of Contagion". *American Sociological Review*, v. 22, 1957, pp. 310-4.

_____. *Timetables*. Indianapolis: Bobbs-Merrill, 1963.

_____. "Hired Hand Research". *American Sociologist*, v. 1, 1965, pp. 190-6.

ROY, Donald. "Quota Restriction and Goldbricking in a Machine Shop". *American Journal of Sociology*, v. 57, 1952, pp. 425-42.

RYDER, Norman. B. "The Cohort as a Concept in the Study of Social Change". *American Sociological Review*, v. 30, n. 6, 1965, pp. 843-61.

SCHUMAN, Howard. "Artifacts Are in the Mind of the Beholder". *American Sociologist*, v. 17, fev. 1982, pp. 21-8.

SCHWARTZ, Norbert; SUDMAN, Seymour. *Context Effects in Social and Psychological Research*. Nova York: Springer Verlag, 1992.

SELBY, Henry A. *Zapotec Deviance: The Convergence of Folk and Modern Sociology*. Austin: University of Texas Press, 1974.

SENNETT, Richard. "Introduction". In: DURKHEIM, Emile. *On Suicide*. Londres: Penguin, 2006, pp. xi-xxv.

SIDRAN, Ben. *There Was a Fire: Jews, Music and the American Dream*. Madison: Unlimited Media, 2012.

SMITH, Tom W.; CARTER, Woody. "Observing 'The Observers Observed': A comment". *Social Problems*, v. 36, n. 3, 1989, pp. 310-2.

SNIPP, C. Matthew. "Who are American Indians? Some Observations about the Perils and Pitfalls of Data for Race and Ethnicity". *Population Research and Policy Review*, v. 5, 1986, pp. 237-52.

SQUIRE, Peverill. "Why the 1936 Literary Digest Poll Failed". *Public Opinion Quarterly*, v. 52, primavera 1988, pp. 125-33.

STOUFFER, S. A. 1949. *The American Soldier: Adjustment during Army Life*. Princeton: Princeton University Press, 1949.

_____. *Measurement and Prediction*. Princeton: Princeton University Press, 1950.

SUMNER, William Graham. *Folkways*. Boston: Ginn, 1906.

SUTHERLAND, Edwin H. "White Collar Criminality". *American Sociological Review*, v. 5, 1940, pp. 1-12.

_____. *White Collar Crime: The Uncut Version*. New Haven: Yale University Press, 1983.

TIMMERMANS, Stefan. *Postmortem: How Medical Examiners Explain Suspicious Deaths*. Chicago: University of Chicago Press, 2008.

TUKEY, John. *Exploratory Data Analysis*. Reading: Addison-Wesley, 1979.

VAUGHAN, Diane. *The Challenger Launch Decision: Risky Technology, Culture, and Deviance at Nasa*. Chicago: University of Chicago Press, 1996.

WALLIN, Paul; WALDO, Leslie C. "Indeterminacies in Ranking of Fathers' Occupations". *Public Opinion Quarterly*, v. 28, 1964, pp. 287-92.

WARNER, W. Lloyd. *A Black Civilization: A Social Study of an Australian Tribe*. Nova York: Harper, 1937.

_____. *Yankee City Series*. New Haven: Yale University Press, 1941-59. 5 v.

WATERS, Mary C. *Ethnic Options: Choosing Identities in America*. Berkeley: University of California Press, 1990.

WEBB, Eugene J. et al. *Unobtrusive Measures: Nonreactive Research in the Social Sciences*. Chicago: Rand-McNally, 1966.

"WHAT Is Wicca?". *The Celtic Conection*, v. 14, 2014. Disponível em: <https://wicca.com/wicca/what-is-wicca.html>. Acesso em: 23 ago. 2016.

WHYTE, William F. *Street Corner Society*. Chicago: University of Chicago Press, 1943. [Ed. bras.: *Sociedade de esquina*. Rio de Janeiro: Zahar, 2005.]

ZILIAK, Stephen R.; MCCLOSKEY, Deirdre. *The Cult of Statistical Significance: How the Standard Error Costs Us Jobs, Justice, and Lives (Economics, Cognition, and Society)*. Ann Arbor: University of Michigan Press, 2008.

Índice remissivo

Adorno, Theodor, 282
afro-americanos, subcontagem de, 148-50
Alemanha, estatísticas da era nazista na, 158-60
Alicea, Marisa, 151
American Institute of Public Opinion, 99
American Sociological Association (ASA), 92, 214
ameríndios, 173-7, 197
amostragem, 101, 146, 188, 215-6, 355-7, 372; inadequada, 215; por cota, 101; probabilística, 101
anonimato, 273-4
Anslinger, Harry, 344-7, 375
arquivos, 290-4
artefatos, 258, 281-6
artes, participação nas, 26
avaliações da personalidade, 281-5

Baker, Wayne E., 235-9
Balibar, Sébastien, 109-13, 120-1, 138, 195-6, 263, 287, 298, 372
Baltimore, registros de detenções para, 228-35
Basie, Count, 348
Becker, Howard, 60-4, 68, 303-7, 329-40, 343-54, 359-68, 374-5
Bennett, H. Stith, 350
Blumer, Herbert, 48, 92-4, 97-8, 100, 244
Bossard, James, 15-6
Bourdieu, Pierre, 26, 264-7
Bourgois, Philippe, 223
Brashears, Matthew E., 255-7
Brasil, estudo de ciência do solo no, 110, 114-9, 264

bruxaria, 188-91
Buffon, Georges-Louis Leclerc, conde de, 51-2

caixas-pretas, 68
Camic, Charles, 79
Campbell, Donald T., 233, 374
Canadá, estudo da divisão étnica do trabalho no, 315-6, 368-9
capital cultural, 264-7
Carter, Woody, 34, 272
casamento entre pessoas do mesmo sexo, 187
catolicismo romano, 181-3, 203
Cayton, Horace, 48
Censo dos EUA: amplo uso de dados do censo, 132-3; base constitucional para, 132, 142-3, 148; dados anacrônicos no, 145-6; dados de rendimentos no, 194-6; erros no, 141-52, 277-9, 372; financiamento para, 136, 145; mudança no significado de questões, 193-7, 286; qualidade dos dados no, 38-9; raça e etnicidade no, 147-50, 161-77, 193-7, 286, 377; religião no, 180; sem-teto no, 155-7; status conjugal no, 186-7; subcontagem no, 148-50, 171-3; uso de endereços no, 150-2; usos de pesquisa do, 56
censos, 141-97; definição de, 146; erros em, 141-52, 277-9, 372; falta em problemas de amostra em, 146; influência política sobre, 158-61; na Malásia, 177-80; raça e etnicidade em, 147-50, 161-77, 194-7, 286, 376-7; razões históricas para, 145-6;

recenseamento como modelo, 187-93; religião em, 157-61, 178-81; representação judaica em estatísticas nazistas, 158-61; *ver também* Institut National de la Statistique et des Études Économiques (Insee); Censo dos EUA
Centers for Disease Control and Prevention, 133
certidões de nascimento, 244-53, 290
Challenger, ônibus espacial, 31, 373
Chapoulie, Jean-Michel, 337
chefes de pesquisa, 40-1, 130-2, 295-337; auxiliares de, 130, 132, 301-9; definição de, 40, 295; motivações de, 40, 130, 296; uso de métodos não estruturados por, 309-13; uso de relações pessoais por, 298-301; *ver também* trabalho de campo
Chicago: estudo de estatísticas de drogas, 222-8; etnicidade em, 161-4; experiência de infância de Becker em, 359-66; levantamento de sem-teto em, 155-7; população de latinos em, 171-3; projeto de pesquisa sobre músicos em, 88-91, 299, 303-4; questões de raça em escolas públicas em, 302-3; recepção ao general MacArthur em, 307-9; *ver também* Universidade de Chicago
Chicago Tribune, 73
Choldin, Harvey M., 171-2
ciência de verdade, 94-102; *ver também* ciências naturais
ciência normal, 96; *ver também* ciência de verdade
ciências biológicas, 109-10, 114-9
ciências naturais: coleta de dados nas, 122-3; como um modelo para as ciências sociais, 106-25, 138-9; concordância sobre problemas e métodos nas, 45-6; variações nas, 195-6; *ver também* ciência real
ciências sociais: ciências naturais como um modelo para, 106-25, 138-9; coleta de dados na, 122-5; como ciência de verdade, 94-102; discordâncias sobre problemas e métodos nas, 44-51, 74-9, 92-5, 102-5
classe social: estudo da socialização na infância, 353-66; gosto artístico e, 26, 264-7; ocupações dos pais e, 13-8, 20, 22-5, 30, 261-3; taxas de crime e, 214-8
classificação: de homicídio, 208-12; de suicídio, 204-8; erros de, 16-8, 23-4
classificatório, esquema, 51-4
Clayton, James D., 184
Coale, A. J., 277-8
codificadores, 276-8, 310
Coleman, James, 292-3, 300
coletores de dados que informam sobre si mesmos, 260-4; erros de, 16-9, 22-4, 28-31, 262-3, 267-8, 356-7; motivações de, 130; problemas com, 16-8, 22-4, 28-32, 37-8, 262; verificações de precisão sobre, 28, 34-6
Comitê Kefauver, 236-7
conceitos *ver* ideias
condições de trabalho, 107-25
contratados, coletores de dados, 32, 40, 130, 135-7, 269-79, 306
controle: de coleta de dados, 123-5; de condições de trabalho, 107-25
convenções, 44
créditos de filme, 294
Cressey, Donald, 218-20
crianças, nomes de, 244-53, 290
crime de colarinho branco, 214-8, 222
criminologia, 134
Crossley, empresa de levantamento, 99-100

dados: capacidade de se sustentar de, 43-5; dados inventados, 131; definição de, 18-20; interdepen-

dência de evidências e ideias, 20, 50, 70-1, 73-6; verificação de, 107-8, 114, 273-4
dados, coletores de, 36-41; auxiliares de chefes de pesquisa, 130, 132, 301-9; contratados, 32, 40, 130, 135-7, 269-79, 306; estudo sobre os entrevistadores, 32-5; funcionários do governo, 38-9, 133-6, 199-253; grandes organizações de pesquisa, 135-8, 271-2; médicos que atestam óbito, 202-12; motivações de, 40-1, 130, 226-8, 253, 259-60, 271-2, 279-81, 301-7, 311-2, 372; pesquisadores principais, 40-1, 130-2, 292, 295-337; polícia, 208-15, 221-35; profissionais legais, 213-20; treinamento de, 137-9, 272-3; *ver também* coletores de dados que informam sobre si mesmos
dados de renda, 194-6
dados de saúde, 133-4, 292-4; *ver também* estatísticas de causa de morte
dados governamentais, 38-40, 199-254; antecedentes históricos para, 199-202; certidões de nascimento, 244-54; dados de saúde, 133-4; estatísticas de causa de morte, 39, 56-7, 134, 201-12, 377; evidências de comitê do Senado, 235-9; para pesquisa quantitativa, 56-7; registros escolares, 39, 135, 239-44; taxas de crime, 39, 135, 149-50, 208-35; usabilidade de, 39-40; *ver também* censos
dados inventados, 131
dados sobre sem-teto, 152-7
Dalton, Melville, 300
Davis, Allison, 48
Dayan, D., 309
Dean, Lois, 28-30, 35-6, 41, 262-4
definições *ver* terminologia
DeFleur, Lois, 223-9, 233-4, 297-8
DeQuincey, Thomas, 347

desfalque, 218-21
Desrosières, Alain, 43-4, 51-4, 144, 177, 199-200, 338
desvio, normalização de, 30-6
Deutscher, Irwin, 77
Dewey, Thomas, 98-9
Douglas, Jack, 204
Drake, St. Clair, 48
Dudouet, François-Xavier, 345-7
Duneier, Mitchell, 291
Durkheim, Émile, 39, 57, 134, 201, 203-4, 208

efeitos de ordem, 284-6
Ellington, Duke, 348
empreendedores morais, 343-7
Encyclopedia Britannica, 281-2
enquetes: eleição presidencial de 1936, 98-9; eleição presidencial de 1948, 99-102
entrevistas, 32-5, 82-5, 258-60; *ver também* trabalho de campo; levantamentos
erros, 138-9; consciência da possibilidade de, 30; de classificação, 16-8, 23-4; de codificadores, 277-8; de tipógrafos, 278-9; em censos, 141-52, 277-9, 372; em dados de contratados, 269-79; em dados de levantamentos, 17-8, 23-4, 28-31, 259-60, 267-79; em dados informados pela própria pessoa, 16-9, 22-4, 28-31, 262-3, 267-8, 356-7; em enquetes eleitorais, 98-102; em métodos qualitativos, 51, 77-8, 340-69, 371-6; em métodos quantitativos, 50-1, 65, 76-8; oportunidades apresentadas por, 25, 35, 138-9, 268-9, 377; recomendações para evitar, 371-6
escala F, 282-4
escolha do momento dos levantamentos, 56-7
estatísticas de causa de morte, 39, 56-7, 134, 201-12, 377

estatísticas de crimes relacionados a drogas, 222-35, 297
estatísticas de homicídios, 208-12
estatísticas de suicídio, 39, 57, 134, 201-8
estudo da opinião pública, 92-5
estudo da socialização infantil, 353-66
estudo de atividades de lazer, 267-9
estudo de ciência do solo, 110, 114-9, 264
estudo de cobertura de TV, 308-9
estudo de doenças contagiosas, 325-9
estudo do teatro, 64, 83-5
estudo em temperaturas extremamente baixas, 110-3, 120-1, 196, 263, 287, 298
estudo sobre atitudes de soldados, 94-8, 102-4
estudo sobre restrição da produção, 317-25
estudo sobre uma área pobre de Boston, 366-7
estudo sobre uso de maconha, 64, 343-7, 375
estudos sobre cultura estudantil, 60-4, 291, 305-7, 329-40, 367-8
etnicidade *ver* raça e etnicidade
etnografia, 40, 85; *ver também* trabalho de campo
evidência: capacidade de sustentar dados para, 43-5; definição de, 18-20; em estudo da cultura estudantil, 333-7; interdependência de dados e ideias, 20, 50, 70-1, 73-6; modelo probabilístico para, 65-8; uso de estatísticas de suicídio como, 202-8

Faludi, Susan, 131
Faulkner, Robert R., 235-9, 294, 299-301, 348-53
Fichter, Joseph, 182
financiamento, 38, 64, 74, 98, 136, 145
Finnegan, Ruth, 191-3

física, 106-7, 109-13, 120; *ver também* ciências naturais
fisiologia, 106
flexibilidade, 57, 63, 341
França: estudo sobre os lazeres de adolescentes na, 267-9; Institut National de la Statistique et des Études Économiques (Insee), 32-5, 38, 136
Furstenberg, Frank, 379

Gallup, empresa de pesquisa, 99-100
Gallup, George, 99
Gardner, Burleigh B., 48
Gardner, Mary, 48
Garrigou, Alain, 100
Geer, Blanche, 60, 291, 306-7, 329-33, 336
General Social Survey (GSS), 102, 253, 255-60, 272, 311
generalizações, 366-9, 375-6
geologia, 106
Gershwin, George, 349
Gillespie, Dizzy, 349
Goffman, Alice, 223
Goffman, Erving, 364
Gold, David, 57
Gold, Ray, 299
Goodman, Benny, 348
gosto artístico, 26, 264-7
Grafton, Anthony, 274
grupos de referência, 97

Habenstein, Robert, 94
Hall, Oswald, 91, 303
Halle, David, 264-7
Herman, Woody, 348
Hirschman, Charles, 177-9
Hollingshead, August, 13-4, 17
Horwich, Joel, 109
Hughes, Everett C., 48-9, 91, 157-61, 276, 300, 302-3, 306-7, 315-6, 329, 368-9
Hughes, Helen McGill, 316

ideias: definição de, 18-20; interdependência de dados e evidências, 20-1, 49-50, 70-1, 73-6; modelo probabilístico para, 65-8 inclinações em respostas, 280-7
Índice de Posição Social, 13-7
Institut National de la Statistique et des Études Économiques (Insee), 32-5, 38, 136
isolamento social, 255-60, 272-3, 311, 372-3

Jackson, Douglas, 282-3
Jobs, Steve, 355
judeus: identidade judaica, 183-5; representação em estatísticas nazistas, 157-61; suicídio e, 203-4

Kandinsky, Wassily, 264-5
Katz, Elihu, 292-4, 309
Kelvin, lorde, 48
Kendall, Patricia, 329, 341
Kern, Jerome, 349
Kriesberg, Louis, 299
Kroeber, A.L., 251
Kuhn, Thomas, 45-7, 96, 102

Landon, Alf, 99
Lang, Gladys, 307-8
Lang, Kurt, 307-8
LaPiere, Richard, 96
Lareau, Annette, 263, 354-9, 365-6
Laslett, Barbara, 96
latinos, 171-3
Latour, Bruno, 110, 114-9, 121, 138-9
Lazarsfeld, Paul, 95-7, 100-1, 341
Lei Sherman Antitruste, 235-6
Lei de Campbell, 233, 311
Lenski, Gerhard, 181-2
levantamentos: artefatos, 258, 281-6; desvantagens de formatos estruturados, 310; efeitos de ordem, 284-6; erros em, 17-8, 23-4, 28-31, 259-60, 267-79; escolha do momento dos, 56-7; estudo de entrevistadores, 32-5; General Social Survey, 102, 255-60; inclinações em respostas, 280-7; métodos qualitativos usados em, 32-4; por grandes organizações de pesquisa, 135-8, 271-2; verificações de precisão sobre, 28, 34-6; *ver também* coletores de dados que informam sobre si mesmos
levantamentos de vitimização, 222
Lieberson, Stanley, 65-9, 90-1, 103, 109, 122, 166-7, 244-53, 264, 290-2
Lindesmith, Alfred, 341
Lineu, Carolus, 51-4
linguagem *ver* terminologia
Lipset, Seymour Martin, 300-1
Literary Digest, 98-9
lixo, 289
Ludlow, Fitz Hugh, 347
Lynd, Robert S., 48

MacArthur, Douglas, 307-9
Malásia, censos na, 177-80
Marshall, George C., 94
McCloskey, Deirdre, 279
McKay, Henry, 47
McPherson, Miller, 255-9
Mead, George Herbert, 92-3
mecanismos internos, 248-53
médias gerais, 63
médicos, 39-40, 134, 202-12; homicídio cometido por, 210-2
medidas de acréscimo, 289
Menzel, Herbert, 292
Mercer, Jane, 239-44
Mercklé, Pierre, 267-9, 357
Merton, Robert K., 95-7, 100-1, 329
Messick, Samuel, 282-3
método buffoniano, 51-4, 59-65, 75, 338-9; *ver também* métodos qualitativos
método lineano, 51-8, 75; *ver também* métodos quantitativos
métodos: amplitude metodológica na sociologia, 46-51; buffoniano, 51-4, 59-65, 75, 338-9; discordâncias

acerca de, 44-51, 74-9; lineano, 51-8, 75; modelo probabilístico, 65-9; recenseamento como um modelo, 187-93; *ver também* métodos qualitativos; métodos quantitativos

métodos qualitativos: combinados com métodos quantitativos, 69, 86-91, 104, 297, 313-37; conflito com métodos quantitativos, 48, 50-1, 74-9, 92-5, 102-5, 297, 338; definição de, 79-80; desvantagens dos, 70; erros em, 51, 77-8, 340-69, 371-6; flexibilidade em, 63-4, 341; para projetos de pesquisa, 59-65; usado em levantamentos, 32-4; *ver também* método buffoniano; trabalho de campo

métodos quantitativos: combinados com métodos qualitativos, 69, 86-91, 104, 297, 313-37; conflito com métodos qualitativos, 48, 50-1, 74-9, 92-5, 102-5, 297, 338; dados para, 55-8; definição de, 80; desvantagens dos, 56-7, 70; em trabalho de campo, 287-8, 313-37; erros em, 50-1, 65, 76-8; para projetos de pesquisa, 54-8; *ver também* método lineano

México, estudo de bruxaria no, 188-91

Milton Keynes, estudo de músicos em, 191-3

moda, 244-53, 290-1

modelo probabilístico, 65-8

Monk, Ellis P., 123, 168-9, 197

Morgenstern, Oskar, 76-7, 278-9

Moskos, Peter, 228-35, 317, 320

motivações de coletores de dados, 40-1, 130, 226-8, 253, 259-60, 271-2, 279-81, 301-7, 311-2, 372

Moynihan, Daniel Patrick, 171

Nagel, Joane, 176, 197

National Academy of Sciences, 148-9

National Endowment for the Arts, 26

National Opinion Research Center (Norc), 34, 136, 255, 272-3

National Science Foudation (NSF), 96, 102, 150, 255, 259

Neyfayk, Leon, 273

Nielsen Media Research, 27

Norc *ver* National Opinion Research Center (Norc)

normalização do desvio, 29-36

Nova Orleans, estudo de católicos em, 182-3

objetificação, 43-4

objetos físicos, 287-9

observação, capacidade de, 357-66

Octobre, Sylvie, 267-9, 357

ocupações dos pais, 13-8, 20, 22-5, 30, 261-3

Ogburn, William F., 49, 96

Padilla, Felix, 172-3

Paik, Anthony, 258, 272-4, 286, 311, 372

Park, Robert E., 47, 75, 88, 92

Parker, Charlie, 349

Parsons, Carole W., 148-52

Parsons, Talcott, 87

participação em sindicatos, 28-30, 262-3

participação nas artes, 26

Pasteur, Louis, 121-2

Peneff, Jean, 32-5, 272, 313-5, 358-9

Perrenoud, Marc, 299

pesquisa sobre fixação de preços, 235-9

pesquisadores principais *ver* chefes de pesquisa

pesquisas sobre músicos, 64, 88-91, 191-3, 299, 303-4, 348-53

Peterson, Richard, 26

Pew Research Center, 136

Platt, Jennifer, 79

policiais: como coletores de dados, 208-15, 221-35; homicídio cometido por, 208-12; *ver também* taxas de crime

política de narcóticos, 343-7
Polya, George, 21-2
porta da loucura, A, 344
Porter, Cole, 349
precisão *ver* erros
prenomes, 245-53, 290
processos, 250-1
protestantismo, 182-4, 203-4
psicologia, 101
Putnam, Robert, 255

questionários *ver* levantamentos
questões, 80-2

raça e etnicidade: Censo dos EUA, 147-50, 161-77, 193-7, 286, 377; censo malaio, 177-80; estatísticas de crimes relacionados a drogas e, 222-35, 297; estudo da divisão étnica do trabalho, 315-6, 368; rotulação de retardo mental e, 239-44; tendenciosidade racial em estatísticas policiais, 222; tom de pele, 168-70, 197
raciocínio demonstrativo, 21-2
raciocínio plausível, 21-2
Rathje, William, 289
Ray, Marsh, 306
Reader, George, 329
realidade, 44
Redfield, Robert, 55
registros de medicamentos controlados, 292-4
registros escolares, 39, 135, 239-44
religião: em censos, 157-61, 178; dados sobre, 179-85
Renoir, Pierre-Auguste, 264-5
Riverside, rotulação de retardo mental em, 239-44
Roosevelt, Franklin D., 99
Roper, empresa de enquete, 99-100
Rossi, Peter, 153-7, 161
Roth, Julius, 32, 40, 137, 269-71, 275-7, 306, 325-9, 372
rotulação de retardo mental, 239-44

Roy, Donald, 271, 300, 317-25
Ruml, Beardsley, 54-5, 70
Ryder, Norman, 159

Sanchagrin, Kenneth, 258, 272-4, 286-7, 311, 372
São Francisco, estudo do teatro em, 83-5
Schuman, Howard, 25, 35-6, 286
Schwartz, Norbert, 281
Sechrest, Lee, 288
Selby, Henry, 188-91
Senado dos EUA: Comitê Kefauver, 236-7
Sennett, Richard, 203-4
Shaw, Clifford, 47
Sidran, Ben, 350
sindicatos, participação em, 28-30, 262-3
Smith, Tom W., 34, 272
Smith-Lovin, Lynn, 255-9
Snipp, C. Matthew, 173-7, 197
Social Science Research Council (SSRC), 100
sociologia: amplitude metodológica na, 47-51; revistas e livros em, 86-8; uso de relações pessoais para pesquisa em, 298-301
Solley, Charles M., 282-3
Squire, Peverill, 99
status conjugal, 186-7
Stephan, Frederick F., 277-8
Stouffer, Samuel, 48, 92-101
subcontagem de afro-americanos, 148-50
Sudman, Seymour, 281
Sumner, William Graham, 330
Survey Research Center, 136
Sutherland, Edwin, 214-8, 222

taxas de crime, 135, 202, 208-35; crimes de colarinho branco, 214-8, 222; desfalque, 218-21; efeito da subcontagem do censo sobre, 148-50; estatísticas de crimes

relacionados a drogas, 222-35, 297; estatísticas de detenção, 221-35; estatísticas de homicídios, 208-12; uso de levantamentos de vitimização, 222
tempo, 314-5
teoria das janelas quebradas, 209-10
teoria das redes, 236-9
teoria determinista, 66
teorias ver ideias
terminologia, 79-86
Timmermans, Stefan, 202, 204-12, 377
tipógrafos, 278-9
Tollinger, Garrett, 354
tom de pele, 168-70, 197, 377
trabalho de campo: definição de, 40-1, 80-6, 298, 338-9; uso de dados quantitativos em, 287-8, 313-37; uso de métodos não estruturados em, 309-13, 338-40; *ver também* chefes de pesquisa; métodos qualitativos
Trow, Martin, 300
Truman, Harry, 98, 307-8
Tukey, John, 313

Uniform Crime Reports, 135
Universidade de Chicago: National Opinion Research Center (Norc), 34, 136, 255, 272-3; Departamento de Sociologia, 47-9, 75, 86-9, 92-3
Universidade de Michigan: Survey Research Center, 136
Universidade do Kansas: estudo de cultura estudantil na, 60-4, 291, 305-7, 329-40, 367-8
usabilidade de dados governamentais, 39-40

variações, 195
variáveis, 110, 342-3
Vaughan, Diane, 31, 373
verificação, 107-8, 114, 273-4
Viner, Jacob, 48

Waldo, Leslie C., 13-25, 30, 41, 65, 262
Wallin, Paul, 13-25, 30, 41, 65, 262
Warner, W. Lloyd, 15, 60
Waters, Mary, 164-7, 177, 377
Webb, Eugene J., 287-90
Weber, Max, 182
Whyte, William Foote, 305, 366-7
Wikipédia, 73-4
Wilder, Alec, 349
Winget, John, 303
Winship, Christopher, 273
Wirth, Louis, 302-3
Wolf, Katherine, 341
Wozniak, Steve, 355

Younger, Evelle, 184

Ziliak, Stephen R., 279

Coleção
ANTROPOLOGIA SOCIAL

- O Riso e o Risível
  Verena Alberti
- Evidências
- Falando da Sociedade
- Outsiders
- Segredos e Truques da Pesquisa
- Truques da Escrita
  Howard S. Becker
- Antropologia Cultural
  Franz Boas
- O Espírito Militar
- Os Militares e a República
  Celso Castro
- Bruxaria, Oráculos e Magia entre os Azande
  E.E. Evans-Pritchard
- Nova Luz sobre a Antropologia
  Clifford Geertz
- O Cotidiano da Política
  Karina Kuschnir
- Cultura: um Conceito Antropológico
  Roque de Barros Laraia
- Guerra de Orixá
  Yvonne Maggie
- Evolucionismo Cultural
  L.H. Morgan, E.B. Tylor, J.G. Frazer

- A Invenção de Copacabana
- De Olho na Rua
  Julia O'Donnell
- A Teoria Vivida
  Mariza Peirano
- Cultura e Razão Prática
- História e Cultura
- Ilhas de História
- Metáforas Históricas e Realidades Míticas
  Marshall Sahlins
- Antropologia Urbana
- Um Antropólogo na Cidade
- Desvio e Divergência
- Individualismo e Cultura
- Projeto e Metamorfose
- Rio de Janeiro: Cultura, Política e Conflito
- Subjetividade e Sociedade
- A Utopia Urbana
  Gilberto Velho
- Pesquisas Urbanas
  Gilberto Velho e
  Karina Kuschnir
- O Mistério do Samba
- O Mundo Funk Carioca
  Hermano Vianna
- Sociedade de Esquina
  William Foote Whyte

ESTA OBRA FOI COMPOSTA POR MARI TABOADA EM DANTE PRO E
IMPRESSA EM OFSETE PELA GEOGRÁFICA SOBRE PAPEL PÓLEN SOFT
DA SUZANO S.A. PARA A EDITORA SCHWARCZ EM MARÇO DE 2022

A marca FSC® é a garantia de que a madeira utilizada na fabricação do papel deste livro provém de florestas que foram gerenciadas de maneira ambientalmente correta, socialmente justa e economicamente viável, além de outras fontes de origem controlada.